幼儿园课程研究
与实践方案丛书

开放包容 身心健康
——幼儿园阳光课程的建构

吴伟芬 / 主编

北京师范大学出版集团
BEIJING NORMAL UNIVERSITY PUBLISHING GROUP
北京师范大学出版社

图书在版编目（CIP）数据

开放包容　身心健康：幼儿园阳光课程的建构/吴伟芬主编．
—北京：北京师范大学出版社，2020.5（2023.1重印）
（幼儿园课程研究与实践方案丛书）
ISBN 978-7-303-25299-2

Ⅰ．①开…　Ⅱ．①吴…　Ⅲ．①学前教育－课程－教学研究　Ⅳ．①G612

中国版本图书馆CIP数据核字（2019）第257933号

图书意见反馈　gaozhifk@bnupg.com　010-58805079
营销中心电话　010-58802755　58800035

出版发行：	北京师范大学出版社　www.bnup.com
	北京市西城区新街口外大街12-3号
	邮政编码：100088
印　　刷：	天津旭非印刷有限公司
经　　销：	全国新华书店
开　　本：	787 mm×1092 mm　1/16
印　　张：	19.75
字　　数：	378千字
版　　次：	2020年5月第1版
印　　次：	2023年1月第2次印刷
定　　价：	68.00元

策划编辑：罗佩珍		责任编辑：马力敏　梁民华
美术编辑：焦　丽		装帧设计：焦　丽
责任校对：康　悦		责任印制：陈　涛

版权所有　侵权必究

反盗版、侵权举报电话：010-58800697
北京读者服务部电话：010-58808104
外埠邮购电话：010-58808083
本书如有印装质量问题，请与印制管理部联系调换。
印制管理部电话：010-58808284

本书编委会

顾　　问：刘占兰
主　　编：吴伟芬
编　　委：李丹凤　俞　娇　王水莲　冯红炯　徐秋雁　顾晓晓
　　　　　王芳芳　胡小芬　陆静芬

序

浙江省宁波经济技术开发区幼儿园（以下简称"开发区幼儿园"）的阳光课程是幼儿园课程的重要组成部分，旨在尊重接纳每个幼儿在成长过程中的特点，支持促进幼儿身心健康、快乐成长。阳光课程的建构经过了多年的研究探索和不断完善，是该园园长、教师、幼儿和家长等多方合作的结果，是集体智慧的结晶。作为开发区幼儿园阳光课程研究探索过程的见证者，我衷心祝贺阳光课程的最终形成，并为参与者坚持不懈的努力和踏实钻研的精神所感动，为他们勤于思考和勇于创造的品质所感染；同时，也想分享一些自己的想法，以便在园本课程的研究中相互启发与共同探索。

大约在2011年，我初次到开发区幼儿园，印象比较深的是他们的阳光体育活动，材料比较丰富，活动内容和形式也比较多样。为了谋求幼儿园的内涵发展和质量提升，本着继承与发展的工作原则，经过多次研讨，园长和教师们回顾以往积累的经验，思考遇到的问题和发展的瓶颈，形成了从阳光体育生发和扩展课程内容的发展思路。在随后的几年间，园长和教师们从较多关注体育活动扩展到关注健康领域的各个方面，从较多关注健康领域发展到综合思考健康和社会两个领域的发展目标与核心经验，并聚焦幼儿的身体和心理的健全发展，从而拓展和丰富了课程内容，更新和转换了课程的视角。幼儿的身心健康成为开发区幼儿园园本课程的核心指向。

有质量的园本课程不是一般经验的简单汇集，也不是某个课题研究的结题报告，而是依据课程的逻辑框架、遵循课程的基本原则、按照课程的研发程序，经过不断的实践、验证、丰富、调整、完善，逐渐积累起来的优秀方案体系与系列活动的总和。园本课程主要是为了使幼儿园的课程能更好地挖掘利用地方和幼儿园资源，更好地满足幼儿的需要，促进幼儿的身心健康和良好发展。园本课程的建构和实施的核心价值应当是更好地满足和适应幼儿的个体需要，更好地促进每个幼儿的良好发展。经过园长和教师们不断的深入学习、研究和思考，带着这样的理解和认识，开发区幼儿园提出了"让阳光穿透每一个角落，让阳光温暖每一个心灵"这一兼顾身心、关照个体的教育理念，以此作为教师们建构和实施课程的原则。从体育活动出发的园本课程从此"脱胎换骨"，健体、润心、怡情成为课程的基本目标与核心内容。课程从此有了生命的活力与人文的关怀，朝着温暖、和谐、关爱的方向发展，这就是我们在书中看到的阳光课程的框架体系。

在随后几年的时间里，园长和教师们不断研究和探索，逐步修改完善课程的框架体系，形成了基于幼儿发展、关照幼儿身心健康、从健康与社会两个领域切入的阳光课程。在课程形式上，阳光课程既包含了融合性主题活动，也包含了拓展性户外活动和开放性区域活动。这些活动鼓励、支持和引发幼儿更多地自主活动、自由创想、实践探索，使幼儿获得有益于身心健康的多方面经验。阳光课程的探索和实践及最终成果的形成让我们感受和体会到：园本课程的构建必须有坚实的理论基础和政策指引，需要与幼儿园的整体发展和整个课程体系联系起来，要有效利用和深度挖掘教育资源。

任何课程的构建都必须有坚实的理论做基础。幼儿园园本课程的构建必须以科学先进的教育教学和课程理论为基础。课程的基本思路和整体框架要能经得起理论的逻辑论证，符合幼儿身心发展的规律和特点，符合教育教学的原则，符合课程和教学论的原理。幼儿园园本课程的构建从确定思路和框架开始就要进行严谨的论证。阳光课程倡导幼儿自主学习、多元发展的理念，试图将陈鹤琴的"整个教学法"、杜威的"做中学"理论、高瞻课程的"主动学习"思想、加德纳的"多元智能"理论作为园本课程设计的理论依据，结合阳光课程的切入点和核心内容进行了理论联系实际的思考和借鉴，这是比较可取的探索和尝试。与此同时，国家和地方政策也应该成为幼儿园园本课程建构的指引，特别是《幼儿园工作规程》《幼儿园教育指导纲要（试行）》《3-6岁儿童学习与发展指南》等文件，都应该成为幼儿园园本课程建构的重要依据。阳光课程在构建各部分活动目标时都很好地体现了国家和地方文件的精神，以保证课程的正确发展方向和幼儿的良好发展。

课程建设是幼儿园整体发展的重要组成部分，园本课程又是幼儿园课程的有机组成部分。一般来说，幼儿园的各个教育要素包括：物质与精神环境、课程与教育教学、组织与管理、教师与教研、家庭与社区活动等。其中课程与教育教学是核心。因此，一所幼儿园园本课程的质量直接影响着幼儿园的教育教学效果，直接关系到幼儿的发展。幼儿园在构建自己的园本课程时，要将其置于幼儿园发展的整体思路和框架之中进行思考，兼顾园本课程建设与整体课程设计及幼儿园各个教育要素之间的有机联系。特别是我们在研发和审视自己的园本课程时，应当把幼儿园实践中现实的课程作为一个整体来考量，不断地追问自己：幼儿的学习活动包含五大领域的全部内容了吗？我们能促进幼儿的全面发展吗？那些不顾幼儿的完整学习与全面发展而一味追求园本课程特色的做法是不负责任的，也是危险的。从阳光课程的实践形态中，我们看到园长和教师们对幼儿园发展与课程建设的整体思考、幼儿园阳光教育与阳光课程的相互关系和各个教育要素在课程中的融合与互促。特别是阳光课程的切入点虽然是身体健康、情绪健康和社会性发展，但通过主题活动、户外活动和区域活动，构成了全方位、立体化的园本课程，有利于引导幼儿从小就成为具有积极自信、友善合作、善思乐创品质的全面发展、身心健康的人。

幼儿园及其周边的自然资源和文化资源、家长和社区资源都是幼儿园课程的重要资源。早在2001年，《幼儿园教育指导纲要（试行）》提出，幼儿园要"充分利用自然环境和社区的教育资源，扩展幼儿生活和学习的空间"。2015年颁布的《幼儿园园长专业标准》中要求：把文化育人作为办园的重要内容与途径；将中华民族的优秀文化融入幼儿园教育；营造陶冶教师和幼儿情操的育人氛围，向教师推荐优秀的精神文化作品和幼儿经典读物，防范不良文化的负面影响；重视利用自然环境和社会（社区）的教育资源，熟悉这些教育资源的功能和特点，利用这些资源丰富幼儿园的教育活动。在阳光课程的拓展性户外活动中，我们看到幼儿走出教室、走到操场、走向社区、走进公园、走入山林，在无限广阔的空间中自由学习和快乐游戏，尝试探究和发现，学习合作与沟通，体验克服困难和获得成功。幼儿园的园本课程建设过程也是教师、幼儿、家长共同参与、共同学习和发展的过程。正是在丰富的文化和自然资源场域中，课程才更加生动鲜活、丰富多彩。

总之，园本课程的构建是一个不断研究与探索、不断改进与完善的过程。科学、合理、适宜、优质的园本课程，必须经过实践的检验，经过不断的应用和完善，被证明能够促进幼儿的良好发展。幼儿园的园本课程构建不仅需要用研究的态度和方式进行，而且要有一个长时间的研究和积累的过程。多年来，开发区幼儿园的园长和教师们一直秉持踏实勤奋的工作态度、求真务实的研究精神和不懈进取的工作热情，工作过程十分艰辛，工作成果也很丰富，但问题和不足也显而易见，需要进一步研究的内容很多，值得探讨的问题也不少。让我们都以宽容的态度分享，以批判的眼光借鉴，学习他们的研究精神和工作态度，从而产生更多优质的园本课程。为了每个幼儿都获得更好的发展，园本课程建设永远在路上。

刘占兰
2019年6月

前言：七彩阳光　润泽童年

　　宁波经济技术开发区幼儿园创建于1987年，坐落在浙江省宁波市北仑区戚家山街道五矿路。几十年的办园历史让宁波经济技术开发区幼儿园成长为浙江省一级幼儿园、宁波市六星级幼儿园。该园拥有总园和分园两所，24个班级，700多名幼儿。

　　宁波经济技术开发区幼儿园的课程研究经历了漫长且艰难的历程：1998年搬入现在的园舍，开始思考体育特色课程的构建，最早在幼儿基本体操中进行突破，编写了《幼儿基本体操》园本教材；2001年开始"幼儿滑板"课程的研究（课题获得浙江省教育科研一等奖），并出版了《幼儿滑板》一书；2007年开始"阳光体育课程"的研究，树立"健康第一"的思想，通过多元运动促进幼儿身体健康，出版了《幼儿园阳光体育园本课程》。

　　从2012年起，我们有幸获得了中国教育科学研究院刘占兰研究员、周俊鸣副研究员、高丙成博士、易凌云博士等专家的直接指导，开始打造"阳光教育"的品牌，努力塑造健康活泼的幼儿、阳光开朗的教师、温馨宽松的环境、积极向上的文化。

　　通过不断学习和思考，我们认识到课程是落实幼儿园教育理念和实现幼儿培养目标的主要通道，是幼儿园办园思想的具体体现。没有高质量的课程，所有的理念、目标都无法落实。因此我们在刘占兰研究员的指导下，着力进行阳光课程的建构与实施。

　　七彩阳光，润泽童年。阳光有七种颜色，红、橙、黄、绿、青、蓝、紫，丰富且绚丽。"七彩阳光"诠释出幼儿园生活的丰富和多彩。阳光的光明、温暖、普惠，让每一个生命都能汲取生长的能量，悄无声息、潜移默化地"润泽童年"。

　　作为阳光教育品牌的具体实践形态之一，阳光课程承载了"七彩阳光、润泽童年"的美好愿望。让阳光普照每一个独特的生命，关注每一个生命的个性需求，使每一个幼儿在教育过程中成长，用生命培育生命，用爱心滋养爱心，用温暖传递温暖，用尊重播撒尊重，用智慧启迪智慧，让幼儿、教师、幼儿园在充满活力的阳光教育中共同发展。

　　开放包容、身心健康。开放包容是形式、方法，身心健康是目标、结果。我们用开放的形式、包容的方法，接纳每一个幼儿在成长过程中的特点，促进每一个幼儿在身体、心理、社会适应等方面的良好发展，从而培养身心健康、乐学知美的阳光幼儿。

本书由三部分组成。第一篇是阳光课程的框架体系。第二篇是阳光课程的实践形态，由融合性主题活动、拓展性户外活动、开放性区域活动三部分组成。健体、润心、怡情，创造、合作、共享，自然、自由、自主，是我们开展每一个项目活动的主要目标和手段。第三篇是阳光课程的评价体系，由幼儿身心健康评价体系、幼儿心理健康评价工具、幼儿身心健康评价实践三部分组成。在具体的项目活动实践过程中，我们始终秉承开放包容的原则，引导教师对活动的开展进行自主式判断和创新式组织，保持活动的鲜活性和适切性，使项目活动始终在不断改变和完善。

阳光课程在构建的过程中经历了反复与迷茫的过程，也遇到过很多困难，产生过许多质疑。经过请教刘占兰研究员及与区教育局教研员、教科室老师多次深入讨论，通过认真学习、不断实践、反复对照，我们始终坚持将幼儿优先放在第一位，始终将课程的建构与幼儿的发展联系在一起，始终将课程建设作为幼儿园品牌建设的重要组成部分。可以说，阳光课程的结集出版是宁波经济技术开发区幼儿园多年来潜心研究的成果，也是宁波经济技术开发区幼儿园追求高品质发展的一个阶段性成果。阳光课程的构建与实施是以目标为引领的课程建构的有益尝试，期望能对各姐妹园的课程建构有一定的借鉴和参考意义。

阳光课程的研究是一个持续的、动态的发展过程。虽然我们想要努力呈现美好的一面，但不论是构思还是成文，都受能力所限，存在一些不足。恳请各位读者提出批评意见，以帮助我们进行更深入的思考和实践。

在课程构建和文本写作过程中，我们一直得到刘占兰研究员及其专家团队的指导，是刘占兰研究员的鼓励和支持给了我们前进的信心，在此表示衷心的感谢！同时，感谢宁波市北仑区教育局吴文艳老师及其他领导对本书的关心和帮助，是你们的专业指导和信任让我们有机会分享课程研究成果。感谢宁波经济技术开发区幼儿园每一位富有激情的教师，感谢参与课程部分内容撰写的马金娜、顾琼洁、王琴琴、徐赟、卢盼、郑建英、何雅丽、张玲、金丽、陈薇等老师。感谢北京师范大学出版社罗佩珍老师的大力支持。

吴伟芬
2019年12月

目 录

第一篇　阳光课程的框架体系　　1

一、阳光课程的提出：与发展主题呼应，与教育内涵一致　　3
二、阳光课程的理论依据：自主学习，多元发展　　3
三、阳光课程的理念：开放包容　　5
四、阳光课程的目标：身心健康　　7
五、阳光课程的框架：三大版块、七个项目　　8
六、阳光课程的内容与形式：健体、润心、怡情　　10
七、阳光课程的实施与保障：拓展边界，充分信任　　18
八、阳光课程的评价：多元评价，个性发展　　30
九、阳光课程的成效：师幼成长，园所发展　　33

第二篇　阳光课程的实践形态　　39

第一章　融合性主题活动　　41

项目一　我运动、我健康　　42
一、项目目标　　42
二、项目体系　　43
三、项目实施要点　　44

项目二　我创造、我自信　　62
一、项目目标　　63
二、项目体系　　63
三、项目实施要点　　65

项目三　我分享、我快乐　　93
一、项目目标　　93
二、项目体系　　94
三、项目实施要点　　95

第二章　拓展性户外活动 — 116

项目一　秘密森林 — 117
一、项目目标 — 117
二、项目体系 — 118
三、项目实施要点 — 118

项目二　创想空间 — 173
一、项目目标 — 173
二、项目体系 — 174
三、项目实施要点 — 174

第三章　开放性区域活动 — 205

项目一　魔法小镇 — 206
一、项目目标 — 206
二、项目体系 — 206
三、项目实施要点 — 207

项目二　精灵秀场 — 251
一、项目目标 — 251
二、项目体系 — 251
三、项目实施要点 — 251

第三篇　阳光课程的评价体系 — 265

第四章　幼儿身心健康评价体系 — 267
一、幼儿身心健康发展的总目标 — 267
二、幼儿身心健康状态观测指标体系 — 268

第五章　幼儿心理健康评价工具 — 277
一、幼儿情绪发展测试操作说明 — 278
二、幼儿社会适应能力发展测试操作说明 — 283

第六章　幼儿身心健康评价实践 — 292
一、幼儿整体发展评价及示例 — 292
二、幼儿个体发展评价及示例 — 298

第一篇　阳光课程的框架体系

在自然界中，阳光是重要的自然光源。它普照大地，与水和空气一样，滋养万物。它是富有生命力的，是世间万物蓬勃生长的基础。它使整个世界姹紫嫣红，七彩纷呈。它是生命奇迹的原动力，以光明和温暖普惠每一个生命，以多彩和希望点亮每一个生命。

陶行知曾经说过："学校放在阳光中，必能生长，必能持续不断地生长。"学校应该是阳光的，应该有持续发展的生命力。幼儿教育作为基础教育的重要组成部分，更应该像阳光一样，既能敞开怀抱，普照大地，给万物带来生机，又能使万物按照各自生命的节律自由生长。

宁波经济技术开发区幼儿园（以下写作"我园"）以"阳光教育"为发展主题，努力实践"让阳光穿透每一个角落、让阳光温暖每一个心灵"的理念，让教育为幼儿快乐生活铺设阳光大道，为教师幸福成长搭建阳光空间，为幼儿园科学发展营造阳光环境。我园秉承幼儿优先的教育原则，尊重生命，享受教育，让阳光普照每一个独特的生命，关注每一个生命的个性需求，使每一个生命在教育过程中实现成长。

循着这样的教育哲学观，我园致力于为幼儿提供丰富的课程，通过课程架起幼儿健康快乐成长的桥梁；力求使阳光课程成为我园办园思想在教育实践中的具体体现，成为理念转化为实践的途径，实现我园对教育价值理想的无限追求和教育现实可能性有效结合。

一、阳光课程的提出：与发展主题呼应，与教育内涵一致

我园的阳光教育由阳光文化、阳光课程、阳光团队、阳光管理等组成。阳光课程是阳光教育体系的重要组成部分，与发展主题呼应，与教育内涵一致。

我园倡导的阳光教育涵盖以下内容。

（一）阳光教育是充满爱的教育

教育培育人才，传承文明，提升人性，肩负着民族复兴的大任。没有爱就没有教育。阳光教育要发扬阳光无私奉献、公平公正、普照大地的大爱精神，以阳光般的情怀培养阳光幼儿。

（二）阳光教育是尊重生命的教育

教育是具有生命的事业。教育要关注生命，尊重生命。阳光教育让生命在阳光的普照之下更加灵动，让生命的意义和价值得到最大限度的提升。幼儿是鲜活的生命。他们的成长需要阳光雨露，需要丰富的环境。阳光教育能够给幼儿一个健康快乐的童年，为幼儿营造一个适合他们自由生长的空间。

（三）阳光教育是自我实现的教育

阳光教育不仅是教师教育幼儿的过程，而且是教学相长的过程。阳光教育注重心灵的沟通。它触及生命，充盈精神，建构人生。教育者和受教育者是相生相助的生命结合体。教育者是发光体，受教育者同样是发光体。二者交互生辉，在教育过程中共同成长。

在阳光教育思想的引领下，我们努力建构与我园发展主题和办园理念相适应的阳光课程，用丰富多彩的课程为幼儿提供多元发展的机会，让幼儿在尝试与体验的过程中积累丰富的经验。我园尊重幼儿的学习与发展规律，整合资源，开放包容，全面深入地实施阳光生命教育，建设充满生命情怀的氛围气息，让幼儿在课程浸润中达到身心健康、兴趣浓厚、经验丰富、能力提升的目标。

二、阳光课程的理论依据：自主学习，多元发展

阳光课程倡导幼儿自主学习，多元发展。我们借鉴陈鹤琴的"整个教学法"、杜威的"做中学"理论、高瞻课程的"主动学习"思想及加德纳（Gardner）的"多元智能"理论，将这些理论作为课程设计的理论依据，用以支撑幼儿园的课程建设，为课程框

架的建构、内容的选择与实施提供思考路径。

（一）陈鹤琴的"整个教学法"

陈鹤琴提出的"整个教学法"阐明了幼儿园教育内容的综合性和相关性。他认为幼儿的生活是整个的，幼儿教育的内容必定是一个互相连接的整体，既相互分离又相互联系，能使幼儿身体强健，认识自己，认识环境，了解自然与生命，发展良好的情感。陈鹤琴的"整个教学法"理论提示我们课程是整个的，教师要把幼儿应该学的东西整合地、有系统地呈现给幼儿，让幼儿去学习研究；幼儿的发展是整个的，表现为在大健康的教育理念下幼儿的身体、心理与社会相适应的良好状态；教师设计的课程需要依据幼儿身心发展规律，在幼儿生活中结成一个教育网，然后将这个教育网有组织有系统地、合理地编织在幼儿的生活中。

（二）杜威的"做中学"理论

美国教育家杜威的"做中学"理论阐述了游戏在幼儿发展中的重要作用，强调了直接经验与幼儿发展之间的关系，为阳光课程的研究提供了重要的理论支撑。我园认为教育应该是一个使幼儿通过活动体验一切和获得各种直接经验的过程，幼儿可以通过亲自活动去感受、体验从而认识世界、获得发展。阳光课程秉承杜威的"做中学"理论，遵循幼儿自我发展及获取经验的规律，为幼儿设置丰富多元的环境，让幼儿通过各种活动获得体验，积累经验。

（三）高瞻课程的"主动学习"思想

高瞻课程的核心要素是"主动学习"。"主动学习"是幼儿在内在兴趣、需要的基础上操作物体，开展活动，在活动中不断思考，发现问题并解决问题的过程。我园在建设阳光课程的过程中，提供丰富的、能满足幼儿不同发展需要的材料；提供幼儿能够自由进行操作、转换、组合材料的机会。幼儿有权决定主题进行的空间和时间，能自由地选择自己操作的材料与活动；有机会描述事物，表达自己的想法，谈论自己做了什么，能与其他幼儿很好地进行交流。教师尊重幼儿的选择与活动，鼓励他们按照自己的兴趣与想法去操作。

（四）加德纳的"多元智能"理论

加德纳的"多元智能"理论认为我们每个人都拥有八种主要智能：语言智能、逻辑—数理智能、空间智能、运动智能、音乐智能、人际交往智能、内省智能、自然观察智能。他认为，每个幼儿都有不同于他人的智力特点和组合方式，这就决定了不同幼儿对问题的解决可以有不同的方案，学习的成果也有不同的表征方式。他主张情境化评估，改变了以前教育评估的功能和方法。阳光课程提倡以多维度的、全面的、发展的眼光来评价幼儿。我园认为每个幼儿都有自己的学习风格，都有潜在的能力。教师要尊重幼儿的学习风格，接纳包容幼儿，鼓励幼儿正确认识自己、发现自己。

三、阳光课程的理念：开放包容

阳光课程以开放包容为理念，以幼儿园大健康教育研究为基础，充分利用课程资源，促进幼儿身心健康和个性化发展。

（一）开放

开放有张开、释放、绽放、舒展、解除限制、允许进入等意思。这里指用开放的心态汲取课程建设中的理论源泉，梳理课程渊源，丰富课程依据；用开放的眼界挖掘课程资源，统筹其中涉及的人、事、物；用多元的视角实施课程，多种途径培养具有阳光气质的幼儿。

1. 课程时空的开放

课程项目的时间和空间均不受传统教育模式的约束。课程项目的时间可以根据活动开展的情况和幼儿的需要随时增减，幼儿在园的时间可以作为课程项目时间的一部分。主题进行时间可长可短，以活动的有效性与幼儿的兴趣为价值判断的基点，有的可以持续一周，有的可以持续两周甚至更长时间。课程的场地可以综合室内、室外，园内、园外，社区、山野的广阔空间。课程活动应该是自然且开放，与幼儿生活的环境融合在一起的。即使是室内的环境，也要关注到幼儿活动需要的空间，有足够宽裕的空间满足幼儿学习、游戏的需要。

2. 项目内容的开放

课程项目的内容丰富多元，根据幼儿的兴趣与需求进行选择和取舍，可以包含幼儿生活中所有熟悉的事物及对幼儿成长有利的社会与自然资源。主题的选择和切入可以因班而异。各班级可以有不同的进程，呈现出不同的课程足迹。

3. 组织策略的开放

课程以幼儿主动参与为前提，最大限度地满足幼儿通过直接感知、实际操作和亲身体验获取经验的需要；解放幼儿的眼睛，解放幼儿的耳朵，解放幼儿的嘴巴，解放幼儿的手脚，解放幼儿的头脑；打通幼儿感知事物的感官，让幼儿充分融入情境，专注到事物上，达到身、心、灵的统一，使自己与眼前的事物、周边的世界和谐共存。

4. 课程建设的开放

课程建设是一个多方参与并共同成长的过程。课程参与的对象可以是教师、幼儿和家长。课程主题内容的确立和实施是一个动态发展的过程，所有对幼儿发展有利、对课程建设有利的建议和措施都可以运用到课程建设中来。甄选的标准是符合幼儿年龄特点，有利于幼儿良好学习品质的培养；学习内容富有挑战性，有价值，与幼儿兴趣和经验相联系，强调幼儿积极参与和社会性交往。

（二）包容

包容即宽容、容纳、悦纳、涵容、谅解。课程需要用宽广的"胸怀"包容每一位参与者的思想，以及人与人之间、人与事之间、人与物之间交流和沟通的方式，努力营造和谐的人文环境。

1. 理解幼儿的学习方式

幼儿的发展是一个持续、渐进的过程，教师要尊重每个幼儿的发展规律。幼儿的学习是以直接经验为基础，在游戏和日常生活中进行的。教师必须创设丰富的教育环境，合理安排课程内容，满足幼儿主动探究的需要。

2. 包容幼儿的个性发展

教师要承认幼儿的多样性，承认每一个幼儿都是不同的个体，都有不同的性格特征和表达方式。阳光课程应该提供平台，允许每一个幼儿用自己独特的语言来表达内心的想法和感受，支持幼儿主动学习、发展个性。

3. 相信幼儿能够主动成长

教师要观察和关注幼儿在活动中表现出的积极态度和良好行为，随时进行跟进评价，用多元发展的观点看待幼儿。幼儿在课程当中的每一种状态，无论是认知水平、情感态度还是能力发展，都应该被认可。教师应充分信任幼儿，相信幼儿能够主动成长，给予幼儿自己与自己对话、自己改变自己的机会。

4. 创设宽松自由的环境

阳光课程中的环境尤其重要。只有在师生相互包容、相互信赖的关系中，幼儿才能改变自我，形成自我认识、自我发展的能力。阳光课程必须关注环境的打造，努力创设和谐、自由的氛围，用阳光、温暖、轻松的环境包容每一个课程参与者，发挥环境对人的潜移默化的作用。

阳光课程能察觉每个幼儿的需要，并提供充分选择的机会和条件，把握幼儿的水平和经验的发展序列，将幼儿参与活动的要求尽可能地物化为幼儿活动的环境资源，让环境成为引发幼儿需要、持续开展活动的教育契机，从而使幼儿健康强壮，乐学善思。

四、阳光课程的目标：身心健康

我园之前做过阳光体育特色课程及幼儿园健康教育目标与评价的研究。从阳光体育特色课程的打造到阳光教育品牌的架构的过程，是教育观念转变的过程，也是培养目标转变的过程。在这个过程中，我园将关注点从身体健康转换为身体健康、心理健康及良好的社会适应能力。因此，阳光课程将培养幼儿身心健康作为终极目标，促进幼儿全面和谐发展。

（一）阳光课程的总目标——基于七彩核心素养的幼儿园培养目标

阳光课程的总目标：以阳光教育思想为基础，通过阳光课程的实施促进每一个幼儿健康水平、情感态度、认知水平、审美能力等方面的发展，健体、润心、怡情，关注幼儿需要，促进幼儿主动学习，培养身心健康、乐学知美的七彩阳光幼儿。七彩核心素养分别是热情、友爱、自信、体健、聪慧、好奇、乐创。

热情：热情应该成为阳光幼儿的特质。热情是阳光的代名词，是身心高度和谐的体现，是基于健康身体和健康心理的由内而外的情感抒发，具有极强的感染力。

友爱：阳光幼儿要友善互爱，彼此信任，关心同伴，热爱集体，与同伴、长辈交往中自然流露出亲切的情感。

自信：阳光幼儿要从内心肯定自我，相信自我，在自我评价上有一种积极的态度，善于发现自己的长处，勇于表现自己。

体健：阳光幼儿要有强健的体魄，良好的身体素质，坚强勇敢的品质，较强的自我保护意识。

聪慧：阳光幼儿要有对事物和现象进行探究分析的能力，聪明智慧，有开阔的眼界和解决问题的能力。

图1-1 幼儿培养目标

好奇：阳光幼儿对自己不了解的事物感到新奇，有浓厚的兴趣去追根问底，探究并积累各种关于事物及其现象的经验。

乐创：阳光幼儿有丰富的审美体验，理解美的事物，乐于用自己独特的动作和语言表达内心的感受和想法，体验艺术创作的快乐。

（二）阳光课程的三大版块及其价值追求

阳光课程由融合性主题活动、拓展性户外活动、开放性区域活动三大版块组成。

融合性主题活动：融合性主题活动以促进幼儿的身心健康、促进一生幸福快乐为目标，通过各项活动让幼儿在身体、心理（情绪）、社会适应方面呈现良好的状态。

拓展性户外活动：拓展性户外活动以创造、合作、共享为主旨，发展幼儿社群意识，让幼儿在各项活动中学会共同生活、相互合作，积极融入群体，培养良好的活动技能，积累户外活动的经验。

开放性区域活动：开放性区域活动以开放的形式进行组织，满足幼儿的需要，让幼儿在自然、自由、自主的氛围中获得最好的发展。幼儿愿意与同伴合作挑战各种困难，积极运用各种工具、材料进行观察与研究，尝试用语言、神情、动作表达自己的想法和心情。

我园力争让阳光课程成为这样的课程。

——以幼儿发展为本的课程，即课程的核心要义是促进幼儿的发展，注重核心素养的培养。

——适合幼儿成长需求的课程，即课程设置符合幼儿的成长规律和发展要求，是能满足幼儿需求的课程。

——支持幼儿自然生长的课程，即课程是灵动的、丰富的、符合幼儿天性的，能为幼儿提供充足的成长营养和多维度的体验平台，促进幼儿自然生长。

五、阳光课程的框架：三大版块、七个项目

阳光课程以"培养身心健康、乐学知美的阳光幼儿"为主旨，重视幼儿在身体、心理、社会适应等方面的良好发展，融汇整合健康、科学、社会、语言、艺术五大领域，促进幼儿和谐全面发展。

表1-1　阳光课程框架

三大版块	七个项目	系列活动	说 明
融合性主题活动 （聚焦身心健康—— 追求一生幸福快乐） 健体、润心、怡情	我运动、我健康	小班：亲亲太阳 　　　动感乐园 中班：挑战自己 　　　健康之旅 大班：动感天地 　　　运动达人	以健体、润心、怡情为指导思想，以促进幼儿的身心健康和幸福快乐为目标，将主题活动融合在浙江省的省编课程中，并以开放包容的理念对部分内容进行适当的改进。
	我创造、我自信	小班：开心的我 　　　我很能干 中班：快乐魔法 　　　我很自信 大班：情绪王国 　　　我能我行	
	我分享、我快乐	小班：上幼儿园 　　　一起做朋友 中班：我长大了 　　　和我在一起 大班：生长日记 　　　我来帮助你	
拓展性户外活动 （发展社群意识—— 学会共同生活、团队合作） 创造、合作、共享	秘密森林	树林生活	以创造、合作、共享为主旨，发展幼儿的社群意识，让幼儿在各项活动中学会共同生活、团队合作。
		野趣运动	
		农场种植	
	创想空间	户外建构	
		自然趣作	
开放性区域活动 （适应个体差异—— 每个幼儿都得到最好发展） 自然、自由、自主	魔法小镇	科探室	各个功能馆以开放的形式进行组织，满足幼儿个体需要，让幼儿在自然、自由、自主的氛围中获得最好的发展。
		木工坊	
		陶泥室	
		生活馆	
		美工室	
		阅览室	
		建构室	
	精灵秀场	七彩展览会	
		缤纷嘉年华	

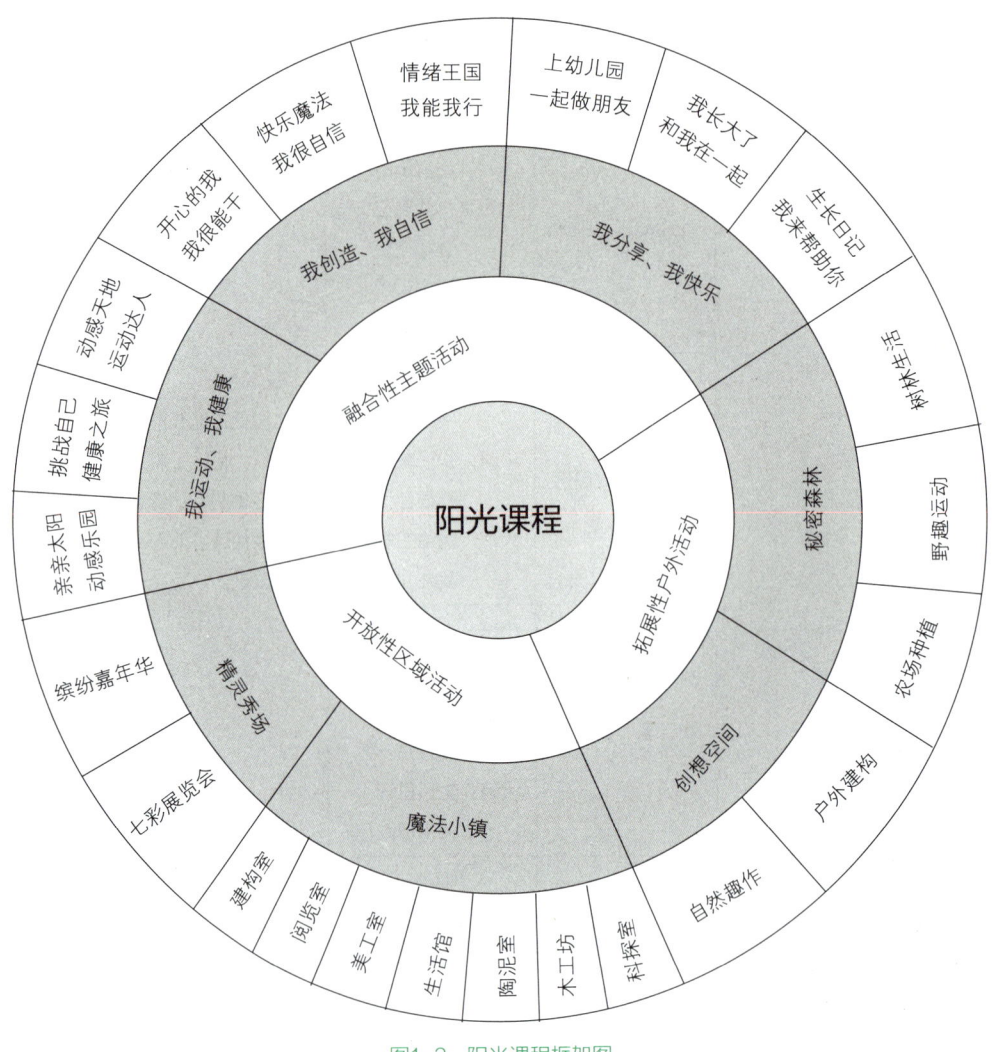

图1-2 阳光课程框架图

六、阳光课程的内容与形式：健体、润心、怡情

阳光课程由融合性主题活动、拓展性户外活动、开放性区域活动三大版块组成，聚焦幼儿身心健康发展，为幼儿一生的幸福快乐打好基础，促进幼儿在身体运动、心理情绪、社会适应方面的良好发展，达成培养热情、友爱、自信、体健、聪慧、好奇、乐创的阳光幼儿的目标。

（一）融合性主题活动

融合性主题活动以我园研究的"幼儿身心健康发展的目标与评价"为引领，以身心健康的概念为基础，分为"我运动、我健康""我创造、我自信""我分享、我快乐"三个项目，使幼儿在身体、心理（情绪）和社会适应方面得到良好发展。鉴于以往注重阳光体育特色发展和身体运动素质的提升、忽视心理情绪健康及社会适应的现状，我园特别提出了融合的思路，重视幼儿情绪和社会性发展，并在课程选择上注重内容与形式的融会贯通，以此促进幼儿身心和谐发展。

通过融合主题课程的实施与开展，幼儿在身体、心理（情绪）、社会适应方面呈现良好的状态，在各项活动中通过直接感知、实际操作、亲身体验获得身体、心理（情绪）、社会性的共同发展，培养了热情、友爱、自信、体健、聪慧、好奇、乐创等的良好品质。

融合性主题活动的"融合"有两重意思：一是与浙江省的省编教材充分融合，密切联系，同时也以开放包容的阳光课程的理念对省编教材部分内容进行改编；二是在具体实施的过程中，遵循融合的思想，注重整体性实施，关注幼儿身心和谐与健康发展。

融合性主题活动三个项目的目标分别如下。

我运动、我健康——

第一，知道健康、运动的重要性，并在生活中积极锻炼。

第二，通过探究、游戏、艺术表现等途径，获得健康的身体，具有良好的生活习惯和运动能力。

第三，感受运动、挑战带来的快乐与信心，获得积极的情感。

我创造、我自信——

第一，学会正视自己和别人，能发自内心地自我肯定，深信自己一定能做成某件事，能正确认识和充分估计自身力量。

第二，能认识自己和他人的常见情绪，愿意表达自己的情绪，懂得用语言、非语言方式安慰、同情、鼓励和谅解他人，形成初步的共情能力。

第三，学习做自己能做的事，用新颖的方式表达和表现，提高探索世界、发现和创造新事物的能力，在尝试与实践中形成积极的自我暗示。

我分享、我快乐——

第一，有积极稳定的自我认识，自尊，自信，自主。

第二，乐意与人交往，能与他人分享实物、情绪、经验等。

第三，了解自己是群体中的一员，能较好地融入群体生活并遵守基本规则。

第四，感受成长的轨迹，体验成长的喜悦，做一个健康、积极、乐观的人。

根据项目目标，我园确定了每个年龄段的主题活动及活动目标，安排了具体活动。每一个活动都有相应的活动目标和活动内容。

> **举例** "一起做朋友"主题活动的开展

小班第二学期"一起做朋友"主题是"我分享、我快乐"项目中的内容。分享行为指幼儿主动、自愿与同伴共享某种资源，并从中获得愉悦体验和心理满足的一种社会行为。我们从幼儿最熟悉的玩具入手，让幼儿从分享实物开始，逐渐拓展到分享情绪、分享经验等，丰富了分享的内涵。幼儿通过分享的方式来结交朋友，获得分享带来的快乐，为亲社会行为的发展打下良好的基础。

活动目标如下。

第一，愿意在集体面前介绍自己的玩具和玩法。

第二，在成人的鼓励下跟同伴交换、分享自己的玩具。

第三，通过分享的方式来结交朋友，愿意与朋友分享快乐、害怕等体验。

第四，在成人的帮助下，能通过探索、游戏体验分享带来的快乐，并用简单的语言分享感受。

活动内容如下。

本活动由"一起玩玩具""朋友，你好"和"朋友，我来帮助你"三个小主题版块构成。"一起玩玩具"这一版块通过"幼儿园里玩具多""玩具发布会""汽车嘟嘟嘟""滚圆滚圆的球""魔术瓶"这五个系列活动组成，充分挖掘分享玩具带来的教育价值。"朋友，你好"版块侧重于分享情绪。幼儿通过认识小朋友，乐意与同伴交往；喜欢与同伴一起游戏，体验共同游戏的快乐。"朋友，我来帮助你"通过绘本《彩虹色的花》切入，引发幼儿体验帮助别人带给别人的方便和带给自己的快乐。幼儿通过各种游戏活动，与同伴交流和分享经验，体验与他人分享带来的快乐和满足。

（二）拓展性户外活动

拓展性户外活动将活动的范围扩展到自然中，用开放的视野挖掘课程资源，以创造、合作、共享为主旨，发展幼儿的社群意识，让幼儿学会共同生活。幼儿能积极融入群体，与同伴友好相处，用正确的方式与同伴沟通交流，体验与群体共同生活、游戏的快乐，愿意与同伴合作挑战各种困难，尝试合作解决难题，共享活动成果；积极参加各项户外活动，拓展户外活动的经验，培养良好的运动品质及身体运动技能，增强对外界环境的适应能力，体验户外活动带来的成功感，增强自信心；认识自己的情绪，并了解控制情绪的方式，尝试用语言、神情、动作表达自己对人或事物的想法和心情。

项目活动拓展了教育空间，让幼儿有机会走出教室，走到操场，走向社区，走进公园，走入山林，在无限宽广的空间中自由地游戏和学习，并利用丰富多元的材料研究和创造；着眼于幼儿社群意识的发展，借助多元途径让幼儿融入群体生活，创设机会让幼儿与同伴共同生活，尝试研究与发现，学习交流与合作；关注幼儿情绪，让幼儿在活动中充满好奇和兴趣。幼儿可以研究、观察、发现和创造，感受自己的情绪，调节自己的心情，并与同伴共情。

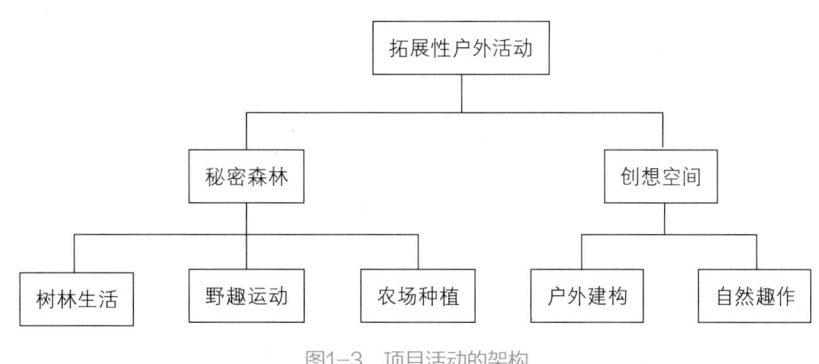

```
                    拓展性户外活动
                   /              \
             秘密森林              创想空间
            /   |    \            /        \
       树林生活 野趣运动 农场种植  户外建构  自然趣作
```

图1-3　项目活动的架构

1. 秘密森林

大自然是一个神秘的大课堂，蕴含着幼儿学习和成长需要的丰富营养。我们利用山林资源，充分挖掘秘密森林中的有利因素，给幼儿丰富多元的刺激，让幼儿通过看、闻、听、摸、尝来调动全身的每一根神经，唤醒幼儿的感知觉。幼儿通过欣赏、发问、学习、思考，不断与自然界生物、自然现象进行互动，发现自然的惊奇与惊喜，见证生命的奇迹与感动。幼儿在大自然中感受和同伴一起生活、游戏、学习的乐趣，体验群体生活，学会共同生活与团队合作，感悟创造、共享，维护天然的好奇心和感知力。

树林生活：树林生活的核心价值在于让幼儿有机会亲近大自然，在与大自然的亲密接触过程中，通过观察、比较及多种形式去丰富对大自然的认知经验，以及增强自己对大自然的适应能力，如简单的生存技能等；让幼儿在各项活动中以创造、合作、共享为主旨，发展社群意识，学会共同生活。

幼儿观察山野里的草、树、昆虫、土壤，观察变化万千又有迹可循的气象，观察各种自然屋内隐藏的漫漫生命历程；与树木做朋友，与昆虫"约会"，与树丛朋友"打招呼"；在树丛中野餐、露营，为自己取个花草树木的名字；在树丛中开展各类游戏，用眼睛、耳朵、鼻子、舌头认识常见的野果、野菜，知道其食用的方法；打开眼睛和心灵，去关注、欣赏、体验，走进森林，记录自然，让内心更加豁达，让眼界更加开阔；懂得理解包容，懂得感恩自然、敬畏自然，学会与自然和谐相处，体验愉悦感、满足感、幸福感。

野趣运动：利用附近的山林、公园、农庄、田野等，挖掘大自然的教育元素和价值，在自然生态的环境中进行锻炼和游戏。

附近的一座小山非常适合幼儿活动。幼儿在大自然中发现山林中的事物，感受季节变化，用脚步测量从幼儿园到山林的距离、从山脚到山顶的距离，在山林中开辟好玩的活动，接受不同的挑战；开辟山林游戏场所，在山林中走、跑、跳、钻爬、攀登、投掷，增强身体的力量、耐力，发展身体的平衡性、灵敏性、协调性；尝试在野外扎营，在山林里生活，探索在有关生活的日常情境都改变的条件下如何适应环境并让自己过得更加舒适，提高环境适应能力和生活能力；讨论山林中哪些是值得探究的，哪些充满了挑战，哪些是危险的事物，通过系列活动的开展探究提高生存能力、自我保护能力和避险意识。

农场种植：幼儿在教学楼的楼顶开辟了一个天空农场，利用木箱进行种植，春播夏长秋收冬藏，体验四时农作带来的耕种的乐趣。蓝天、白云、远山、绿树、广阔的空间、变化的色彩，给幼儿带来心旷神怡、赏心悦目的感觉。

我们以农场种植为载体，引导幼儿在种植蔬果的过程中观察、探究、种植、分享。针对幼儿的年龄特点，我们开展农场劳作活动，包括种植、管理、收获和储藏等方面，让幼儿在劳作的过程中体验劳动的艰辛，提高劳作技能，在和同伴共同生活、游戏的过程中享受一起劳动、创造、共享的乐趣；引导幼儿主动接触蔬果，了解种植蔬果的过程，探究蔬果的生长习性，记录蔬果的成长过程，学习照顾蔬果，为蔬果搭架、盖膜等，在探究的过程中不断形成和发展探究能力。

幼儿学习运用各种工具进行劳作的方法，掌握浇水、施肥、搭棚、盖膜等劳作技能，愿意大胆探索蔬果的生长过程和不同的生长形态，能够观察与比较几种蔬果之间的区别，并尝试制作相应的记录表；善于在观察蔬果中发现问题，寻找解决的途径；尝试进行对比种植，获得关于植物生长的经验，并积极尝试用多种方式对蔬果进行艺术创作。

幼儿学习堆肥，了解堆肥的方式，用环保的材料制作肥料，观察蔬果在肥力作用下的成长状态；学习收集雨水，了解生态环保的水循环方式，尝试使用不同的灌溉方式；了解害虫、鸟类的活动轨迹及它们对蔬果成长的影响，知道减少不良影响的方法；观察并了解蔬果成熟的过程，尝试用各种方式制作美宴，增进对有机食品、营养价值、健康饮食等内容的了解；学习制作风车，观察风向、天气变化、气候温度与蔬果成长的关系；喜爱种植活动，对劳作产生兴趣，愿意照顾各种蔬果，有责任心，体验收获成果时的喜悦。

2. 创想空间

创造力是产生新思想、发现和创造新事物的能力，创造新概念、新理论，更新技术、发明新设备、新方法，创作新作品都是创造力的表现。创想空间提供充足的材料，让幼儿充分与自然物接触，合理解决活动中遇到的困难，创造性地制作、搭建出具有个性特点的作品，从而培养敏锐独特的观察力、高度集中的注意力、高效持久的记忆力、灵活自如的操作力和创造性思维能力等。

户外建构：大型的户外建构能让幼儿进行创造、想象、合作与交流，利用各种建构积木或其他材料进行建造，在建造的过程中充分感知材料的特征、性质，并学会根据物体的外形特征正确选择和使用不同类型的建构材料搭建出外观、功能、风格迥异的建筑作品，尝试围绕主题建构我们的家、我们的社区、我们的幼儿园等，熟悉建构物体时需要掌握的平衡、对称、模式等，合理利用替代物，学会合作与分工，能够客观地评价自己和同伴的游戏情况，体验同伴共同游戏的快乐和创造合作共享的快乐。

自然趣作：幼儿在大自然中徜徉，发现并感受大自然的美。大自然蕴含美的宝藏，每一棵植物都有各自的姿态，每一个动物都有个性。大自然不仅是丰富多彩的，还是慷慨无私的。一片落叶、一段枯木、一块石头、一个野果，都可以是自然艺术的源泉和珍宝。幼儿可以用树叶做印章，用小草做装饰，用野花装扮自己，重新诠释人们视为无用的自然物，赋予它们全新的生命美学，让人们体会大自然中的枯死并不意味着结束，而是新生命的开始，体验"自然无处不在"的真谛。幼儿拼贴大自然，拓印大自然，手绘大自然，收藏大自然，用一颗纯真的心来进行自然创作，记录自然中的生命故事，传递对美的感受力。

（三）开放性区域活动

开放性区域活动适应个体差异，让每个幼儿在自然、自由、自主的氛围中得到最好的发展。我们利用幼儿园的多个功能室开展七彩项目活动，以开放的形式进行组织，关注幼儿的个性化成长，充分满足幼儿动手操作、亲身体验的要求，倡导全员化、常态化，将幼儿的成果搬上舞台，让每个幼儿体验成功的乐趣，自主活动，自信展示。

自然——万物都有其自身的自发性、原初性、延续性，自然成长。

自由——合理的规则为幼儿创造一种有序的、和谐的生活，幼儿在自然形成的、符合身心发展水平的规则意识下按照自己的意愿做事。

自主——自己的事情自己负责，这是一种权利，更是一种能力。幼儿通过独立思考、探索、实践、创作等方法，实现发展目标。

各功能教室以开放的形式开展各种项目活动。幼儿在轻松、专注、有准备的前提下，从容地进行探索，能恰当地调控自己的行为，做自己想做和该做的事，对周围保持好奇心，用发现的眼光大胆尝试解决问题，用适合自己的方式、速度学习，用不同形式展示自己的能力，体验成功。

我们通过创设充满探究机会的空间，引导幼儿思考、尝试、发现、创造，激发幼儿主动学习的热情；提供选择、表现、成功的机会，支持幼儿多方面地展示自己的才能，激发自己的潜力，体验成功的快乐；营造适合幼儿的环境，不断调整材料，以适应不同幼儿不同的学习方式；关注幼儿的兴趣，拉动幼儿内在发展需求，提高幼儿学习的坚持性和专注力。

1. 魔法小镇

魔法小镇利用我园的功能教室，根据幼儿的年龄特点开展各项活动。科学探索室、木工制作坊、陶泥工作坊、美食生活馆、室内建构区、绘本阅读室、生态美工室等，每一个地方都深深地吸引着幼儿。在幼儿的眼里，魔法小镇充满了吸引力。

在科学探索室，幼儿探究水的奥秘、磁铁的奥秘、空气与自然、人体与生物，可以参与力的变化，色彩的变化，声、光、电的变化，等等。木工制作坊中的"小木工"学习使用各种工具，制作桌椅板凳、小床小车、坦克战舰……通过设计图纸、协作商量、相互合作制作出一个个成品并送往娃娃家、小医院，还能帮助弟弟妹妹修理椅子、制作标牌。陶泥工作坊的幼儿学习陶土与白瓷的区别，设计制作各种造型，表达自己的感想，用烤制的作品装饰幼儿园的墙面。美食生活馆的幼儿可以烤蛋糕、做饼干、搓汤圆、包饺子、卷寿司、做沙拉，与同伴一起分享制作与品尝的快乐。室内建构区每天都是热热闹闹的，幼儿在这里造"铁路"，建"大桥"，搭"房子"，围"公园"，忙得不亦乐乎。绘本阅读室里到处都是绘本图画书，幼儿沉浸在书的海洋里，充分享受阅读的快乐。生态美工室场地大、环境美，幼儿在这里可以大展拳脚，合作绘画，任意表达对事物的感受。

图1-4　我来试一试　　图1-5　大家一起来　　图1-6　木匠活干起来

表1-2 部分班级木工制作汇总

名称	目标	预设线索	内容	核心技能	活动要点
木工制作坊	1. 尝试使用各种木工工具，愿意与各种木结构的材料进行互动，能对材料进行自主创作。 2. 尝试自主解决木工实践中的问题，形成专注、坚持等学习品质。 3. 能主动了解他人需求，在分工合作中获得社交与合作的能力，体验成功的快乐。	我爱我家 1. 收集信息——各种各样的木质家居 2. 实践制作——我做的木质家居 3. 装饰展示——温暖的家	收集篇： 1. 设计、完成调查表"我家的木质家居"，并收集各种木质家居的图片资料进行欣赏。 2. 写生木质家居的结构特征。 制作篇：运用各种材料、工具，制作喜欢的家居，如桌子、椅子、床、柜子、木质挂符等。 展示篇：通过摆放、装饰，将家居组合。	统计：分类统计数据。 写生：能画出主要的结构特征。 使用工具：电钻、锤子。 辅助材料：螺丝钉等。 施工技术：测量、锯钉、刨等。	1. 提供各种木质材料和工具，供幼儿选择。 2. 支持幼儿用多种方式表达，如通过讲述、绘图、积木搭建等来表达自己的创作计划。 3. 根据幼儿的兴趣和需要，采用多种形式让幼儿感受木制品的魅力，如邀请木匠展示各种施工技术，观察各种木制品的特性，观看视频了解中国木工的伟大创作（榫卯结构）等。 4. 支持幼儿不同的制作工艺，对不同能力的幼儿给予不同的帮助。
		我上小学了 1. 访谈调查——不一样的小学生活 2. 畅想计划——不一样的文具 3. 制作展示——我制作的文具	访谈篇： 1. 参观小学，与小学生交流小学学习生活的不同。 2. 调查记录小学生使用的物品。 畅想篇：设计不一样的文具，邀请木匠进行指导。 制作篇：选择喜欢的文具的内容，并根据内容选择材料，尝试和同伴一起制作笔筒、屏风、小人书、移动画架等。	采访：能有针对性地提问。 设计：根据文具特征设计图纸。 使用工具：电钻、砂纸。 使用材料：活页、滑轮。 施工技术：钻孔。	
		幼儿园，再见 1. 回忆进行时——我的幼儿园 2. 制作进行时——我喜欢的 3. 展示进行时——我们的故事	回忆篇：写生幼儿园、老师、同伴。 制作篇：根据自己喜欢选择不同的内容，和伙伴分工合作，组合成系列 动物系列——鸟虫总动员 绘画系列——蚂蚁和西瓜 建筑系列——我们的教室 展示篇：为每一个系列签名，讲述故事，写上制作说明书。	写生：有侧重地画出建筑或者人物的特点。 使用工具：电钻、刨、刀、锯。 施工技术：刨、锯、钻、旋等技术。	

2. 精灵秀场

精灵秀场为幼儿提供了更加广阔的表现空间。幼儿以各项目课程、功能活动室的内容为载体，用更开放、更丰富的形式进行展示。

七彩展览会指向作品秀，以静态、专题化的作品为主，如陶泥作品展、绘画作品展、手工制作展、木工作品展、绘本艺术展等。

缤纷嘉年华指向活动秀，以动态、创意性的活动为主，如亲子木工活动、大地写生画、建造师比赛、科探活动周、香香美食节、节日庆祝会等。

精灵秀场可以结合文学、音乐、美术、社会、科学、运动等多领域内容开展系列娱乐活动。幼儿在参与中经历策划、组织、回顾的过程：计划，设计海报，布置场景，装扮角色，分配角色；组织排练，演出剧目，组织演出，整理场地，设计与制作展台，参与艺术作品摆放，引导观众参观；欣赏与回顾，总结经验与不足，协调与改进。在这一过程中幼儿提高了组织策划能力，展露了表达表现才能。精灵秀场可以采用小组活动、班级活动、跨年级组活动、全园活动等形式开展，也可以采用亲子活动、老少同乐、师幼共庆、社区展示等形式开展。幼儿的作品可以当作礼品赠送给来参观的客人，可以当作日常游戏中的家具玩具，可以用于环境装饰，可以成为种植花草的容器等。多彩的形式、多元的平台营造了自由、开放的空间，让幼儿个性化表现、自主式表达。

图1-7　米奇米奇我爱你　　　图1-8　我最棒　　　图1-9　快乐的精灵

七、阳光课程的实施与保障：拓展边界，充分信任

阳光课程在实施的过程中，拓展边界，充分信任，放权给教师，放权给幼儿。教师有灵活选择、实施课程的自由，有合理利用空间、适时提供材料、随时跟进观察的自由，有拓宽园内外空间、走进社区和家庭的自由。我们鼓励教师充分内化教育理念，广泛吸收各种教育信息，学习教育方法，开阔教学思路，充分尊重幼儿、理解幼

儿，以有专业度的爱为基础，温柔且坚定地按照幼儿发展的目标来分析幼儿的需要，给予幼儿充分的自由。

（一）阳光课程的实施

1. 阳光课程的组织：把握基本理念，万变不离其宗

阳光课程在组织落实过程中将融合性主题活动融入浙江省幼儿园的省编课程中。小、中、大班各年龄段都有相应的课程内容，凸显了我园教育理念，也是对省编基础课程的补充和完善。拓展性户外活动和开放性区域活动为选择性课程，结合日常活动，年级组可以根据不同的年龄特点选择合适的内容组织教学，各班可以根据幼儿的兴趣有针对性地进行选择。

教师在实施课程的过程中要把握课程的基本理念、整体框架、实施途径，做到万变不离其宗；注意把握整个课程体系的基本框架，包括横向之间的总体内容与要求及相互之间的内在联系，纵向上不同年龄阶段的具体要求和衔接点；把握项目之间的内在联系，理顺课程总目标与具体目标、年龄目标、活动目标之间的关系。各项目的设计虽然有各领域的方向，但是在具体组织的过程中是相互融合的，体现了幼儿发展的全面性、完整性。阳光课程以我园的办园思想、教育理念为导向，以开放包容为原则，以培育身心健康、乐学知美的阳光幼儿为总目标。

项目活动的选择留有适当的空隙，班级可自主对各项内容进行选择和组合。班级在做选择时需要进行整合梳理，在纵向上把握各领域知识自身的顺序、班级幼儿心理发展的顺序、事物发展的顺序，遵循教育活动由易到难、由浅入深、由点到面的内在规律；在横向上注意"统"和"整"，实现各版块和领域之间的有机联系和平衡，使幼儿获得系统的经验，同时为生成课程留有余地，保证课程的动态特点。

2. 阳光课程的实施：践行开放包容，让课程开发留有余地

第一，开放多元，允许突破界限。

突破时空的界限：课程在开发的过程中，教师有充分的自由，可以突破时空的界限。在时间上，教师可以延长课时，用一个上午、一整天甚至几天的时间开展专项研究，跟随幼儿的兴趣延续课程。例如，种植的研究从植物的发芽到开花结果、收获品尝，可以持续一个学期之久。在空间选择上，教师可以突破教室的限制，让幼儿到室外、园外、山坡、农场、公园、社区、游步道、蔬果园去探索。

举例 延续了一个学期的农场观察

春暖花开，桃花、梨花、玉兰花、樱花开满马路、田园、山间。三楼平台的阳光农场已是一幅鲜花盛开的景象，一点也不比其他景点逊色。

一早，我们赏花游园。每经过一个木箱，我们都会看看有没有开花，谁开花了，它的花是怎么样的。

三月，我们发现土豆开花了，它的花是紫色的；萝卜开的花是白色略带粉色，四片花瓣；芹菜开的花是白色的，一点一点的，像满天星；蚕豆开的花是淡紫色的，有点像小蝴蝶；草莓开的花是白色的……

四月，再一次赏花，我们发现番茄开出黄色的小花；葱慢慢老了，开出的花是白色的；蒿菜慢慢长高，开出的花像太阳花；胡萝卜也开出了白花。

五月，我们又来看花，四季豆开出紫色的小花，南瓜开出大大的黄花，茄子开出紫色的小花。

六月，土豆可以挖了；四季豆结籽了，剥开豆荚，里面是细细的黑黑的萝卜籽；南瓜花谢了，结出了小小的南瓜，跟拳头一般大了。

突破项目的框架：每一个活动不仅仅是单纯的项目活动，教师可以用更加开放的思维方式进行组织。每个项目都有多维度目标。例如，木工不仅仅是木工，还可能是订单活动。幼儿到各处（园长室、后勤部、各班级、门卫处等）收集大家需要的木工要求，制作成订单，按照订单制作木工制品，按需送到各处，运用到生活和学习中，获得情感与能力的最大发展。

从网络图中，我们可以感受到各种信息在此交流。这样的讨论和研究能将幼儿的

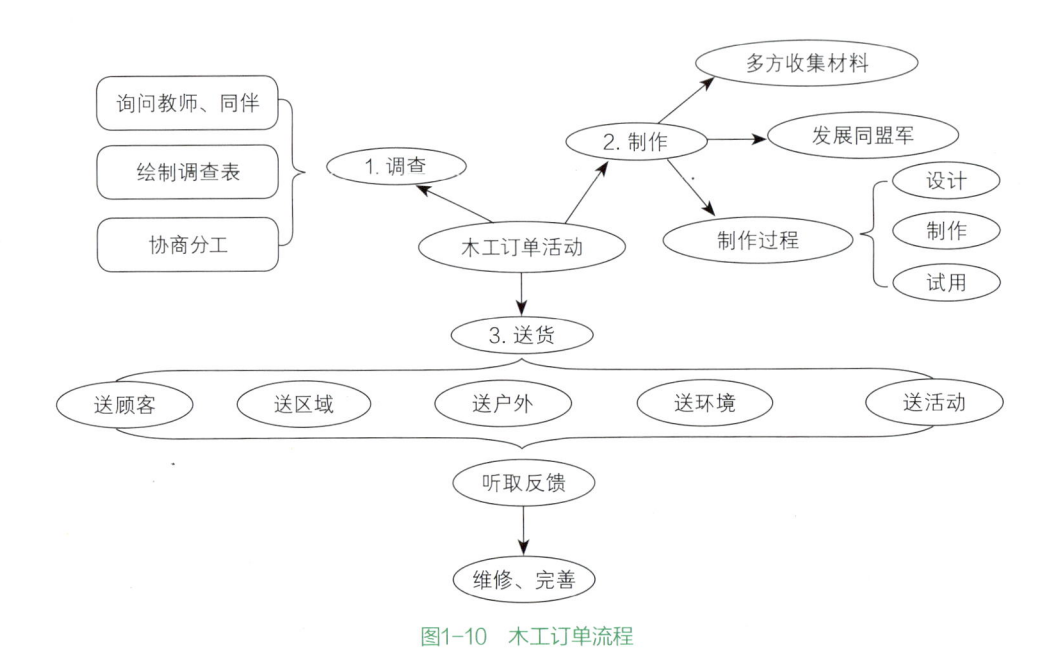

图1-10 木工订单流程

零散经验汇聚。网络图的记录形式也拉开了幼儿以"调查—制作—送货"为一体的木工订单项目活动的序幕。

农场种植也不仅仅是种植活动,可以包含阳光种植与农场狂欢等,还可以研究植物与气候、灌溉与虫鸟。用思维导图的方式勾画出课程活动的多维途径,既是对种植活动的扩展,又是一种启发,可以随时添加相关的内容,是一种动态的构建方式。这种课程构建的模式充斥在整个体系的架构中。

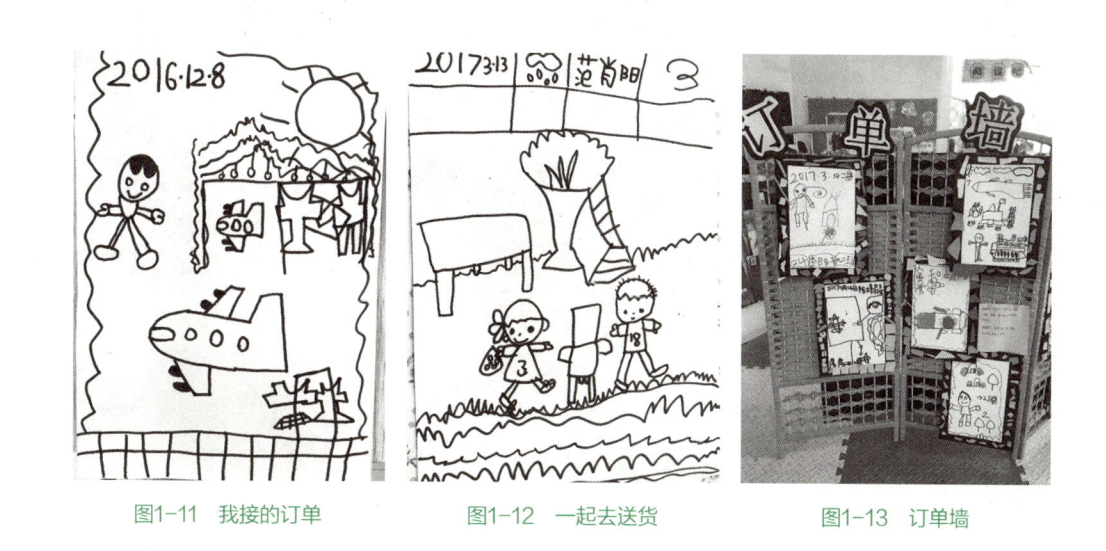

图1-11 我接的订单　　图1-12 一起去送货　　图1-13 订单墙

图1-14 阳光农场课程架构

打开认知的通道：教学活动不再是局限在教室里的听听讲讲，而是鼓励幼儿主动参与，最大限度地满足幼儿通过直接感知、实际操作和亲身体验获取经验的需要，打开幼儿的眼睛、耳朵、嘴巴、手脚、头脑，让幼儿充分融入情境，专注到事物上。

图1-15　一起做木工　　　图1-16　小木匠制作中　　　图1-17　我是小木匠

小木工的活动不仅是制作活动，还需要收集信息、制作订单、与同伴商量、合作制造、送货、接受反馈及商量改进措施等，是一个头脑、眼睛、嘴巴、耳朵、手脚等多种感官共同参与的活动，也是幼儿多种能力共同发展的过程。

第二，包容接纳，充分信任师生。

课程实施的过程也是再次创造和开拓的过程。海纳百川，我们允许教师和幼儿用自己的方式实施课程。理解幼儿的学习发展是一个持续、渐进的过程。教师要相信幼儿能主动成长为最好的自己，关注个体差异，允许幼儿用自己独特的语言来表达内心感受，支持幼儿主动学习、发展个性。

举例　不可思议的野营，也被允许

野趣活动是秘密森林中的一个项目。有一天，幼儿创生了一个山林野营活动的想法：暑假归来，许久未见的幼儿早已围在一起聊开了。"暑假，我们去野营了，住的是帐篷，可刺激了。"你如果以为这样的叙旧时光很快就能结束了，那就错了。一个热烈的话题正在诞生——野营。好多幼儿聚在一起，不时传来讨论声："真想去山里野营啊！""不知道老师会不会同意，我们去问问吧"……幼儿边讨论边时不时转头看看老师，眼里充满期待。"好吧，我们去山林野营吧！"顿时，幼儿的欢呼声响彻云霄。"野营需要准备什么东西？野营的时候我们可以做些什么？"幼儿聚在一起讨论得热火朝天，还让教师一起搜索野营的相关事项。他们在教室里寻找各种材料，开始制作计划书。教师

图1-18　野外搭帐篷　　　　　　　　　图1-19　野营计划

为幼儿准备了各种材料。在一番努力后，幼儿一次次地丰富和完善野营计划书，从野营需要的东西到野营时可以干什么，丰富多彩的计划正在幼儿的讨论、计划、梳理中生成。

在山林中露营，在帐篷里吃饭、睡午觉，突破常规的活动都可以被允许。幼儿对这个来之不易的活动充满了强烈的兴趣。他们特别珍惜这次活动。在整个活动进程中，幼儿自主筹备帐篷，讨论活动的开展状况，勘察地形，试搭帐篷，讨论分组，组织活动，表征活动。活动进展得如火如荼。幼儿参与其中，既是组织者，又是参与者，使各方面能力都得到了极大发展。

举例　树枝博物馆，在室内造一片森林

教师带着幼儿上山秋游。休憩时刻几个幼儿对老鹰山上的树枝、松果产生了兴趣，握在手里把它们当作宝贝。有的说我们可以把树枝带回去做个小弹弓；有的说我们可以把树枝插在花瓶里面，并涂上一层好看的颜色；还有的说我们可以用松果做成门帘……幼儿纷纷把这些宝贝带回幼儿园。由于材料多，种类较为丰富，因此教师指导幼儿分门别类地将材料储放在箩筐中，并放置在同一个架子中——"树枝博物馆"成立了。幼儿在空闲时刻就把宝贝摆在地上，左拼拼，右摆摆，创造出一副有趣的画面。

图1-20　造森林

自从有了"树枝博物馆",幼儿带来的宝贝也越来越多:树根、稻草、鹅卵石、木块……大自然的材料丰富,富有生命的气息,低结构,高开放,给予了幼儿更大的想象空间。

随着新年的临近,幼儿希望有一个热闹、个性的新年活动。于是,幼儿提出开一个森林派对。该怎么实施呢?幼儿开始设计场地:这里种上新年树,许上自己的新年愿望;墙上挂起松果风铃、树枝挂件;窗户上贴上窗花;再铺一条石子小路……每个幼儿都是小小设计师。终于,一个富有文化和艺术气息的森林教室完工了。幼儿还邀请了中班的弟弟妹妹一起上演了一场王子与公主的森林童话。森林派对快乐且有意义。

举例 一百种语言,都允许表达

在"我分享、我快乐"的活动中,幼儿带着心爱的玩具来到幼儿园,开展"我的玩具朋友"活动,讲述自己与玩具的故事,用清晰的语言向同伴分享介绍自己的玩具;为玩具画像,进一步激发与玩具之间的感情;向玩具朋友展示"我的一日生活",体验同伴间无时无刻陪伴分享的乐趣;在学习、游戏、就餐、午睡等各个环节陪伴玩具,感受照顾他人的辛苦与快乐;与玩具交朋友,抱抱它,亲亲它;陪玩具做游戏,让它们感受分享和陪伴的快乐;向玩具分享介绍有趣的幼儿园生活,并与玩具分享游戏的快乐;陪玩具感受丰富多彩的幼儿园,体验陪伴的多种感受,体会爱的方式有很多种,分享的方式也有许多;和

图1-21 我带宝宝一起玩

玩具聊聊故事,讲讲悄悄话;陪着玩具看书、玩游戏;抱着玩具交朋友,抱着玩具午睡;跟朋友交换玩具,跟朋友分享玩具的故事;为玩具画像、唱歌给玩具听……幼儿说:分享陪伴,是去哪都记得带着你;分享陪伴,是吃饭、睡觉也跟你在一起;分享陪伴,是有趣的事就想与你一起体验;分享陪伴,是即使很辛苦也不放弃你;分享陪伴,是不管你需不需要,你一直都在我心里;分享陪伴,有时候有点麻烦,有时候有点辛苦,但是更多的时候很幸福很快乐。当幼儿被允许自由表达、感到自主快乐时,他们自会流露出焕新、自豪、喜悦与憧憬的眼神。

举例 花草石沙,都成课程资源

大自然是天然的课程,一草一木、一石一沙、一叶一花都是幼儿探究的对象。自然趣作课程让幼儿将自然引入课程探究,充满了乐趣。

幼儿充分利用身边的材料，变废为宝。树叶、树枝、松果、花瓣、玉米棒、贝壳、泥巴等，都成了游戏的材料和工具。幼儿突破美工室的界限，在自然界中欣赏美的事物，随手收集自己喜欢的自然物进行艺术创作。"大自然畅想曲""秋日里的花语""叶的画框""叶脉化石""海洋之歌""手绘大自然"等，幼儿将成人视为无用的自然物重新诠释，化腐朽为神奇，赋予它们全新的生命美学，以一颗纯真的心来进行自然创作，记录自然中的生命故事，传递对美的感受，懂得感恩自然、敬畏生态，学习与自然和谐相处，体验愉悦感、满足感、幸福感。

图1-22 秋天的世界

第三，课程轨迹，源于主动学习。

虞永平教授说过，幼儿园的课程是教师和幼儿从一个故事到另一个故事间美妙旅行的过程。教师鼓励幼儿主动构建自己的语言，与身边的人或事物进行交流，让幼儿愉快、幸福、健康的成长。其中，主动性、创造性被视为愉快、幸福、健康的前提与核心。我们在阳光课程建设的过程中，倡导自由自主，以幼儿为中心，尊重幼儿发展潜能，顺应幼儿天性，为幼儿的发展提供多种机会和途径。

阳光课程有属于自己的课程轨迹，这些轨迹来自幼儿的主动学习。

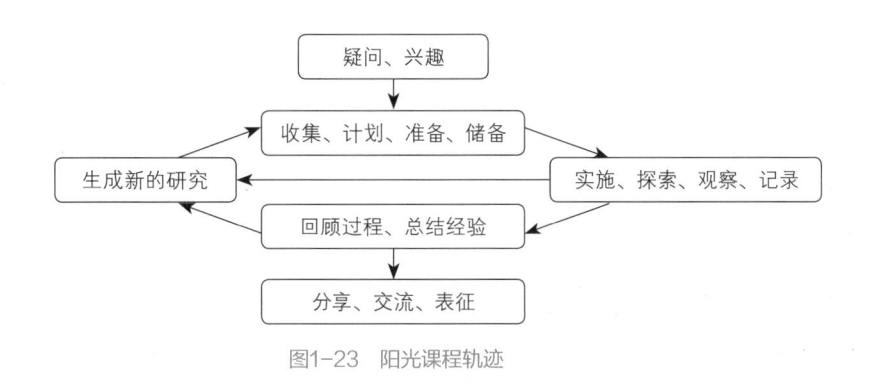

图1-23 阳光课程轨迹

在阳光课程中，幼儿针对兴趣点或疑惑点提出问题，继而在师幼共同探讨过程中扩展问题，提出并确定研究方向。幼儿作为课程的主人，制订计划，收集信息，准备工具。接下来是按照计划书进行探究活动，这一过程必定有观察、记录、调查。幼儿回顾自己的探究过程，共同梳理总结经验，通过各种方式进行观点陈述、艺术表征等，在探究、回顾环节生成新的研究方向。个过程是循环的，幼儿可以对一个问题进行长时间的探究。只要他们的兴趣还在，课程探究就可以继续下去。

图1-24　课程记录展示　　　　　　图1-25　一起来建构

对于活动的内容、活动的组织，幼儿都可以发表自己的想法，进行讨论和参与，共同决定。在活动中，教师鼓励幼儿用多种方式解决问题，充分发挥幼儿的主体作用。在活动之后，教师鼓励幼儿用多种方式表现，满足幼儿的表现欲望。阳光课程中有着许许多多的项目活动，但我们有着一样的培养目标，一样的探究模式，项目活动可以融会贯通。幼儿在课程探究过程中不仅收获知识、情感、技能，还收获思维方式，为一生的成长奠定基础。

3. 课程实施的关键：教师重塑"三观"，追随幼儿

课程的开发和完善是一个不断积累经验的动态过程，因此需要全体教师共同参与，拓展课程开发的共同体，营造课程研究的良好氛围，树立正确的"三观"：学生观、教师观和课程观，聚焦幼儿的兴趣，尊重幼儿独特的学习特点和学习方式，让幼儿站在课程中央与教师共同挖掘、开发多元的课程资源，真切体验课程创设，真正推进幼儿园的课程实施，促进幼儿健康发展。

第一，重塑"三观"，课程实施始于教育原点。

知是基础，是前提。教师作为课程的最终执行者，首先要理解课程理念，才能逐步实践课程。我们通过加强课程宣传，促进教师对园本课程的认可、理解，从学生观、教师观、课程观层层解读，鼓励教师从教育原点出发解读课程理念，为课程的实施打开窗口。

学生是教育的出发点和归宿点。因此在阳光课程构建与实践过程中，我们的研究始终基于幼儿，体现正确的学生观，用正确的态度和行为去关心、理解、尊重幼儿，

相信幼儿是积极主动的学习者，站在幼儿的立场、用幼儿的视角去挖掘课程中的价值，为幼儿创造机会和条件。在课程执行过程中，我们尊重幼儿的学习方式和学习特点，最大限度地满足和支持幼儿通过直接感知、实际操作和亲身体验获取经验的需要，以幼儿健康成长、快乐体验为目标，与幼儿一起体验、创生课程故事。教师是童年的守护者，要向幼儿学习，陪伴和支持幼儿成长。对于课程理念，我们努力从顶层往下放把"梯子"，让教师能努力去抓住"梯子"往上爬。我们采用集中学习、知识竞答等方式让教师在高频的接触、解读中理解和接纳课程理念。我们甚至将课程理念具体细化、案例化，让教师对课程理念有更准确的理解和把握。

例如，我们在幼儿园开展"对话幼儿——开放包容理念下的幼儿园园本课程故事分享"活动，教科研组长等骨干教师做先行官，将一个个有深度、有温度、有价值的课程故事分享给教师，让教师对课程如何开展、如何执行有一个理性的认识。在各种团队互助中，我们非常注重教师的体验，积极开展各种"让教师首先成为儿童""温暖的课程分享故事"等课程体验活动，帮助教师重塑"三观"，体验课程魅力。

第二，追随幼儿，课程组织注重观察指导。

在课程实施过程中，教师要深入学习，领会《3-6岁儿童学习与发展指南》（以下简称《指南》）精神，并将其运用于课程实践之中，做到观察分析在先，介入指导在后，放手与支持张弛有度，真正促进幼儿的发展。

细致观察：教师在观察前要确定一定的预设范围，储备相关的经验，坚持预设与生成相结合，细心捕捉课程探究中的价值点，借用笔头、镜头、头脑全面如实记录，为研究收集真实的素材。

客观分析：教师要依据《指南》或其他权威评价标准，针对观察记录认真分析，收集资料，整理案例。例如，幼儿对哪些活动感兴趣，是否有深入的探究行为，是否有创造性的表达与表现；通过对幼儿活动过程的分析，了解幼儿的兴趣、需要、性格、学习方式、行为习惯，承认每个幼儿都有自己的发展潜力与优势，允许幼儿按照自己的速度前进，依据差异安排适宜的活动，让每个幼儿都能感兴趣，都能获得成功。

适时介入：介入以尊重幼儿需要、意愿为前提，以帮助幼儿获得新经验、促进幼儿发展为目的。教师要真诚地与幼儿交流，无论幼儿表达什么内容、用什么样的方式表达，都要用认真平和的态度耐心倾听，并真诚地提出能帮助幼儿发现、回顾和继续探索的意见。

多元评价：阳光课程提倡教师以多维度的、全面的、发展的眼光来评价幼儿，多纵向比较幼儿自身的发展变化，少进行幼儿之间的横向比较。每一个幼儿都有自己的学习风格，都有着潜在的能力。教师必须尊重幼儿的学习风格，接纳包容幼儿，鼓励幼儿正确认识自己、发现自己。

（二）环境的保障

环境作为课程实施的重要组成部分，对幼儿的发展起着至关重要的作用，因此教师必须重视环境的价值。阳光课程以开放包容为核心，强调环境对幼儿潜移默化的影响和浸润，并且引导幼儿积极承担环境创设的责任，通过环境打造呈现幼儿在课程当中的语言，关注幼儿的心理需求与情感满足，让环境成为阳光课程实施的载体。

1. 层次丰富的室外游戏环境

在空间设置上我们力求做到上下空间延伸拓展，内外空间兼顾利用，边角空间无限整合，使有限的活动空间层次丰富，充满扩张力；搭建更多的游戏支架，为幼儿带来多样性的活动体验，也为阳光课程的实施提供物质基础。

草坪是幼儿的探险之地。我们在草坪的一角利用大树建造了"冒险树屋"，连接原有的木质大型玩具，形成了一个综合性的体育活动器械，在山坡上设置了野战基地，建造了"木质坦克""木板战壕""战地医院""作战指挥部"等，让幼儿置身其中。情境游戏随即开始。立体空间的开发让幼儿体验到了不同运动带来的乐趣。

在草坪的中央，我们建造了水池、山坡，栽种了小树林。幼儿在春天看昆虫悠闲地晒太阳，幼苗钻出地面；在夏天看荷叶田田，睡莲盛放；在秋天看茅草结籽，苇叶枯黄；在冬天捞冰、晒冰，感知水的神奇变化。玫瑰园、牡丹园、柚子林、柏树林、葡萄架、紫藤棚、阳光农场……我们充分利用场地，栽植品种多样的花草树木，多层次丰富幼儿的活动内容。

我们在教学楼的楼顶开辟了一个阳光农场，利用木箱进行种植。我们以农场种植为载体，引导幼儿在种植蔬果的过程中善观察、爱探究、喜种植、享美食。

2. 满足需求的功能教室环境

为实现让每一个幼儿都能成为最好的自己，我们关注个性差异，发掘幼儿园环

图1-26　荡秋千

图1-27　观察木耳菜

境，打造了科探室、木工坊、陶泥室、生活馆、美工室、阅览室、建构室七个体验工坊，开展七彩项目活动，以开放的形式进行组织，满足幼儿个体需要，让幼儿在自然、自由、自主的氛围中获得最好的发展。

宽敞的木工坊为幼儿准备了各种木工工具：榔头、钉子、锯子、刨、电钻、手工钻、电动磨床、工作衣、防护帽、护目镜、手套等工具。幼儿愿意操作每一个工具，乐意尝试制作每一种材料，在调研、合作、创作中体验到了成功。

我们设置了不同类型的科探室：生命科学室、物质科学室、地球与空间。科探室成了幼儿好奇与发现的孵化器、体验与操作的探索营、共享与多元的艺术馆。每一间科探室都对幼儿有着无穷的吸引力，他们用探索、发现、创造、表征展示每一个独特的自己。

生活馆里有微波炉、电烤箱、电磁炉。幼儿在这里实现"小鬼当家"的梦想，采购、采摘、收集，探究食物的来源和去向；烤蛋糕、做饼干、卷寿司、做沙拉，经历食物的变化过程；调查、品尝、分享，将自己制作的食物与别人分享，感受食物与季节、与人们生活的关系。

除此之外，每个班级的活动室都创设了凸显主题内容的、具有学习功用的环境，设置了丰富多样的活动区。教师努力营造自然流畅、温馨和谐、符合幼儿身心发展规律的学习环境，让幼儿产生归属感。教师根据幼儿的年龄特点，用心考量材料的作用，注重材料本身的层次性、丰富性、结构性，激发幼儿自主学习的内驱力，为幼儿的学习和发展提供支持。例如，语言区的创设，教师充分营造听、说、读、写的语言环境，培养幼儿良好的倾听习惯，发展幼儿语言理解能力，支持、吸引、鼓励幼儿表达自己的想法和感受，引导幼儿学习使用适当的、礼貌的语言技巧等。丰富有趣的、多样性的学习环境，有深度、有层次的活动材料，宽松安全、支持性的心理环境，是创建满足幼儿发展的、有内涵的教室的根本要素。

图1-28　我们的作品　　　　图1-29　木书展示台　　　　图1-30　制作的计划书

3. 广阔无边的园外拓展环境

将课程搬进大自然，充分挖掘大自然中的有利因素，可以给幼儿丰富多元的刺激，让幼儿看、闻、听、摸、尝，调动全身的每一根神经，唤醒感觉知觉。扩展园外的课程项目活动，将环境资源拓宽到附近的老鹰山游步道、蛟山公园、浃江步道、渡头蔬菜基地等，可以让幼儿在广阔的田野上奔跑、玩耍。自然体验可以发展幼儿的感性认知和理性思考，让幼儿感受和同伴一起生活、游戏、学习的乐趣，体验群体生活，学会共同生活、团队合作，感悟创造、合作、共享。

开放、包容的教育理念让课程与环境较好地结合起来，实现了以课程文化为主要内容的校园文化的发展，促进了幼儿园文化的建设。幼儿在课程与环境的交互作用中尝试与体验，培养兴趣，发散思维，丰富经历，积累经验，提升素养，提高学习与生活能力。

八、阳光课程的评价：多元评价，个性发展

课程评价是对课程的价值做出判断。评价课程的价值可以诊断课程、修正课程、预测教育的需求及确定课程目标的达成度等。课程评价是一个连续发展的动态过程，可以为促进幼儿和教师的持续发展、为课程的不断调整改进提供可靠的依据。课程评价对园本课程起着导向和监控作用，要提高幼儿园的教学质量必须有科学合理的评价。我们对幼儿发展情况、教师执行课程情况和课程实施方案的评判与调整等进行多元评价，坚持评价内容多元、评价方式多元、评价主体多元。

（一）对幼儿发展情况的评价

1. 促进身心健康的发展性评价

教育效果的评价首先表现为对幼儿发展的评价。我园每学期对幼儿进行身心健康发展水平的测评（如身体素质发展测评、幼儿心理健康测评、社会适应测评、语言发展测评、主动活动测评等），研制测评工具，编制符合课程发展需求的测评内容，培训测评教师，根据课程培养目标以现场观察的方法研究幼儿，通过设置具体的场景、图片测试等方式观察幼儿的行为、语言、表情，根据幼儿的外在表现获得准确的信息，以此了解幼儿发展现状，评价幼儿的发展情况，重点了解幼儿在身心健康、主动发展等方面的情况，及时收集与整理信息，并将这些信息作为改进课程内容的重要依据。

我园根据幼儿身心健康发展的需要研究了幼儿身体、心理和社会适应方面的发展目标与测评标准，并制定测评工具，通过图片测验、情境测试、访谈等了解幼儿在情绪识别、情绪表达、情绪调节及共情方面的能力。

表1-3　心理健康状态（情绪）观测指标

一级指标	二级指标	三级指标	观测点	水　平
情绪健康	情绪识别：幼儿通过自己体会及对别人表情、语言、身体姿势等的观察了解情绪反应，理解自己和他人的情绪情感状态，为自己在社会情境中的反应和行为选择提供一定的线索。	认识自己的情绪：从自己的生理状态、情感体验和思想中辨认情绪。	日常观察：幼儿是否察觉自己情绪的变化。	0级：没有察觉自己有开心或者不开心的情绪反应。 1级：知道自己有不同的情绪，但察觉不明显。 2级：能意识到自己有开心、不开心及愤怒的情绪。 3级：能辨别喜悦、兴奋、愤怒、恐惧、悲伤等情绪，并且把自己的情绪区分开来。 4级：能在成人的引导下，了解自己在不同情况中会产生不同的情绪。 5级：清楚了解自己的不同情绪，会分析自己的情绪现状。
		认识别人的情绪：从他人的表情、语言、身体姿势等的观察中辨认他人的情绪反应。	日常观察：与他人相处时对别人的情绪反应。	0级：不能察觉他人的情绪反应。 1级：能察觉他人有情绪反应。 2级：能察觉他人开心、不开心及愤怒的不同情绪。 3级：能分辨他人喜乐、兴奋、愤怒、恐惧、悲伤等情绪。 4级：能辨识他人喜乐、兴奋、愤怒、恐惧、悲伤等情绪，能关心他人的感受和需要。 5级：能辨别他人的各种情绪，能说出不同情绪的不同感受。

表1-4　测量工具分项目说明表

类别	测评内容	评价方式	工具名称
情绪健康	辨别他人的情绪，知道情绪产生的原因	图片测验	《菲菲生气了》
	情绪调节 安慰他人 情绪表达	访谈	
社会适应	认识自己、认识他人、有归属感	访谈	《我是谁》
	合作认知： 共同目标——好朋友 分工合作——抬积木筐 交往策略——搭积木	情境、访谈	《好朋友》
	在完成任务过程中与同伴的合作能力	情境测试	《我们一起玩》

2. 关注个体发展的叙事性评价

以学习故事为载体的观察与评价：观察是评价的重要手段之一，我们引领教师分析新西兰的学习故事，了解学习故事中教师的学生观、教师观，并以此作为课程实施过程中进行观察和评价的重要途径,通过学习故事的撰写了解幼儿在五大领域的发展及幼儿的学习方式,捕捉幼儿的兴趣点,及时调整和改进课程内容和实施策略,并通过成长档案册的形式对幼儿进行个性化的反馈。

举例 肥料生成记——小区捡落叶

在这个故事里,孩子们为蔬菜自制肥料,选用的材料是落叶,所以孩子们到附近的小区参与捡落叶活动。在活动中,孩子们体验了团队活动,感受合作完成一件事情的重要性,学习跟别人交流。很多人具有较强的团队意识和荣誉感,为装满箩筐而努力,不浪费一片叶子。在施肥中,孩子们看到落叶很轻,容易被风吹走,于是想办法用其他东西压住它们,最后用泥土埋起来。进入大班后,孩子们的经验越来越丰富,很多事情都能自己想出办法。

下一步学习的机会和可能性:

第一,观察树叶在泥土里的变化,了解树叶腐烂后会与泥土混在一起,为泥土增加养料。

第二,收集其他制作肥料的材料。

第三,区分哪些肥料需要发酵,哪些可以直接用在泥土里。

以个别访谈为抓手的直击与分析:教师根据课程目标及内容,组织幼儿进行现场访谈,保证幼儿在情绪放松的状态下与教师发生互动。教师进行直接观察、记录与分析,了解每一个幼儿的发展现状,分析幼儿的发展水平,研究幼儿的学习特点。

访谈 好朋友

小熊和小猴是好朋友,它们总在一起玩。有一天它们一起来到公园。公园里面有很多好玩的玩具:滑梯、秋千、小飞机,等等。小熊说:"我要玩滑梯。"小猴说:"我要玩秋千。"可是它们很想在一起玩。问题:小朋友,如果你是小熊,你会玩什么呢?

这道题主要测试幼儿是否能够进行商量,是否能够达成一致的目标。

在课程实施过程中,教师关注幼儿的主动成长,唤醒幼儿的主体意识;引导幼儿正确评价自己,分析自身的优点和不足,关注自己和同伴的成长,听取别人的意见,改正自己的不足。

(二)对教师执行课程情况的评价

对教师执行课程情况的评价主要是考察和评定课程实施过程中的诸多动态因素,

如师幼互动质量、师幼在课程运行过程中的态度和行为、幼儿园环境的创设和利用等，以阶段性的展示、展览、活动等考察教师组织课程的情况，采用过程性评价和终结性评价相结合、个别评价和集体评价相结合、自我评价和同伴评价相结合等方式，全面多元地进行评价，从而促进幼儿的发展、教师的成长及课程的不断完善。

我们在课程开展过程中多次举办教育现场展示会，让教师根据课程目标组织幼儿进行项目活动，深入教育现场，洞察教师的教育理念、教育经验、教育智慧，观察其教育行为的针对性、合理性和有效性，以及幼儿在环境中如何学习、如何表现自我、如何处理与同伴和教师的关系等。在动态和不确定的教育场景中，我们可以看到教师对课程理念的把握及课程的执行情况，看到幼儿的发展情况，能根据现场情况进行进一步的思考、调整与协调，从而更好地促进课程的实施。

我们也对教师总体的课程执行情况进行科学的分析，如组织教师进行师幼互动质量的调研，对每个班级的师幼互动情况进行观察、分析、评价，考察师幼互动质量，监督教师关注幼儿的发展、关注课程理念的落实。

（三）对课程实施方案的评价

对课程实施方案的评价主要是考察和评定幼儿园教师持有的基本理念和强调的主要价值观与幼儿园的社会文化背景的契合度，与幼儿园教育实际状况的契合度；考察和评定幼儿园课程的目标、内容、方法、评价等是否是课程理念统合之下的一个统一协调的整体。我们的课程评价伴随着课程的实践过程，让教师作为观察者、分析员参与一日活动课程实施的监控，以问题的发现和解决为导向，收集、分析、解读信息，以此为依据不断充实方案内容，提高实施效率，促进课程的自我完善。

我们经过多次的课程审议活动，对课程方案进行审核，如"让阳光照进心田"，引导教师再次对照课程理念、实施原则，提出"我们的期待"：让教育像阳光一样，惠及每一个幼儿的发展，满足成长的需要，润物无声；让幼儿在课程浸润中达到身心健康、兴趣浓厚、经验丰富、能力提升的目标。我们提醒教师关注开放、包容，在实施的过程中用思维导图、头脑风暴等形式，开阔视野，打开界限，使课程的开展更具创新性。

我们邀请教育科学院专家、市区教育专家对课程的实施方案进行审核，对课程实施过程进行审议，讨论课程布局、架构的合理性和课程实施、执行的有效性，促进课程沿着更理性、更科学的途径发展。

九、阳光课程的成效：师幼成长，园所发展

通过阳光课程的实施，幼儿参加活动的积极性、同伴合作探究的能力、表达表现

的能力得到了发展，教师的专业素养和科研能力也得到了较大的提升，幼儿园的整体设计更加科学合理，教育的系统性也明显增强了。

（一）促进幼儿成长

1. 课程构建促进幼儿身心健康发展

阳光课程以培养身体健康、心理健康和社会适应能力良好的幼儿为目标。融合性健康活动聚焦幼儿身心健康；拓展性特色活动发展社群意识，教幼儿学习共同生活、团队合作，努力让每个幼儿成为最好的自己。

阳光课程从内容到实施，关注幼儿的个性发展，重视幼儿主动学习，察觉每个幼儿的需要，提供充分的机会和条件，把握幼儿现有水平，将幼儿参与活动的要求尽可能地物化为幼儿活动的环境资源，让环境成为引发幼儿需要、持续开展活动的最佳教育资源，从而为幼儿发展潜能、表现个性、培养能力提供支持，促进幼儿的全面发展。阳光课程的实施让幼儿身体健康强壮焕发生命的光辉，让幼儿的心灵美好温润绽放生命的光彩。

通过阳光课程的开设，我园充分拓展活动场地，开展了丰富多样的锻炼活动，促进了幼儿运动能力和身体素质的提高，使幼儿在力量、耐力、速度、平衡、灵敏等方面都有了很大提升。浙江省体质监测中心对我园的抽样检测表明我园幼儿的发展有明显的进步。

进行体质监测后，从测评的数据中可以看出，全园幼儿体质状况明显优于两年前的水平，这说明幼儿的体质在实施锻炼和监测的干预下得到了显著改善。下面以2017年6月与2014年6月幼儿体质监测结果（见表1-5）为例。

表1-5 幼儿体质监测结果达标率

时间	网球投掷达标率	坐位体前屈达标率	双脚连续跳达标率	走平衡达标率	立定跳远达标率	10米折返跑达标率
2015-6	72.6%	74%	75%	72%	86%	80.1%
2017-6	89.2%	91.9%	88.7%	89.4%	98%	99%

同时，这些数据还为我们后续的发展和教师教育方向提供了参考的依据，有利于教师更合理地帮助每个幼儿在原有的程度上增强体质。

阳光评价追随幼儿的发展。教师在活动中观察幼儿、分析幼儿、读懂幼儿，看到每个幼儿的发展需求，并提供更加适切的教育，使幼儿的发展更加均衡、全面。

举例 情绪情感的发展测评结果分析

表1-6　情绪识别和知道情绪原因统计分析：N=156（单位：分）

		情绪识别						情绪原因					
		小班M	中班M	大班M	平均	F	Sig	小班M	中班M	大班M	平均	F	Sig
总体		1.89	2.84	3.65	2.85	66.28	0.01	3.74	4.75	4.39	4.33	27.87	0.14
分项	1玩玩具	0.65	0.96	0.98	0.88	19.15	0.00	0.70	0.98	0.93	0.88	11.99	0.00
	2姐姐来抢	0.02	0.11	0.30	0.15	8.76	0.00	0.78	0.95	0.81	0.85	3.23	0.04
	3夺来夺去	0.11	0.20	0.57	0.30	18.30	0.00	0.78	0.93	0.87	0.87	2.34	0.09
	4摔倒了	0.37	0.68	0.85	0.65	15.08	0.00	0.76	0.96	0.91	0.88	5.61	0.00
	5玩具没了	0.74	0.89	0.94	0.87	4.99	0.01	0.72	0.93	0.87	0.85	4.70	0.01

表1-7　情绪调节、共情和情绪表达统计分析：N=156（单位：分）

	情绪调节	共情	情绪表达
总体	1.14	0.41	1.24
小班	0.82	0.95	1.07
中班	1.26	1.33	1.30
大班	1.30	1.90	1.32
Sig	0.00	0.00	0.04

◎幼儿情绪识别能力随着年龄的增长呈递增趋势。

◎幼儿情绪调节、共情、情绪表达的水平也随着年龄的增长有所提高。

心理健康教育是目前幼儿园健康教育中的一块短板，而心理健康是幼儿健康不可或缺的一部分。通过测评，教师更加关注幼儿情绪情感的发展情况，了解各年龄段情绪发展的基本特点，创设系统的课程，有针对性地在日常的教学中关注情绪的发展，运用多种方式引导幼儿注意情绪的变化，促进幼儿身心和谐全面发展。

同时，我们通过个案跟踪发现，幼儿更愿意表达自己的想法和意愿，在日常生活和游戏活动中愿意通过协商、

图1-31　专注中

图1-32　有商有量

图1-33　我来帮助你

退让、合作、选择、决策、等待等方式解决各种矛盾，使游戏能够顺利开展下去。这说明幼儿在共同的游戏活动中已经积累了一定的经验，有了一些与同伴相处、合作的能力。

举例　"拓展性户外活动"大型建构活动中的教师记录

在多次尝试一人搭建失败后，敏敏的情绪开始低落，坐在草坪上嘴里说着"我老是不成功"。敏敏看了看周围的小朋友都在忙着搭建自己的作品，于是把所有的积木摆放到了运积木的小车上，装了满满一车，来到甜甜一组，问甜甜："我可以来你们一组吗？"甜甜听见了说："不行，不行，我们一组5个人够了。"敏敏沮丧地低下了头，准备离开。这时琦琦说："你来我们组吧。"听到这话，敏敏的表情马上变了。敏敏开心地拿起一块板绕着场地奔跑了一圈，高兴地用手指着一车的积木说说："你看，我把那里的积木全都带来了。"敏敏和其他小朋友一起很快地把车上积木卸下来。

敏敏发现自己屡次尝试失败的时候，决定重新去寻找同伴合作搭建。敏敏把所有的材料摆上了推车，在装材料中果断利用叠高的方法把所有的积木都放上了车。在与同伴商量后，敏敏和伙伴们一起完成了搭建活动。

图1-34　草丛里的秘密

2. 课程实施丰富幼儿学习与生活内容

教育应该是一个使幼儿通过活动体验一切和获得各种直接经验的过程。幼儿可以亲自去感受、体验、认识世界，获得发展。融合性主题活动、拓展性户外活动为幼儿的学习与生活创造了丰富多样的内容，设置了开放多元的环境，依据幼儿身心发展的规律及获取经验的途径，在幼儿生活中结成一个教育网，有组织有系统地、合理地编织在幼儿的生活中，创造机会让幼儿构建自己的语言并与身边的人或事物进行交流，鼓励幼儿正确认识自己，让幼儿通过各种活动获得体验、积累经验。

图1-35 放大镜看世界

（二）促进教师成长

1. 全员式培训促进教师专业能力的提高

一直以来，我园十分重视教师队伍建设。在阳光课程构建的过程中，我园更是将教师培养放在了重要位置，除了常规的教学研讨以外，还建立了研究小组、培训班等，根据不同的需要将教师组合成一个个小型团队。在研究小组中，相同类型的实验班组成学习共同体，共同研究，共同实践，共同成长。通过课程的研究，教师梳理了阳光课程开展的多个项目课程，"共享自然、快乐成长""缤纷童年、花样绽放""亲历观察、感悟神秘""与神奇的自然约会""玩泥巴的小手""幼儿纸塑创意"等项目都已经完成。从内容到目标再到实施，形成了一系列具体完整并便于操作的活动课程体系。

2. 课程的实施与反馈推进教师课程研究能力的提高

每个班级都参与课程研究，每位教师都参与课程的设计、实施与反馈。在这个过程中，教师对我园的办园理念、教育思想、培养目标、课程目标等有了更深层次的理解，对课程内容、课程实施、课程评价也有了深刻的认识。课程研究的过程也是教师专业成长的过程。教师更加关注目标与行为的切合度，关注课程建构的序列性，关注幼儿的发展需要和学习特点，关注课程实施的有效性……这些关注有力地促进了教师课程研究能力的提高。

3. 课程的研究有力推动了教师科研素养的提高

课程研究的过程也是教师思考与实践的过程。教师在课程实践过程中获得了思考与学习的方法，学会了观察质疑，学会了实践验证。教学的过程、观摩的过程、展示的过程、汇报的过程，都是研究的过程。几年来，我园教师科研能力有了进一步的提高，市级、区级立项课题达到6项，"幼儿园阳光课程的实践研究"在中国学前教育学会"十三五"课题中立项，"幼儿园教师课程执行力的研究"在宁波市学前教育"十三五"

课题中立项。60多篇文章获奖或者发表,《阳光课程引领下幼儿园环境优化》《从阳光体育到阳光教育》等文章在《早期教育》《幼儿教育》杂志上发表。《幼儿园阳光课程》入选浙江省幼儿园精品课程,《幼儿园阳光课程建构的实践研究》获得宁波市教育科研优秀成果二等奖。十多位教师受邀到外省、外区及区内各幼儿园开展讲座,将自己的研究与思考进行汇报。记录园本课程研究过程的园刊《七彩苑》获得宁波市优秀教育科研校刊评比一等奖,课题组成员李丹凤老师被评为北仑区第七批中小学名教师,多位教师被评为北仑区骨干教师和区教坛新秀称号等。

(三)促进幼儿园成熟

在幼儿园阳光课程的构建与实施过程中,我园各项工作进展顺利,发展目标更明确,发展思路更清晰。

1. 课程实施践行了教育理念

我园以阳光教育为主题。阳光课程的开展是我园教育理念的具体实践,并使教育理念得到了不断完善。通过课程的实施,我园努力做到让阳光穿透每一个角落,让阳光温暖每一个心灵,为幼儿快乐生活铺设阳光大道,为教师幸福成长创造阳光空间,为幼儿园科学发展营造阳光环境。

2. 课程构建丰富了品牌内涵

阳光课程的构建影响着我园文化、团队、评价的发展,丰富了教育品牌的内涵。文化建设过程中处处都有课程研究、课程讨论、课程实施的踪迹。环境创设为课程实施创造条件,不论是室内外环境的打造、功能室的创建,还是园外环境的开发,都围绕着课程的发展进行。我园的管理与教师团队的打造同样引导着或者服务着课程的进程。

3. 课程开发扩大了园所影响

阳光课程的开发同时造就了优美的环境、多元的课程、丰富的活动,使我园的发展更加迅速,也吸引了众多专家、园长前来参观学习,扩大了园所的影响力。近年来,来园参观学习的专家团队络绎不绝,有远道而来的德国爱丽丝学院的教授、园长、老师们,有来自全国各地的园长、教研员。这增强了我园发展的自信心。

七彩阳光、润泽童年,让阳光穿透每一个角落,让阳光温暖每一个心灵,这是我园的教育理念,也是我园的教育情怀与承诺。我们希望创造更适合幼儿发展的教育,设计更理想的课程,拓展更广阔的空间,促进幼儿阳光、健康地成长,拥有不竭的生命动力,生气勃勃,激情奔放,为幼儿一生的良好发展打上阳光底色。

第二篇 阳光课程的实践形态

阳光课程承载了"七彩阳光、润泽童年"的美好愿望，以开放包容为原则和方法，以促进幼儿的身心健康与全面发展为目标。阳光课程的实施可以促进幼儿健康水平、情感态度、认知水平、审美能力等方面的发展，健体、润心、怡情，关注幼儿需要，引导幼儿主动学习，培养身心健康、乐学知美的七彩阳光儿童。

阳光课程的实践由三种活动形式组成：融合性主题活动、拓展性户外活动、开放性区域活动。

融合性主题活动：融合性主题活动以促进幼儿的身心健康、为幼儿一生幸福快乐奠基为核心目标，通过各项活动健体、润心、怡情，让幼儿在身体、心理（情绪）、社会适应方面呈现良好的状态。

拓展性户外活动：拓展性户外活动以创造、合作、共享为主旨，发展幼儿的社群意识，让幼儿在各项活动中学会共同生活、团队合作，能够积极融入群体，养成良好的活动品质及活动技能，积累户外活动经验。

开放性区域活动：开放性区域活动以开放的形式进行组织，满足幼儿个体需要，使幼儿愿意与同伴合作挑战各种困难，积极运用各种工具、材料进行观察与研究，尝试用语言、神情、动作表达自己的想法和心情，在自然、自由、自主的氛围中获得较好发展。

第一章 融合性主题活动

融合性主题活动聚焦幼儿身心健康。通过开放包容的课程，幼儿在身体、心理（情绪）、社会适应方面呈现良好的状态。幼儿在运动、探索、游戏、体验中尝试提出问题、解决问题、创造新事物、适应新环境。教师要支持幼儿在融合性主题活动中通过直接感知、实际操作和亲身体验获取经验，在与同伴和成人的交往过程中感知体验、分享合作、享受快乐，继而达到健体、润心、怡情的目标。

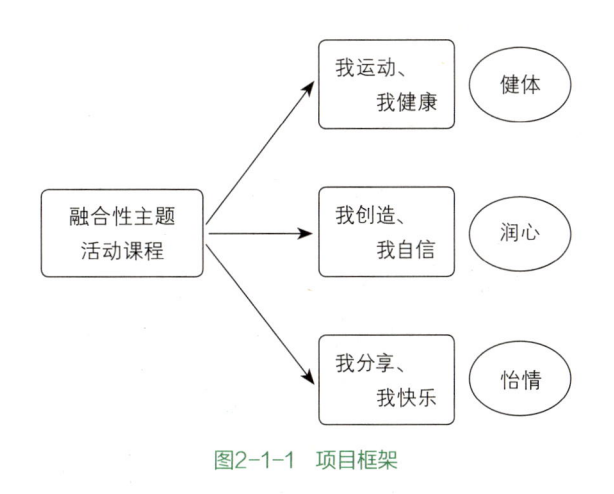

```
                        ┌─────────┐    ┌──────┐
                     ┌─▶│ 我运动、 │───▶│ 健体 │
                     │  │ 我健康  │    └──────┘
                     │  └─────────┘
┌──────────┐         │  ┌─────────┐    ┌──────┐
│ 融合性主题 │────────┼─▶│ 我创造、 │───▶│ 润心 │
│ 活动课程  │         │  │ 我自信  │    └──────┘
└──────────┘         │  └─────────┘
                     │  ┌─────────┐    ┌──────┐
                     └─▶│ 我分享、 │───▶│ 怡情 │
                        │ 我快乐  │    └──────┘
                        └─────────┘
```

图2-1-1 项目框架

融合性主题活动分为"我运动、我健康""我创造、我自信""我分享、我快乐"三个项目，以大健康的概念为基础，融合"身体健康""情绪健康""社会适应能力良好"，促进幼儿和谐全面发展。

项目在实施过程中注重内容丰富多元，各活动内容来源于幼儿的兴趣点或利于幼儿成长的社会与自然资源。教师通过创设丰富的教育环境，合理安排课程内容，满足幼儿的主动探究需求。为促进幼儿全面发展的需要，项目活动中五大领域的内容安排可灵活调整，以保持相对平衡。活动的过程体现开放性，不论是时空的多元、内容的综合、组织方式的多样、形式的活泼，还是策略的多元资源的丰富、活动气氛的活跃等，都可以因需要而异。项目在实施过程中始终关注幼儿身心健康及和谐全面发展，引导幼儿将学习到的方法和能力运用到日常生活之中；鼓励教师将幼儿现实生活中发生的事件作为项目内容，生成活动；鼓励幼儿主动参与，最大限度地支持和满足幼儿通过直接感知、实际操作和亲身体验获取经验的需要，尊重幼儿的发展规律，关注幼儿的最近发展区，让每一个幼儿在自身经验的基础上建构新经验，从而成为最好的自己。

项目一　我运动、我健康

健康是指人在身体、心理和社会适应方面的良好状态。身体健康是幼儿开展学习的基础，是一切活动的根本。教育家陶行知先生提出：健康是生活的出发点，也就是教育的出发点。有好的身体才能成就自我。身体健康主要反映在具有发育良好的身体、强健的体质、协调的动作、良好的生活习惯和基本的生活能力，也是其他领域发展的基础。为有效促进幼儿身体健康发展，我们应满足幼儿生长发育的需要，保证幼儿的锻炼时间，帮助幼儿养成良好的生活与卫生习惯，从而使幼儿形成终身受益的运动能力与生活方式。

"我运动、我健康"项目的主旨在于让幼儿在开放包容的环境中尽情地锻炼、运动、游戏、奔跑、跳跃，与多元的运动器械发生密切互动；让幼儿在酣畅淋漓的运动中，锻炼身体，既增强体质，又保持愉快的体验。另外，运动、探究和体验有助于幼儿形成开朗的性格，在运动过程中亲身体验挑战，逐渐形成自信、坚强、勇敢等品质。好玩好动本身就是幼儿的天性，教师应追随幼儿，激发幼儿运动的热情，让幼儿享受运动带来的快乐和自信，从而达到健体、润心、怡情的项目目标，让幼儿成为身心健康的人。

一、项目目标

第一，知道健康、运动的重要性，懂得关心和保护自己，了解一些自我保护的方法，并在生活中积极锻炼。

第二，通过运动、探究、体验等途径，获得良好的身体、愉快的情绪、协调的动作、良好的生活习惯和基本的生活能力。

第三，感受运动、挑战带来的快乐与自信，获得合理运动、亲近自然的积极情感体验。

第四，通过运动、游戏体验，逐渐形成坚强、勇敢、不怕困难的品质。

第五，在活动中，乐于与他人交往、合作，形成融洽的师生关系、伙伴关系。

二、项目体系

项目名称	不同年龄段活动主题	活动目标	活动内容
我运动、我健康	小班 第一学期： 亲亲太阳 第二学期： 动感乐园	1. 喜爱运动，感受在阳光下运动和生活的快乐，初步体验健康运动、亲近自然的幸福感；情绪比较稳定、愉悦，有强烈情绪时能在安抚下平静下来。 2. 通过游戏与探究、观察与表现等形式感受亲近自然后的成长变化。 3. 通过各种体育活动的锻炼，发展身体平衡能力和协调能力。	第一学期 太阳，你好：太阳生病了、晒太阳、踩影子、七色阳光、小兔找太阳、快乐拥抱 我爱运动：太阳的宝宝、种植洋花萝卜、纸团印画、小白兔送礼物、小兔捉迷藏、魔术瓶和百变纸箱 第二学期 小兔跳跳：脸上的朋友、小兔拔萝卜、小鸡快跑、忍一忍小乖、孤独的小熊 乌龟爬爬：手指兄弟、小乌龟运粮食、我会爱、大风和树叶 小鱼游游：鱼儿你好、网小鱼、宝宝有礼貌、大家笑起来、有趣的抛球、冬天不怕冷
	中班 第一学期： 挑战自己 第二学期： 健康之旅	1. 积极参与多项活动，在活动中认识自己、挑战自己，感受运动、挑战带来的快乐与信心，经常保持愉快的情绪，愿意分享自己的情绪。 2. 在运动与游戏、观察与学习、尝试与实践、表达与表现中，勇敢挑战自己，正确认识勇敢，获得积极的心理体验。 3. 具有一定的平衡能力，动作协调、灵敏，在不断的尝试、与同伴的互动和分享的过程中感受勇敢带来的快乐，体验成功带来的喜悦和自信。	第一学期 做个勇敢宝贝：魔奇魔奇树、一起来玩球、不是我的错、勇敢标识制作、我们都有哪些害怕的事、勇敢的小三毛、三只羊过河、三只猴子 挑战我自己：勇敢是什么、勇敢创意聚会、单脚站立、勇敢的孩子、我的幸运一天、挑战极限、闯关 我勇敢、我快乐：小花籽找快乐、我的好办法、小小投掷手、勇敢宝贝嘉奖会、我最高兴的事、快乐往返跑、哈哈笑、我好快乐 第二学期 快乐火车：快乐碰碰车、长凳叠叠乐、布袋游戏、心情火车、文明小乘客 阳光驿站：快乐往返跑、小小投掷手、你开心我快乐、勇敢试一试、红眼咪咪 健康旅行：助跑跨跳、小青蛙抓害虫、开心帽和生气包、同伴生病了、肠胃小闹钟
	大班 第一学期： 动感天地 第二学期： 运动达人	1. 了解常见的运动项目，知道适量运动对人身体生长的好处。 2. 在多种运动游戏中，体验不同的运动方式，大胆探索不同器械的多种玩法，增强动作协调和合作运动的能力，具有自我保护意识。 3. 喜欢参加体育运动，初步形成良好的规则意识和运动习惯。	第一学期 运动真重要：国王生病了、有弹性的物体、胖胖兔减肥、户外运动器械、机灵猴巧胜大老虎、全世界的竞赛——奥运会、巴塞罗那奥运会、勇闯鳄鱼岛 一起来运动：身体动一动、翻跟斗、怎么移动足球、足球小子、好玩的气球、小小体操运动员、捉迷藏、龟兔赛跑 第二学期 运动的魔力：换牙庆祝会、长龙跑、好玩的梯子、合作力量大、勇敢向前冲 运动达人秀：葵花子旅行记、勇敢小骑兵、躲避沙包、看不见的世界、玩轮胎 一起来运动：涩涩的眼睛、翻山越岭、小小消防员、保护自己的隐私部位、足球小子

三、项目实施要点

第一,"我运动、我健康"项目旨在让幼儿在开放性的大环境中,通过运动挑战获得强健的体质、愉悦的情绪和坚强的意志。教师在活动开展过程中要针对性地对身体、心理和社会适应三方面做综合预设。

第二,因为每个年龄阶段每个幼儿的发展能力都呈现不同的水平,即使同龄人也存在个体差异,所以在开展项目活动时,教师可以借鉴幼儿园健康领域教育阶段目标体系,合理科学地安排预测课程活动目标,遵循幼儿发展规律。

第三,教师在项目实施过程中要关注幼儿关于运动的经验和兴趣点,根据幼儿的兴趣和运动水平制订运动计划,让幼儿成为运动的主人,关注幼儿在活动中的主动学习,有深度地开展运动游戏,让幼儿获得充分的情感体验。

第四,教师在活动中将安全放在首位,通过多种途径让幼儿懂得关心和保护自己的重要性,了解一些自我保护的方法。

案例举例 "我运动、我健康"之亲亲太阳(小班)

魔术瓶和百变纸箱

爱运动是每个孩子的天性。每一片场地、每一样物品都会变成孩子玩乐的对象。在我们的日常活动中,孩子们也是体育健康游戏的创造者。他们会在草坪上奔跑嬉闹,也会经常翻出日常生活中常见的瓶瓶罐罐、纸箱盒子等开始创作游戏。我们班级收集的瓶子箱子也成了孩子们最好的玩具。"百变纸箱真好玩"是"魔术瓶和百变纸箱"当中的一个活动。我们通过收集纸箱,一起装饰纸箱,让大箱子变成了小"房子",供孩子们进行各种活动。孩子们不仅体验了艺术创作和社会角色游戏,而且在体育锻炼过程当中游戏兴趣更加浓厚,在自主创设的游戏情境中练习了钻、爬、跑、跳、投掷等动作,提高了动作发展技能。

拖拉瓶子走走走

今天孩子们带来了许多瓶子,还有许多的五谷杂粮。

豆豆说:"我带了小米。"点点说:"我带了红豆。"晓晓说:"我带了黑米。"……

我们一起把五谷杂粮装进瓶子,发现瓶子里的五谷杂粮颜色不太一样,有的数量也不一样。我们再摇一摇瓶子,发现瓶子里发出的声音也不一样。

图2-1-2　拖拉瓶子1　　　　　图2-1-3　拖拉瓶子2　　　　　图2-1-4　拖拉瓶子3

恒恒说:"我的瓶子会唱歌,沙沙沙。"

兜兜说:"我的瓶子说嗖嗖嗖。"

莘莘说:"我的瓶子是嘭嘭嘭。"

原来,瓶子装的东西不一样,发出的声音也不一样。瓶子里装的东西多和少也会让发出来的声音不一样。

当老师播放一首好听的音乐《娃哈哈》时,孩子们拿着瓶子一起合奏表演,让瓶子发出好听的声音,就好像是举办音乐演奏会。

瓶子不仅会"唱歌",还能跟我们一起"做游戏"呢!我们将绳子绑在了瓶子口上,它就变成了拖拉瓶子。我们一起带着它去玩吧!

我们带着拖拉瓶子走一走。在拖着玩具走路的时候,我们走得不能太快也不能太慢,不然会踩住前面小朋友的拖拉瓶子。

我们带着拖拉瓶子一起在小桥上走一走,要注意安全,可不能掉进"小河"啊!

我们带着拖拉瓶子绕过"小树",不能让拖拉瓶子撞倒了我们的"小树"。

我们还一起带着拖拉瓶子滑滑梯,拖拉瓶子可真有趣。

装饰大纸箱

教室里收集了五个大纸箱,孩子们看到大纸箱可兴奋啦!娆娆说:"我要住在这个大房子里面。"茹茹说:"我要在里面睡觉。"孩子们都想玩一玩这个大纸箱。

大纸箱有些不太好看,有没有办法让它穿上漂亮的衣服?我们可以用哪些办法给它装饰呢?

我们拿来了大刷子给纸箱涂上了粉色的、淡蓝色的颜料。有的孩子在纸箱上面印上了小手印。恒恒说:"我可以印脚印吗?""可以啊!"午睡室的小拖鞋也派

图2-1-5 刷箱子　　图2-1-6 小手啪啪印　　图2-1-7 挥舞的小刷子

上了用场。孩子们穿着拖鞋在纸箱上踩啊踩，一串串小脚印就留在纸箱上了。

诺诺说："我想画幅画，要有太阳和花朵。"她就拿着蜡笔和鑫鑫一起蹲在地上画。

我们还把孩子们捡来的树叶刷上颜料，把树叶的形状印在了纸箱上。

图2-1-8 刷大纸箱

百变纸箱真好玩

一个个大纸箱就像我们的小房子一样，又好玩又漂亮。今天我们又要去森林里探险啦！你们看大纸箱变成了一座座小山。我们在树林里必须穿越小山。孩子们一个接着一个跟着老师绕过一座座小山，来到一个隧道前，又一个接着一个爬过了隧道。在爬过隧道后，有的说："这个隧道可真长，爬的时候可不能撞到头了。大家要注意安全。"也有的说："开汽车的时候也要穿过隧道。"

穿过隧道以后，我们来到了房子前。房子上面有门，有窗户。我们要从门槛上跨过去，跨的时候可要把脚抬高一些，不然我们就要被绊倒了。在跨门槛钻房子时，有的孩子特别厉害，一下子就跨过去了；有的孩子差一点就要摔倒了。不过我们有时候也不能太着急，需要慢慢等一等后面的孩子。

在顺利跨过房子门以后，我们听说大灰狼来了，它躲进了我们的箱子里。我们准备了许多武器准备去把大灰狼赶跑。孩

图2-1-9 准备就绪

| 图2-1-10 扔炸弹 | 图2-1-11 穿越隧道 | 图2-1-12 穿越成功 |

子们站到了圈圈里面,拿起放在圈圈里面的炸弹向房子的窗户投去。有些炸弹从窗户扔进去了,有些炸弹从大门扔进去了,有些炸弹还从烟囱扔进去了。大家一起把大灰狼赶跑了。

小房子里过家家

天晴了,我们将小房子带到了幼儿园的操场上,顺便也把小娃娃带下来了。诺诺拿着小娃娃在房子里给小娃娃喂饭。

鑫鑫说:"我来当爸爸吧。"说着一边给小娃娃穿衣服,一边拿着碗准备给小娃娃喂饭。

这时睿睿抱着小熊说:"我要和小熊一起拍照。"悦悦在娃娃家一边做饭一边炒菜。

| 图2-1-13 我是爸爸 | 图2-1-14 我是妈妈 | 图2-1-15 我在做好吃的 |

魔术瓶、百变纸箱给孩子们带来了许多游戏乐趣。我们不仅可以画画、装饰、过家家，还能锻炼身体，在每一次的钻、跑、跳、爬、投掷的情境游戏中真正体验到了游戏带给我们的快乐。

案例举例　"我运动、我健康"之挑战自己（中班）

闯关

"我运动、我健康"项目提到幼儿应与多元的运动器械发生密切互动，让幼儿成为运动的主人。基于材料，我园有着丰富的运动器械，能满足幼儿自主组合、挑战自我的需求；基于经验，幼儿有在教师指导下组合各种器械、搭建以攀爬为主的游戏障碍的经验，同时对于闯关有一定的认识和经验，萌生了比较强烈的闯关挑战的愿望。因此，闯关挑战活动应运而生。幼儿全程参与分组、分场地、合作设计、搭建关卡、挑战闯关，整个活动呈现了相互合作的氛围，促进了幼儿动手能力、观察能力和身体协调能力的发展。幼儿感受到了闯关活动的快乐，亲身体验了坚持挑战并获得成功的成就感。

活动目标

第一，在了解闯关的基础上，尝试制订计划、设计图纸，综合运用各种大型器械合作搭建关卡障碍。

第二，大胆参与闯关活动，主动遵守游戏规则，促进身体动作协调发展，体验闯关活动的快乐。

活动准备

对于闯关活动，幼儿充满了浓厚的兴趣，也积极进行了活动的筹备。幼儿自主组队选出队长，继而以小组为单位讨论关卡怎么设置，然后达成一致，最后绘制搭建关

图2-1-16　闯关设计图1　　　　　　图2-1-17　闯关设计图2

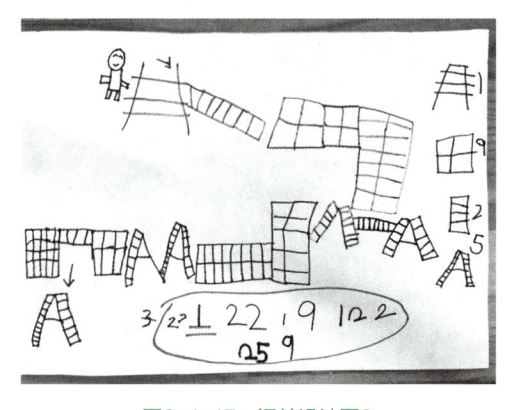

卡障碍的图纸，并明确每种材料的数量。

预设过程

通过事先的充分筹备，闯关活动就此拉开帷幕。幼儿在组长的带领下到指定场地，根据图纸搬运材料并搭建关卡障碍。完成关卡障碍设置后，幼儿在指定地点宣布闯关开始。幼儿自主选择闯关顺序，集齐四枚印章即获得"勇敢者勋章"。幼儿在闯关活动中有了切实体验，闯关结束后纷纷表达自己在活动中的感受。最后全体"勇敢者"合影留念，同伴之间相互合作收拾整理场地。

观察片段

片段一：该片段观察的是幼儿以小组形式进行关卡设计、搬运材料搭建关卡障碍的内容。这个短短的片段展示了幼儿在小组合作中各自散发着不一样的光芒，又给人团结融洽的感觉。楷楷作为组长控制全局，对于队员的求助及时回应并乐于协调合作；硕硕认真实干；锐锐作为设计图绘制者细心自信。对于中班幼儿来说，这是一个分工合理、团结协作的好团队，更是一次高质量的合作。一个个都是鲜活、健康的生命，逐步成长为更好的自己。

图2-1-18　闯关搭建

"楷楷——组长——！"硕硕喊。

"怎么啦？"楷楷一边跑一边问。

"这梯子怎么架不上去？"硕硕手里握着竹梯，一边已经塞入八字梯的横档里，另一边却塞不进去。

"我看看！"楷楷边说边蹲下来。

两人站在梯子的两边摆弄着。楷楷这边进去了，硕硕这边就出来了，反复了几次都不行。锐锐一边推迷宫一边说："你们梯子反了，小的一头可以塞进去。"两人一听赶紧把一字梯换个头，正好塞入。

楷楷追着锐锐问："你怎么知道的？"

"这图纸是我画的，我当然知道！"锐锐回答。

片段二：该片段观察的是闯关中幼儿之间经验共享、相互鼓劲的过程。运动中先有了闯关体验的幼儿及时把经验传递给同伴，让同伴能快速掌握运动技巧。运动中同伴之间下意识地叮嘱小伙伴要小心，这不就是难能可贵的团结互助、合作共赢、积极向上的运动品质吗？

皓皓站在魔方上面，手伸向前面的八字梯，对着馨馨说："这里怎么这么大，走得

图2-1-19 闯关中的互助　　　　　　　　图2-1-20 闯关中的关心

过去吗？"

"可以的，你的脚步要大一点，不然会掉下去的。"馨馨低头看着梯子一边往下爬，一边回答。

皓皓在魔方上停了下，然后在脚跨出去的同时，整个身体往前，同时手伸得直直的抓住了八字梯的木档。他回头对后面的晨晨说："你要小心一点哦！别掉下去了。"

"好的。"晨晨应了一声，在皓皓从八字梯往下爬的时候，脚跨出去的一刹那，身体朝着梯子扑过去，手向前伸抓住了木档："哦！我也完成了！"

片段三：该片段观察的是运动中的规则。每一项成为比赛的运动都有它的规则，闯关中的运动项目都是经过幼儿讨论商量得出的，每个关卡中每个运动项目的规则也是幼儿制定的。案例中涵涵对于每个关卡中的运动规则了然于心，墨墨是以一名小小运动员的姿态在参加闯关。输赢不重要，重要的是她能严格要求自己遵守运动规则，坚持不懈地进行闯关，这是健康的幼儿该有的情绪和态度。

涵涵从1号场地跑到2号场地，看到拉着的彩带马上卧倒匍匐前进，看到塑料圈马上站起来双脚并拢往前跳。跟在她后面的是墨墨。匍匐前进过彩带区时，墨墨撅着屁股，老师提醒她趴下来。正在前面爬行的涵涵停下来回过头看了看，然后朝着墨墨说："头看前面，屁股下来！"

墨墨过了两次，每次都是书包勾住了彩带。她很自觉地退回去，重新爬。第三次尝试她终于成功了。

片段四：该片段观察的是闯关结束后幼儿之间的温馨互动。每个幼儿都在历练中获得了挑战自我的成功感，这种喜悦是值得和同伴分享的，体现了友谊第一比赛第二的运动精神。相信我们的幼儿都是拥有强健体魄、积极心态、健康情绪的阳光宝宝。

幼儿举着印有四枚印章的小手来换"勇敢者勋章"。画画拿到后往衣服扣子上套，

图2-1-21　双脚向前跳　　　图2-1-22　匍匐前进　　　图2-1-23　带胸章

试了几次都不行。涵涵看到了说:"我来帮你!"然后拿过"勇敢者勋章"扣在了画画的衣服上。画画对涵涵说:"谢谢你!"

教师心语

闯关大挑战活动在幼儿的欢呼声中落下帷幕,但整个活动推进过程的一幕幕都在我的脑海浮现。之所以每一幕这么清新,是因为这个健体项目活动充分呈现了幼儿是有能力的学习者、有魄力的组织者、有品质的运动者……

运动能力提升:幼儿在搬运各种器械的过程中锻炼了耐力。在设置关卡时幼儿一次次在各种器械上运动,提升了各方面的运动技能,如在平衡木上快速通过,在竹梯子上翻爬,在垫子上匍匐等。

运动习惯养成:在前期准备中,幼儿就熟悉了各种运动器械的玩法,对各个运动项目也有了比较深入的了解。整个活动的氛围很积极,这对幼儿运动兴趣的激发、运动习惯的养成都是很大的助推力。

运动品质显现:小组合作的方式让幼儿在一次次讨论、争辩、实践验证中获取了与同伴合作的成功感。图纸的设计、梳理,每个关卡需要什么器械,包括清点每样器械的数量都是幼儿亲自完成的,这对于培养幼儿的运动品质是有利的。幼儿在一次次的运动闯关中体验不同的运动方式,大胆地探索不同器械的多种玩法,增强了动作协调性。一次次努力去尝试、挑战,既和小伙伴良性竞争,也和自己竞争,在坚持中获得了进步。最后每个幼儿都闯关成功了,都突破了自己,在情绪情感上得到了极大的满足。尤其是平时胆子较小、运动能力较弱的幼儿,虽然在闯关过程中遇到了困难,但是他们没有放弃,坚持着过每一关,最后成为真正的勇敢者。这种成功的体验对幼儿有很大的触动。战胜自己就是这么精彩!

案例举例　"我运动、我健康"之动感天地（大班）

我的运动，我做主

幼儿园冬季运动会即将举行，小朋友们开心极了，引发了大家集体讨论运动会的热潮。幼儿园每年冬天都会举行一次运动会，所以大家并不陌生，对于运动会都有无比的期待。

对于这次运动会，大班的哥哥姐姐们早就想大显身手了。他们一起参与策划这次运动会的项目。从了解运动会到计划准备运动会，到最后的运动展示，到处都有孩子们参与的痕迹。

图2-1-24　运动会开始了

接下来的几天，大家对运动会的话题很感兴趣。孩子们讨论了有关运动的比赛内容，如除了幼儿园里有运动会，小学、中学甚至爸爸妈妈的单位有时候也会有运动会。孩子们通过讨论知道了世界上精彩的运动比赛是奥林匹克运动会，还针对奥运会进行了很多讨论。

一说到自己喜欢的体育运动项目，大家都开始七嘴八舌地议论起来。最后老师还给大家带来了有关介绍奥运会的视频短片。通过这样一次讨论学习，孩子们对运动又有了不一样的认识，也慢慢喜欢上了不同的体育运动。

运动畅想：我喜欢的运动项目

经过讨论活动后，在建构游戏过程中，许多小朋友在搭建积木时，用小巧手搭建了许多有关运动项目的建构作品。好多人纷纷模仿，一起加入搭建运动项目的活动中。

家家："我用积木搭建一个射击运动员，他拿着枪的动作很帅。"

轩轩："我搭建的是一个滑雪运动员。我听了爸爸的介绍后我就特别喜欢这个运动项目。"

多多："我搭建的是一个手里拿着羽毛球拍的运动员，你看出来了吗？"

邵邵："我搭建的是乒乓球运动项目，中间还有一张桌子，旁边是两个乒乓球运动员。"

奋奋："我喜欢的运动项目是网球。"

图2-1-25 建构作品——射击 　　图2-1-26 建构作品——乒乓球 　　图2-1-27 建构作品——滑雪

我们的计划与准备

幼儿园的运动会即将到来，大家都拭目以待。好多幼儿都在讨论自己喜欢挑战什么类型的体育项目。

图2-1-28 建构运动项目 　　图2-1-29 建构运动小人 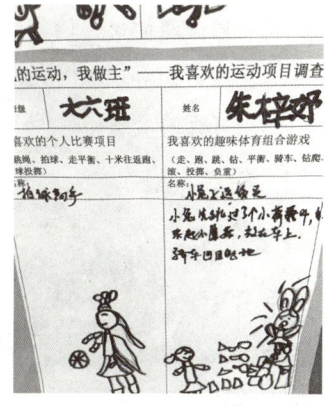　　图2-1-30 我喜欢的运动项目1

图2-1-31 我喜欢的运动项目2 　　图2-1-32 我喜欢的运动项目3 　　图2-1-33 我喜欢的运动项目4

1. 我喜欢的运动项目大调查

幼儿熟悉了运动类型以后,将自己喜欢的运动项目和玩法画了下来,并贴在了黑板上。

2. 投票选举自己喜欢的运动项目

在调查了大家喜欢的运动项目以后,小朋友们将各项运动项目张贴在了黑板上,然后为自己喜欢的运动项目投上了宝贵的一票,最后选出部分票数多的运动项目作为大班组运动会的比赛内容。

图2-1-34 运动调查1

3. 制定好玩的运动闯关游戏

在创设闯关游戏时要注意,每个游戏的运动技能不能重复,如走和跑是差不多的,可以将走和跳、钻、爬组合在一起;再如投掷类的游戏已经在游戏当中有了,讨论设计的游戏就不要有投掷项目了,可以换成平衡项目。每个小组分别由组长带头一起讨论并且组合绘画游戏。同一组的伙伴们集体讨论出闯关游戏当中运动项目的玩法时间和次数。大家还给自己所在的游戏组合取了一个好听的名字。

图2-1-35 运动调查2

图2-1-36 闯关步骤1

图2-1-37 闯关步骤2

图2-1-38 运动项目投票1

图2-1-39 运动项目投票2

运动挑战的时刻

为了挑战运动会比赛，幼儿们的体能训练也开始了。

1. 不一样的走平衡

第一次练习时，走平衡是幼儿日常练习的项目。所以幼儿基本上都能够顺利地通过平衡木。第二次练习为了增加难度，又在平衡木上增加了一些障碍物，这样通过平衡木时，就会影响幼儿的平衡。当有了一定难度时，有的幼儿跨过障碍物时双腿忍不住地发抖打颤，但是每个人都能屏住呼吸并且全神贯注地走过障碍。第三次练习为了锻炼整体的平衡性，要求幼儿手上抱着物体走平衡。开始时有的幼儿窃窃私语"这也太难了吧"，但是每个人都想去尝试一番。有的幼儿走不过，但不厌其烦地连续练习了很多遍。这样的练习给了幼儿很多新的挑战。

图2-1-40 过障碍平衡木　　图2-1-41 带球过平衡木　　图2-1-42 过平衡木比赛

2. 艰难的翻滚练习

游戏当中有一个翻滚练习。对于看似简单的翻滚运动，好多幼儿在练习时就犯难了，一不小心就翻到了外面。有的幼儿还经常滚错了方向。经过多次练习以后，有的幼儿就摸索到了小窍门：翻滚时一定要躺平，身体不要倾斜，找准方向再滚，这样翻滚又快又不会出错。

图2-1-43 翻滚练习1　　图2-1-44 翻滚练习2

3. 灵活多样的投掷

在第一次练习时，幼儿比赛投掷，看谁投得远。幼儿将自己手中的网球投掷到目标线外。在循环几次以后，为了增加投掷难度，幼儿进行合作练习活动，玩追逐投掷的游戏。

图2-1-45　追逐投掷1　　　　　　　图2-1-46　追逐投掷2

4. 花样玩球练习

玩篮球是运动游戏当中不可缺少的运动。幼儿可以练习单手拍球、双手拍球。今天幼儿练习的是夹球跳跳跳。这个游戏既能锻炼幼儿的蹦跳能力，又能锻炼幼儿弹跳时的平衡能力。最后幼儿还进行了夹球过障碍的游戏，经过练习以后幼儿都有很大的进步。

图2-1-47　夹球跳　　　　　　　图2-1-48　带球行进

除此以外，幼儿还进行了跳绳、双脚连续跳、拍球等不同的运动项目。在努力练习以后，幼儿在运动方面有了很大的进步。

附：学习故事

不一样的精彩，不一样的收获

活动现场

  一场盛大的运动会开幕式之后，比赛正式开始了。每个幼儿的脸上仿佛都写着"我们班最棒"。本次年级组的体育游戏闯关比赛活动是根据大家集体投票选出来的。幼儿经过认真的训练后参加这次运动比赛。

  游戏第一关开始了，运动员们首先要通过平衡木。在经过平衡木时不仅要速度快，而且要保持平衡，不能从平衡木上面掉下来。当舜舜第一个踏上平衡木时，在场的人员都屏住了呼吸，默默地注视着他。舜舜疾步向前，双手摆动，稳稳当当地保持住平衡，最后一大步从平衡木上面跳跃下来。他虽然有些紧张，但是赢得了很多时间。

  在第二关游戏时，沐沐两只手抱着大大的篮球，小心翼翼地从梅花桩上面跨过。这个游戏有一定难度，幼儿随时有踩空的危险。后面的幼儿不停地给沐沐加油鼓励。眼看要被中二班的幼儿追上时，沐沐加快速度到达了目的地，来不及松口气就马上拿起跳绳开始完成跳绳任务。下一个上场的是佳佳。平日里练习的时候她走平衡不太稳，而且好几次都没有走成功。但是她一直练习得非常认真。这次比赛她双手紧紧地

图2-1-49　闯关独木桥　　　　　　　　图2-1-50　闯关连续跳绳

图2-1-51　抱球过梅花桩1　　　　　　　图2-1-52　抱球过梅花桩2

夹住了篮球，双脚努力向前够到前面一个梅花桩，在赛场上赛出了比平时都要好的成绩。老师也在心里默默地为她加油。短短两天时间的练习，佳佳已经在速度和技能方面都有了很大的进步。比赛结束后，我们班级的幼儿也不负众望，取得了年级组第一名的好成绩。

这里发生了什么样的学习故事

在这次幼儿园运动会当中，运动的项目和材料的选择都是幼儿自己讨论并且投票决定的。无论在运动会的前期准备阶段还是在平时的训练当中，大家都表现得非常努力，很少有人因为太累而抱怨逃避，也很少有人因为身体素质不好而想放弃。也因为这样一次集体活动，我们班集体的荣誉感更强了，每个人都能够努力为班级争得最好的成绩。

机会和可能性

在整个比赛过程中，幼儿对于体育锻炼已经有了较强的认识，知道体育锻炼可以增强身体素质，多加练习可以提高体育技能。今后，开展运动健康锻炼的活动可以用幼儿主动参与的形式让幼儿获得更全面的发展。

活动集锦

图2-1-53　闯关大比拼

图2-1-54　钻爬

图2-1-55　跨跳练习1

图2-1-56　跨跳练习2

图2-1-57　钻轮胎

图2-1-58　爬竹梯

> **案例举例**　"我运动、我健康"之运动达人（大班）

要上小学了

在了解小学生活的过程当中，幼儿对小学的课间活动进行了调查，以便在进入小学前做好更多准备。在这次体验中，幼儿通过课间十分钟的安排、课间游戏等活动，体验了拍球、老鹰捉小鸡、跳皮筋等体育游戏。幼儿还进行了水枪大战，在奔跑、击中目标的过程中体验了游戏带来的乐趣。

课间十分钟大讨论

即将幼儿园毕业了，幼儿一起讨论着小学是什么样的。

旸旸："他们穿着小学里的校服，有的哥哥姐姐还戴着红领巾。"

邵邵："我们在小学里看到哥哥姐姐们升国旗、上课。"

萱萱："我们看到了哥哥姐姐们参加社团活动，他们可以参加不同的兴趣班。"

钧钧："哥哥姐姐们上课时每个人都坐在座位上，他们的教室没有我们幼儿园那么漂亮，而且也不能午睡。"

好好："哥哥姐姐上课的时间和我们不一样，他们下课时还有活动。"

幼儿观看了小学课间十分钟的活动后，对课间十分钟很感兴趣。

妙妙："我觉得在课间十分钟可以玩一会儿五子棋，或者去外面跳会儿绳。"

臻臻："可以去拍篮球啊。"

曦曦："不行的，篮球要到操场上拍，上课要来不及的，你可以玩一会儿画片。"

佳佳："我觉得应该先把东西准备好，然后去上厕所。"

显显："我们可以下象棋，可以打画片，可以折纸，可以上厕所。"

佳佳："我可以把讨论的内容记下来。"

妞妞："我们一起讨论下课可以玩什么，琰琰提出来我们去玩编花绳，臻臻说要想去拍球。"

图2-1-59　我设计的课间十分钟1

图2-1-60　我设计的课间十分钟2

图2-1-61　介绍我的课间十分钟 　　图2-1-62　课间十分钟大讨论 　　图2-1-63　这是我的课间十分钟

我的课间游戏

说了这么多，接下来要进行实际操作了。

今天我们来学学小学生的课间活动。现在我是小学老师，你们是小学生。"下课！""起立！""同学们再见！""老师再见！"可以进行课间活动了。等到铃声响起，小学生就可以把东西收好，四散去玩了。

纶纶："我们在大树下玩五子棋吧，然然你坐那里。"

然然："好的，我坐这里，怎么玩啊？"

纶纶："你居然不会玩五子棋？"

均均："我想和你们一起玩，我们三个玩五子棋吧。"

纶纶："五子棋只能两个人玩，然然看着我们玩吧。"

馨馨："我画的课间活动是在操场上画画，我画了小朋友在玩，也画了在画画的小朋友，还有旁边的小木屋。"

杨杨："我画的是我和健健、锴锴玩篮球，一开始我们比赛拍篮球，后来我们就变成抢篮球了，我快热死了。"

图2-1-64　丰富的课间十分钟 　　图2-1-65　课间运动—拍篮球 　　图2-1-66　课间游戏—老鹰捉小鸡

慧慧："我们在和锐锐玩老鹰捉小鸡，我是鸡妈妈，锐锐抓不住我的小鸡宝宝，不过我感觉我的衣服快被抓破了。"

水枪大战

马上就要毕业了，真有点舍不得，在幼儿园里我们最想玩的还有什么呢？

悠悠："我们组织一场有趣的水枪大战怎么样？"

我："那么，水枪大战该怎么玩？要准备一些什么东西呢？"

昊昊："我们要从家里带一些水枪过来，还要穿上泳衣。"

奋奋："水枪大战要准备很多水桶和水枪。"

函函："还有，我们不能把水喷到小朋友的眼睛里。"

多多："我们在玩的时候要注意不能撞头了，也不能把水枪打到别人身上。"

希希："我们在幼儿园的大操场上玩，要挑一个晴天。"

在幼儿紧锣密鼓的准备之后，水枪大战开始了。幼儿在操场上准备了很多水盆，还带来了雨衣、泳衣及各式水枪。他们将水枪装满了水，在操场上四处奔跑、打水仗。有的躲在别人的身后偷偷观察，也有的趁机偷偷地攻击其他小朋友。整个水枪大战的游戏玩得非常激烈有趣。

图2-1-67　水枪大战开始了　　　　图2-1-68　我躲

图2-1-69　给水枪蓄水　　　　图2-1-70　等我戴上眼镜

快上小学了，幼儿特别期待，他们可以自己组织安排课间游戏活动了。在活动中，幼儿一起玩各种体育游戏，如跳绳。上小学后幼儿还可以和小伙伴合作玩竞赛游戏，如老鹰抓小鸡、丢手帕等。在各种游戏活动中，幼儿学会了自主安排，也学会了相互合作，更重要的是知道了体育锻炼对身体很重要，只有学会了坚持练习才能让自己在体育方面有更好的收获。

项目二 我创造、我自信

情绪情感是个体的主观感受，每个人通过表达情感把内在的想法传达到外界。情绪健康是心理健康的基调和重要组成部分，是幼儿心理健康的核心。情绪的稳定与愉快是幼儿健康的重要表现。

《幼儿园教育指导纲要（试行）》(以下简称《纲要》)提出，幼儿能够适应幼儿园的生活，情绪稳定；知道关心和保护自己；喜欢参加体育活动。《指南》中的"情绪安定愉快"对大班幼儿的要求是经常保持愉快的情绪，知道引起自己某种情绪的原因，并努力缓解；表达情绪的方式比较适度，不乱发脾气；能随着活动的需要转换情绪和注意。

"我创造、我自信"项目关注幼儿的情绪体验，引导幼儿形成积极的情绪，在创造和自信之间架起有效的桥梁；创设各种机会，让幼儿在各种体验活动中经历探索、创造，运用自身掌握的信息和能力，发挥创造性思维，产生新的方法、思路、成果等，在创造的过程中建立新的自我，获得自信和快乐。

小班幼儿仍然存在以自我为中心的意识，创造能力比较差，所以我们根据小班幼儿的年龄和心理特点预设活动，将活动重点放在幼儿模仿学习上，让幼儿通过各种感官体验活动建立自信心，为自己有能力做熟悉的事情感到自豪；了解自己身上的特点，喜欢自己，也能喜欢同伴，与同伴友好相处；能逐渐独立起来，适应集体生活。

中班幼儿已经萌生与同伴互动、合作的意识，增强了表现自我的能力及发现问题和解决问题的能力；在活动过程中能认识自己和他人的常见情绪，愿意表达自己的情绪状态，知道保持好心情的办法；知道自己的一些优点，并对此感到满意和自信；通过各种体验活动经历探索、创造，从中获得成功感，增强自信心。

大班幼儿各方面能力都较强，能通过各种语言、肢体动作、艺术创作等形式表现自我；在体验性活动中能主动发起活动或在活动中出主意、想办法，具备提出问题、解决问题、创造新事物、适应新环境的能力；能了解自己的特点，悦纳自己和他人的不同，同时尊重他人的不同；能恰当地表达自己，勇敢大方地与外界交流，获得他人和社会的认可和喜欢，从中找到自信，成为更好的自己。

一、项目目标

第一,学会正视自己和别人,能发自内心地进行自我肯定,深信自己一定能做成某件事,对自身力量有充分的认识。

第二,在各种活动中体验到自己是有能力的,能够做好自己想做的事,能够被他人信任和认可。

第三,能认识自己和他人的常见情绪,愿意表达自己的情绪状态,懂得用语言或非语言方式安慰、同情、鼓励和谅解他人,形成初步的共情愿望和能力。

第四,了解自己的独特性,能悦纳自己和他人的不同,同时尊重他人的不同。

第五,在各项活动中培养敏锐的观察力、丰富的想象力,培养思维的变通性、流畅性和独特性。

第六,能运用自身掌握的信息和能力,通过各种体验活动探索、创造,产生新的方法、思路、成果等,从中获得成就感,由此建立自信的自我。

二、项目体系

项目名称	不同年龄段活动主题	活动目标	活动内容
我创造、我自信	小班 第一学期: 开心的我 第二学期: 我很能干	1. 通过各种体验活动认识自己,觉得自己很能干,为自己有能力做熟悉的事情感到自豪。 2. 能根据自己的兴趣选择游戏或其他活动,并能尝试与老师、同伴互动交流。 3. 能感觉到他人和自己情绪的存在,能说出开心、高兴、难过、生气等基本的情绪名称并能大胆表达,有积极的情绪体验。 4. 愿意做力所能及的事情,有初步的解决问题的能力,保持积极的态度。 5. 能简单地介绍自己,愿意与他人互动交流。	第一学期 猜猜我有多爱你:猜猜我有多爱你、它是谁的宝宝、我的好妈妈、表情娃娃、黏黏的口香糖、送给妈妈的项链、宝宝笑了 我爱你:孤独的小熊、小兔子吃什么、大家笑起来、我的好朋友、找朋友、好朋友占圈、草莓甜蜜蜜 说到做到我真棒:好娃娃、打开来尝一尝、我不害怕、可爱的我、我俩是好朋友、我为某某擦眼泪、自己去吧 第二学期 我很能干:我看到了我自己、小脚真能干、宝宝有双能干的手、我们不一样、我帮玩具找到家 我喜欢我自己:见到你呀真高兴、好朋友、朋友树、胖熊分气球、我会打招呼、我能干我自信

续表

项目名称	不同年龄段活动主题	活动目标	活动内容
我创造、我自信	中班 第一学期：快乐魔法 第二学期：我很自信	1. 会介绍自己，与同伴交换玩具，能与同伴友好相处。 2. 通过各种体验活动探索、创造，从中获得成就感，增强自信心。 3. 能认识自己和他人的常见情绪，愿意表达自己的情绪状态，知道保持好心情的办法。 4. 知道自己的一些优点，并对此感到满意和自信。 5. 自己的事情尽量自己做，不依赖别人，敢于尝试有一定难度的活动和任务。	第一学期 心情火车：我的幸运一天、玩具音乐会、心情火车、自然界的美妙声音、画画我听到的声音、快乐的小鸟、声音回旋曲 我好快乐：快乐花园、音乐气垫火车、好玩的光斑、睡衣故事、快乐的我们、我不想生气、各种各样的镜子、小花籽找快乐 保持好心情：最好听的声音、磁铁找朋友、快乐口袋、小乌鸦爱妈妈、我能做得到、小狮子哈哈镜、保持好心情、母子鱼 第二学期 能干的我：别说我小、买菜、小衣服抱抱臂、图形变变变、能干的我 我们都是好朋友：我的好朋友、拉勾勾、朋友的信、大老虎和小老鼠、我会交朋友 不一样的你和我：为什么不一样呢、比一比、独特的我、创意彩绘日、单脚站立我最棒
	大班 第一学期：情绪王国 第二学期：我能我行	1. 自己的事情自己做，积极学做不会做的事情，发挥创造性思维，产生新的方法、思路、成果等，由此建立自信的自我。 2. 能主动发起活动或在活动中出主意、想办法，具备提出问题、解决问题、创造新事物、适应新环境的能力。 3. 能识别情绪、调节情绪，懂得用语言或非语言方式安慰、同情、鼓励和谅解他人，形成初步的共情愿望和能力。 4. 了解自己的独特性，增强探索世界、发现和创造新事物的能力，喜欢帮助他人，表达自我，获得健康、快乐、自我认同的情感，能悦纳自己和他人的不同，同时尊重他人的不同。	第一学期 你的心情我知道：萤火虫找朋友、小波生气了、你喜欢什么声音、快乐大本营 我的心情我做主：我不紧张了、滑稽人、我的本领大、我的心情我做主、快乐圆圈舞 第二学期 我会：障碍我不怕、99厘米高的彼得、我在成长、你很特别、我是男子汉 我能：身高比一比、小松树、我当值日生啦、豆芽兵和酸妹妹、擦桌椅 我行：我能行

三、项目实施要点

第一，活动过程中，教师应时时关注幼儿的情绪情感状态，及时促进幼儿形成积极的情感认同。另外幼儿对认可和赞扬有一种非常强烈的需求，教师在活动中需要关注每个幼儿的心理要求和情感体验。特别是小班幼儿的自我认知能力还比较弱，需要教师的悉心引导。

第二，自信是通过与别人的互动、基于"自己是有能力的"这一认识建立的。教师要关注幼儿个体差异，有针对性地进行激励和指导。

第三，自信的建立是一个循序渐进的过程，需要有让幼儿展现自己的平台，同时也需要通过日常积累和活动案例、作品等展示和体现幼儿的才艺。创造能力的展现同样需要教师的支持，创设宽松的环境，引导幼儿发现问题、解决问题，让幼儿在这一过程中体验创造的成就感，从而培养自信。

案例举例　"我创造、我自信"之快乐魔法（中班）

睡衣故事里藏着自信的秘密

一天，雯雯穿了一件棉质的连衣裙来到幼儿园。诗诗看到后就来到雯雯身边，盯着雯雯的连衣裙看了半天，然后对雯雯说："雯雯，你的衣服和我的睡衣好像啊！"旁边的熙熙听到了，也走到雯雯边上说："我妈妈的睡衣也是这样的。"源源也凑过来说："我看到过这样的睡衣，在我奶奶家，我阿姨的睡衣也是这样的。"

"我妈妈的睡衣不是裙子，是有裤子的。"雯雯说。

"我的睡衣也是有衣服和裤子的。"佳佳说。

"我的睡衣上面有一个大恐龙。"乐乐说。

"我的睡衣上面有好多好多的水果，有菠萝、苹果，还有好多其他的呢！"雅雅说。

孩子们的话匣子一下子打开了，都说起了自己的睡衣。既然孩子们对于睡衣这么感兴趣，我们何不开展一个有关睡衣的活动呢！

睡衣是在家中睡觉前穿的，应该说是比较私密的，只有自己最亲近的人才可以看到我们的睡衣，所以在很大程度上，睡衣还代表着亲人、亲情。穿上睡衣后的时光肯定是亲子间特有的时光，那个时光应该是丰富的、温馨的、快乐的吧！孩子们无意间的交流表达出了他们对睡衣的兴趣。同时，睡衣的种类、材质、图案、款式也是我们可以研究的内容。于是，关于睡衣的故事就此开始了。

穿上睡衣后的时光应该是非常温馨的、美好的，是家长与孩子交流、沟通的时光。那么，这段时光中到底发生了什么事情？是不是如我们所预料的那样，这是家长们表达爱、孩子们接受爱的时光呢？为了清楚地了解孩子们在家中的睡前时光，我们请家长朋友们作为我们课程中的成员。

我的睡前时光

家长们纷纷发来了孩子们睡前的照片和视频。我对每一张照片、每一个视频都进行了观看、归类，然后与孩子们一起聊起了温馨的话题——睡前时光：在家里穿上睡衣以后，我们都做些什么事情呢？

可可："我会和爸爸一起在床上玩，爸爸会让我骑在他身上，带着我做俯卧撑。"

恩恩："爸爸会教我下五子棋，我已经会下五子棋了。"

阳阳："我会和妈妈一起玩扔枕头的游戏。"

雅雅："我爸爸会给我讲故事。"

佳佳："妈妈会陪我刷牙、洗脸、洗脚，还会给我讲故事。"

原来大家睡前的活动那么丰富啊！我们一起来看看爸爸妈妈拍下的这些照片和视频。睡前我们都做些什么呢？孩子们看完照片和视频以后开始议论纷纷。

诗诗："我觉得源源的爸爸真好，还会陪他做运动。"

熙熙："我觉得果果的妈妈真好，还会跟她说宝贝晚安！"

彦彦："我觉得我爸爸在家里就会给我讲故事，我喜欢我爸爸。"

诺诺："我也会跟我妈妈说晚安，我妈妈会亲亲我，我也会亲亲我妈妈。"

乐乐："我的爸爸也可好了，他也会带我做运动。"

媛媛："我妈妈说，睡觉前要安静一点，不然会睡不着的。"

踢踢："我最喜欢爸爸陪我一起折纸、下棋了，我已经学会下飞行棋了。"

雯雯："我可喜欢妈妈带我一起穿珠子了，我穿的项链可长可长了，可漂亮了。"

然然："我最喜欢妈妈给我讲故事，妈妈讲的故事可好听了。"

睡前的时光是爸爸妈妈陪伴我们的时光。我们能够听好听的故事，学强大的本领，做喜欢做的事……睡前时光是温馨的时光。爸爸妈妈会拥抱我们，会亲吻我们，还会温柔地跟我们说晚安。我们喜欢每天穿睡衣后的时光，因为我们喜欢我们的爸爸妈妈。

我和睡衣的约会

今天，孩子们带了自己最喜欢的睡衣来到了幼儿园。我说："中午睡觉的时候就可以换上睡衣了。"孩子们可开心了。

中午，当孩子们走进午睡室后，他们就迫不及待地拿出自己的睡衣。

雅雅："我的睡衣可漂亮了。"

乐乐："我的睡衣软软的，可舒服了。"

恩恩："我的睡衣是滑滑的。"

源源把睡衣放在自己的小脸边说："我的睡衣可软可软了。"

雯雯一手拿着自己的睡衣，一手拿着睡裤，说道："我的睡衣有两件，有衣服，还有裤子呢！"

可可的速度真快，已经穿好了睡衣，站在床上，伸开手臂，对我说："顾老师，你看，我的睡衣是连起来的。"

孩子们一个个打开自己的睡衣，一边和旁边的小朋友介绍着自己的睡衣，一边穿了起来。瞧，踢踢的睡衣是开衫，他正在一颗一颗地扣纽扣呢。熙熙已经穿好了衣服，正坐在床上穿裤子呢。然然的园服脱不下来，旁边的宇宇马上就来帮助她。

过了大概五分钟时间，孩子们陆续换好了睡衣，躺在了自己的小床上，盖上了自己的小被子。

图2-1-71 我软软的睡衣

图2-1-72 换睡衣咯

"顾老师，在家里，睡觉前爸爸妈妈都会给我们讲故事呢！"熙熙说。

"顾老师来当我们的妈妈，给我们讲故事吧！"孩子们异口同声地说。

"好啊！今天顾老师就是你们的妈妈，我们一起来听故事吧！"我微笑着对孩子们说，《三只小猪》的故事开始了……听着故事，孩子们一个个闭上了小眼睛，安安静静地躺在小床上，小脸上漾满了笑容。

我的睡衣派对

孩子们聊到了时装表演。熙熙说："我在电视上看到过，他们都穿着漂亮的衣服在走路。"

雅雅："我还看到有的人手里拿着花，还有的拿着扇子。"

可可："他们从后面走到台前面，有的是一个人，有的是两个人，有的是好几个人。"

诗诗："我知道，他们走到前面的时候还要做一个动作。"

原来，模特走到台前正中的时候，还要做一个动作，停顿一下。

孩子们开始走了起来，熙熙走得特别好，很多孩子都跟在她身后学着。熙熙也俨然变成了一个小老师，在那里讲解着：头要抬得高一点，一只脚要放到另一只脚的前面，步子要大一点，走路的时候眼睛要看前面，不要看旁边。在熙熙的带领下，孩子们走得有模有样。

过了一会儿，孩子们开始去寻找自己的好朋友结对表演了。

"恩恩，我和你一起走好吗？"踢踢对恩恩说。恩恩马上点头答应了。

可可来到诗诗身边说："诗诗，我们一起走好吗？""好的。"诗诗说，然后拉着可可的手就开始去练习了。

在练习一段时间后，孩子们陆陆续续拿出自己的道具开始研究起来。有的拿出牙刷，张开小嘴巴，对着自己的牙齿上上下下、里里外外刷了一遍；有的拿出梳子，拉过自己的长辫子，照着镜子梳了起来；有的拿出毛巾，准备洗自己的小脸蛋；有的拿出自己的大浴巾，披在自己的身上，还用浴巾擦自己的头发；有的拿出浴球，对着自己的身体上刷刷、下刷刷；有的拿出水杯喝水、漱口。在一系列的准备工作后，我们一起来到了多功能厅的舞台上。

孩子们带着自己的道具，拉着自己的好朋友，站到了舞台的两边。音乐开始后，孩子们一对一对地从舞台后面走了出来，走到最前面的时候，拿着自己的道具做了一个动作。有的孩子走到前面不知道要干什么了，旁边的小朋友就会提醒："××，要做动作了！"有时候一个孩子开始走了，另一个孩子还没动，旁边的孩子就会推推他："轮到你了，快走。"有时候前面的小朋友已经走回去了，可是后面的两个小朋友还没意识到。只要对着他们招招手，他们就会回过神来开始走起来。虽然有时候会走偏，有时候会低着头，模特交叉步没能走出来，亮相动作遮住了脸，但是每一个孩子都表演得非常认真。他们全都投入到了角色中，笑脸上溢满了微笑。

我是小裁缝

睡衣上的图案是怎么来的呢？是画出来的吗？是印上去的吗？孩子们对这一切充满了好奇。我们就一起试着做做漂亮的花布吧！

一切准备就绪后，活动开始了。

图2-1-73　画睡衣上的图案1 　　　图2-1-74　画睡衣上的图案2 　　　图2-1-75　画睡衣上的图案3

首先拿一块白布，然后用自己喜欢的方法把它折起来，再拿出橡皮筋随意扎在折叠起来的布上，可以多扎几个地方。扎好以后，把它放进颜料水里，用棒子使劲地压，让它全都浸在颜料水里面，过一会儿再把布块从颜料水里面捞出来拧干，把橡皮筋一条条解下来，打开布块，漂亮的花布就做好了。当一块白布在孩子们眼前变成了一块花布的时候，孩子们发出了惊呼声。

"哇，太神奇了，我也想做！"

除了扎染，还有印刷和印染的方法呢。孩子们迫不及待地学了起来。

在孩子们的努力下，一幅幅作品完工了，一块块漂亮的花布展现在我们眼前。真的是太神奇了！让我们一起来瞧一瞧吧！

花布都准备好了，接下来就是要把它做成睡衣了。经过讨论，大家决定做一件背心。

做背心的第一步就是要先制作一块样板，然后根据样板在两块布上分别画样，然后根据画样剪下来，最后进行缝合。

"我和希希的样板剪好了。"没过一会儿，超超跟我说道。

"我的布好像不够大，放不下样板。"雅雅说。"试试看，有没有其他的办法？"我说。原来可以把布横过来，这样就差不多了。

"这个布好难剪啊！"源源抱怨道。我说："布跟纸相比，的确挺难剪的，但只要你耐心一点，慢慢地剪，肯定没问题。"于是，源源一直慢慢地剪着，格外认真，终于剪好了。

过了大半个小时，陆陆续续有小朋友完成了背心的制作，他们一个个拿着成品的背心，别提有多激动了。

"你们看，我们的背心做好了！"

"真漂亮！"孩子们既称赞同伴，又表示对自己的满意。

图2-1-76 制作样板　　　　　　　图2-1-77 裁剪1

图2-1-78 裁剪2　　　　图2-1-79 缝合　　　　图2-1-80 泥工后的背心

案例举例　"我创造、我自信"之我很自信（中班）

创意彩绘，尽显自信

升入中班后，每次活动我们都会在美工区给幼儿提供颜料，让幼儿自由作画。我们发现幼儿特别喜欢用颜料画画。一次区域活动时间，幼儿能够创作好几张作品，而且对于自己的作品，他们都非常满意。由此可见幼儿对于水彩作画是非常感兴趣的。《指南》提道：艺术是人类感受美、表现美和创造美的重要形式，也是表达自己对周围世界的认识和情绪态度的独特方式。我们为幼儿提供创意彩绘的平台，鼓励幼儿大胆创造。幼儿尽情地运用丰富的材料和工具进行创意绘画，自主地进行艺术表现和创造，在此过程中体验自己是能干的，可以成为更好的自己，逐渐获得自信心。

彩绘大畅想，小小的我有想法

下周我们要开展创意彩绘活动了，大家有什么想法呢？

孩子们非常高兴："哇，我们可以玩颜料了！"然后，他们就开始讨论开了。

源源："我在电视里看到有的人脸上画得花花的，像面具一样。"

可可："我想画面具，把面具画得很漂亮。"

乐乐："我看到有的人在墙壁上用颜料画画，可漂亮了！"

丁丁："我想在大箱子上画画，变成一幢房子。"

可可："如果把我的脸画得跟脸谱一样，那该多好啊！"

超超："小手小脚上都可以画。"

恩恩："我喜欢在盒子上画，把盒子变成蜗牛。"

熙熙："先把盒子拼成蜗牛，然后在上面画漂亮的图案。"

孩子们滔滔不绝，说了很多。我提出："好想看看你们说的这些作品，你们知道刚才源源说的在人脸上画的那个是什么吗？"

"我知道，我知道，那个是唱戏的人画的。"炫炫说，可可也在一边附和。

"你们说的没错，这个的确是唱戏的人的脸上画的，那是唱什么戏的呢？"我追问道。

孩子们沉默了，看来孩子们在这方面懂得较少。忽然畅畅站起来说："嗯……我知道这些人唱的戏叫京剧，我爷爷会唱这个。"于是我和畅畅一起向孩子们介绍了京剧，然后讲解了与京剧相关的粗浅知识，让孩子们初步了解了京剧。

孩子们看到这些京剧脸谱的图片时，表现出了莫大的兴趣："哇，真好看！""怎么像妖怪一样。""这个人我看到过，是包公。""这个人的脸怎么都是红色的呀？""你看，还有很白很白的脸。"

原来，每一种颜色代表的意义都是不一样的。那每一种颜色都代表什么呢？孩子们通过查阅网上资料，了解到红色代表忠心，黑色代表公正，白色代表奸诈等。我们看到这一张张脸的颜色的时候，其实就可以看出京剧里的一个个角色的性格。

京剧脸谱，我来设计

因为彩绘脸谱的话题，班里弥漫着浓浓的艺术气息。孩子们哼唱着《说唱脸谱》，谈论着白脸红脸，观看着京剧……

关于京剧脸谱，孩子们有着自己的认识和感知。

优优："脸谱的左边和右边是一样的。"

熙熙："图案是一样的。"

乐乐："左边的颜色和右边的颜色也是一样的。"

孩子们一个个瞪大眼睛观看一张张图片，十分专注。过了好一会儿，雅雅大声喊了出来："我发现了，脸谱上的颜色一般不超过4种。"被她这么一喊，其余的孩子也纷纷叫了起来："对啊，是一般不超过4种颜色。"

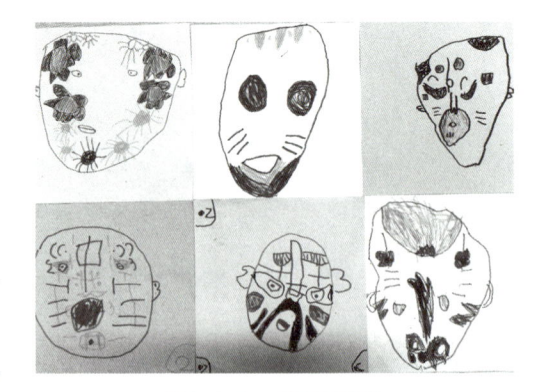

图2-1-81 设计的脸谱

是这样吗？孩子们每一张都看得很仔细，确认每一个脸谱的颜色一般不会超过4种。其中有一种颜色是脸谱的主体色，用得特别多；其余几种颜色为装饰，用得会少一点。

孩子们的设计图纸搞定了，我们进行了展示。他们纷纷提出了自己的建议。每个孩子都各抒己见，讨论非常激烈。

于是绘画京剧脸谱的活动就开始了。瞧！孩子们画得多认真啊！

走进京剧，我来表演

孩子们画完京剧脸谱后，高兴地把脸谱戴在脸上，相互欣赏着、玩闹着。这时，诗诗突然大声说道："我会唱这个脸谱的歌。"一边说，一边居然真的唱了起来："外国人把那京剧，叫作北京……"旁边的几个孩子都被这歌声吸引了过去，好几个孩子还被这歌声逗笑了。就这样，孩子们随着脸谱走进了京剧，开始了探索京剧之旅……

"老师，我觉得唱京剧的人的声音都很尖。"雅雅说。

"我觉得这个音乐和我们平时听的不一样，有的音拖得长长的。"熙熙说。

"我发现唱京剧的人一边唱一边跳，他们的动作也和我们平时跳舞的动作不一样。"可可说。

"我从这个音乐里面好像听到了鼓声。"翌翌说。

图2-1-82 唱京剧喽

"京剧的曲调和表演方式是比较独特的,世界上有很多人很喜欢京剧。我们现在还不完全了解它,但是我们可以学一学简单的京剧唱腔及动作,感受一下京剧的魅力。"我说。

"嗯,晚上我让我爸爸到网上再看看,让他给我讲一讲。"恩恩说。

"我让我爷爷教我唱京剧。"畅畅说。

"老师,我们想要学一学京剧里面的动作。"诗诗提出来。在她的提议下,孩子们纷纷表示愿意尝试。

"嗯,你们可以看这里的视频。"我把一体机交给了他们。

于是,孩子们戴上自己的脸谱都学了起来。玩到开心处,他们还到操场上进行表演,自信大胆的表演吸引了其他班级不少小朋友来看。看到有这么多观众,孩子们把头抬得更高,把动作做得更到位了。

彩绘脸,我能行

除了在脸谱上画脸,我们能不能在自己的脸上画呢?孩子们提出了这个疑问。

"你们觉得给自己画脸方便吗?"我提出疑问。

"方便呀,我会给自己画。"思思说。

"自己看不到呀,怎么画呢?"玎玎说。

"可以拿一块镜子看着呀!"思思说。

玎玎听了后左手假装拿镜子,右手假装拿笔,试着往自己的脸上画:"可是我觉得这样很难画呢,画不好。"

思思也学着玎玎的样子假装画了一下:"嗯嗯,这样手要反着,是有点难画呢!"

"自己画有点困难,那怎么办呢?"思思提出了疑问。

"我知道了,我们可以请好朋友帮我们画。"玎玎喊了起来。

"对啊,对啊,我们可以找一个好朋友,我帮他画,他帮我画。"其他的孩子也都附和道。

"哦,看来这是个好办法。那今天就让我们把自己的脸分享给好朋友,让好朋友来帮我们画吧。"我们最终敲定了这个方案。

孩子们拿出了辅助物——图案板、彩绘脸参照图片,相互交流了几点要求:在同伴的脸上画京剧脸谱、动物头型、各类图案都可以;如果觉得直接画有困难,也可以选择用图案板进行复制,但是要注意到左右图案及颜色对称,小心用笔和颜料,不要涂到好朋友的眼睛里和嘴里。

熙熙找到踢踢一起来画脸谱。他们一起拿来了一盒颜料、两支笔和一桶水，然后在教室里找了一块空地坐了下来。

踢踢自信地说："你坐下来，我先帮你画吧！"熙熙马上坐了下来。

"哈哈哈，脸上画好了，我现在帮你画眼睛。"踢踢一边说，一边不假思索地蘸了蓝色的颜料先画了左边眼睛的上半部分，然后画了右边眼睛的上半部分。"下面用绿色的画。"熙熙说。踢踢洗掉了蓝色的颜料，换上了绿色的，然后画眼睛的下半部分，也是先画左边，再画右边。

"画好了，我画鼻子了，鼻子用什么颜色好呢？"踢踢有点犹豫。

"我喜欢黄色，你用黄色帮我画吧。"熙熙提议。

"好的。"踢踢马上说，高兴地选了黄色画了起来。"我用红色的给你画嘴巴了哦！"踢踢一边说，一边洗了笔，换上了红色的颜料，给熙熙画起嘴巴来。

"画好了，哈哈哈，真有趣！"踢踢大声笑了起来。

"给我画得好看吗？"熙熙急切地问道。

"很好看呀，你自己去照照镜子吧！"

熙熙马上跑到镜子前，看到自己的小脸后，自己也忍不住笑了起来："哈哈哈，踢踢你画得太好了，太搞笑了，好好玩呀！"

熙熙马上跑回到踢踢身边："现在我来帮你画吧！"

"好的呀！"踢踢欣然应允。然后两个孩子席地坐在了地上。熙熙拿起笔开始给踢踢画起来。

"我也给你画一样的吧。中间用蓝色的画，画得粗一点。"熙熙一边说一边画着。"蓝色的旁边画上红色的线吧，细一点的。"熙熙洗掉笔，换上了红色。

"眼睛也用蓝色的吧！老师说眼角要画得高一点，翘起来……画好了耶，真好看！"熙熙自我陶醉地说。

图2-1-83　我给你画脸谱　　　　　　　　图2-1-84　我的脸谱咋样

"真的好看吗?"踢踢急切地问道。

"嗯嗯,好看,不信你问老师。"熙熙信心满满。

踢踢马上把目光投向了旁边的我,我马上给予肯定:"嗯,真不错,眼角翘起来了。"

踢踢听了我的肯定,高兴极了,小脸上溢满了笑容。

"我没有骗你吧!"熙熙高兴地说:"我现在给你画脸了哦!"在欢声笑语中,彩绘在继续……

彩绘箱,我敢画

孩子们对于彩绘表现出了极大的兴趣,一个个意犹未尽。于是,我们进行了讨论:"你们还想在什么地方进行彩绘啊?"

熙熙:"我想画在墙壁上。"

思思:"我想画在大大的纸箱上。"

悦悦:"我想画在小汽车上。"

昕昕:"我想画在小动物身上。"

孩子们说了很多很多的地方,但有的想法是我们很难实施的。怎么样既满足孩子们的愿望又能实施呢?我灵机一动,又把问题抛给孩子们:"小动物不会安静地待在那里让我们给它画,大家觉得在什么东西上画更好呢?"

"我们可不可以用纸箱先组合成我们喜欢的东西,然后再在纸箱上画画呢?"踢踢勇敢地说出了自己的想法。

"好,我要用纸箱拼一个蜗牛,给它画上漂亮的颜色。"熙熙马上接道。

"我要用纸箱拼成机器人。""我要把纸箱拼成一幢房子。""我要……"孩子们的话匣子一下子被打开了。看来对于我的提议,他们还是比较认同的。

孩子们已经有了经验,很快组队完毕,分头开始收集、准备材料,欣然接受了彩绘箱这个大挑战。

纸箱组合

找到同伴后,他们一组组结对来到纸箱前开始挑选纸箱。每个孩子都挑选了一个纸箱,然后跟自己的组员一起找地方放了下来。这时候,我听到很多组的孩子都在讨论着:"我们做什么啊?"有的孩子说我们做房子吧,有的孩子说我们做蜗牛吧,有的孩子说我们做机器人吧,有的孩子说……

熙熙想用纸箱拼蜗牛,果果想拼房子,于是两个人就商量起来。熙熙说:"我觉得蜗牛漂亮。"果果说:"我喜欢高高的房子。""可是我们的纸箱可能会不够啊。"熙熙说。果果看了看纸箱，然后点点头说："好吧，那我们就做蜗牛吧。"

翌翌、诗诗和恩恩也商量了起来。一开始，每个人的意见也不统一，但是最终在诗诗的协调下，决定拼搭一列火车。他们一起行动，搬来了几个小箱子，很快组合成了火车头和火车的身体。这时候诗诗说："火车应该还有轮子，我们给它装上轮子吧。"

"好呀，可是用什么来做火车的轮子呢？"翌翌说。

"用卫生纸筒吧，它是圆圆的。"恩恩说。

诗诗和翌翌都同意了。于是恩恩拿来了几个卫生纸筒，在火车身体上比画了一下。这时候翌翌说："我觉得这个卫生纸筒太长了，我们把它从中间剪开吧。"他一边说，一边就拿来了剪刀，开始剪起来。诗诗和恩恩都在旁边看着他。没一会儿，翌翌把纸筒剪开了，拿起剪好的纸筒放在第一节车厢的左右两边："你们看，这样就好看了。"

图2-1-85 纸箱机器人

"是呀，这样好看！"小伙伴们都非常认同。翌翌又拿过一个纸筒剪了起来，剪了一个又一个，直到每一节车厢上都有轮子。

一列火车在小伙伴的合作下完工了，大家都特别高兴。这时候翌翌一个人走过来跟我说："顾老师，我还想自己做一个机器人可以吗？"

"可以啊！"我回答道。

翌翌听了我的回答，小脸上溢满了笑容："哈哈，我可以做机器人啦！"原来他一开始是想做机器人的，但是服从了组长的决定。

翌翌说干就干，自己找来了一个大纸箱和一个小纸箱，把它们拼合在了一起；然后找来了几个卫生纸筒，放在大纸箱的下面做机器人的脚；又拿来了两个长方体的纸盒，在机器人的身体两边比画。过了一会儿，他拿起剪刀，在长方体纸盒一端的一条边上剪了一下，在对称的那条边上也剪了一下，然后把中间的一块纸板折了进去："哈哈，这下可以粘住了。"

孩子们陆陆续续地完成了纸盒的拼搭，期间需要什么，就会去教室的各个角落寻找什么，在粘不住的情况下会主动寻求我的帮助，请我用热熔枪粘。

彩绘纸箱

终于可以上色了，孩子们兴奋极了，一个个挑选了自己喜欢的颜料罐子，拿起水粉笔，开始画了起来。

有的孩子采用了平涂的方式，有的孩子采用了点彩的方式，有的孩子在纸箱上画了图案……

踢踢和源源给自己的房子涂上了咖啡色。在涂上外墙后，踢踢跟源源说："现在我们给房子画上窗户吧。""窗户怎么画呢？"源源有点茫然。

"先画一个正方形，然后在里面画两条线。"踢踢一边说一边换了一种颜色画了起来。没一会儿，一扇窗户就出现在眼前了。

图2-1-86　纸箱彩绘1

思思、可可和新新一起制作了一个超大的机器人。思思提议把机器人的头先涂上蓝色的水粉，并且开始行动起来。可可、新新用黄色涂机器人的身体。

涂上蓝色后，思思换了粉色的颜料，在机器人的头上画起了一条一条的竖线："这是机器人的电线，没有电线，它就不会说话也不会动了。"每一条线他都画得非常认真。

熙熙给小蜗牛穿上了一身彩色的衣服，告诉我她的蜗牛最漂亮；翌翌给自己的机器人画上了特殊的符号，说："这个是我自己设计的标志。"

图2-1-87　纸箱彩绘2

彩色蜗牛、彩色机器人、彩色房子……一样样展现在我们的眼前，漂亮极了。孩子们的脸上洋溢着自信的笑容。

案例举例　"我创造、我自信"之情绪王国（大班）

快乐大本营

大班幼儿已经有了初步的情绪识别、情绪控制和自我调节的能力。在日常生活中，有的幼儿在接受任务时，对于有难度的任务会产生逃避或者自信心不足的问题，有的幼儿在做事情时可能坚持性不够。当然每个幼儿都想获得别人的赞同和认可。我们通过阅读《生气汤》《心情预报》让幼儿知道生气是每个人都有的正常情绪，这种情绪需要自己进行调节。活动"拍球小能手""我成功我快乐"让幼儿发现自己的坚持努力获得了许多意想不到的收获，获得了成功的体验，增强了自信心。

生气了怎么办

生气是一种很常见的情绪，经常会听到孩子们说"哼，我生气了……"关于生气的书也有很多，我选取了适合孩子们的绘本《生气汤》来展开活动。我问道："你们有生气的时候吗？生气的时候会怎么样呢？"

航航："当小朋友不和我分享的时候，我就会很生气，生气的时候直跺脚。"

凯凯："当小伙伴不和我一起玩的时候，我会很生气，生气的时候会说我再也不跟你一起玩了。"

蕊蕊："当别人弄脏我漂亮裙子的时候我会很生气，有时候还会哭，因为这是我最喜欢的裙子。"

圆圆："生气的时候我会大声喊叫。"

在绘本《生气汤》里，霍斯在表演节目时同学带来的牛踩到了他的脚，可是同学没有对霍斯道歉，霍斯很生气。今天放学，妈妈不守信用，请珍珠阿姨来接他，霍斯很生气。珍珠阿姨开车横冲直撞，一路吱吱嘎嘎，差点儿压死三只

图2-1-88　生气汤　　　　　图2-1-89　画下我的心情　　　　图2-1-90　我的心情是什么

图2-1-91　有点不开心　　　图2-1-92　心情还不错　　　　　图2-1-93　心情晴天

贵宾狗，霍斯很生气。

生气的后果很严重哦！我们也要学会把生气的事情说出来，让心情舒服一些。一起来做个"生气汤"的游戏吧。"撒点盐，放点糖，左三圈搅搅搅，右三圈搅搅搅，深呼吸，大喊一声：啊！我生气啦。"最后把生气的事情大声地说出来。我们一起来试试把生气的事情说出来心里舒服吗。

心情播报站

你们听过天气预报吗？电视里是怎么预报的？一家森林电视台不仅有天气预报，还有心情预报呢。我们一起来听听：各位观众，大家好，我是森林电视台的主持人机灵猴，欢迎收看心情预报。今天森林里大部分动物心情晴天，只是狮子心情雨天，并伴有八级脾气。心情预报播报完毕，谢谢大家收看，再见。

狮子今天心情不好，小动物们都急坏了，都急急忙忙地来到狮子家。原来今天狮子生病了，一个人孤孤单单地躺在床上，真难受。小兔和小青蛙给狮子唱歌，小鸟和小猪给狮子跳舞，小猴和小鸭给狮子送来了礼物。狮子看到这么多的朋友来看它，头也不痛了，身体也不难受了，心情慢慢变成了晴天。心情预报太好了，小动物们都喜欢它。

涵涵："生病时会觉得浑身没劲，心里也很难过。"

蕊蕊："小动物们都是狮子的朋友，他们都去帮助狮子，狮子就开心了。"

我："心情预报太好了，小朋友们想不想也来当回主持人，来播报心情预报呢？"

我们的心情有时会不好，有时会好。我们如果一直心情不好，会怎么样呢？怎样才能让自己的心情变成晴天呢？

图2-1-94 我的心情播报1　　　　　　图2-1-95 我的心情播报2

图2-1-96　制作心情娃娃 　　　　图2-1-97　挂上我的心情 　　　　图2-1-98　我们的心情娃娃

我成功我快乐

今天早上，我们进行了一次拍球比赛。我们设置的规则是拍球比赛过关的小朋友可以得到奖励，没有过关的暂时没有奖励。

凯凯："我很开心，因为我的球拍得很好，老师奖励了我贴纸。"

航航："我拍球没有过关，没有拿到奖励，心里有点难受。"

获得奖励的小朋友肯定非常开心，没有获得奖励的小朋友肯定很难受、很伤心。那怎么办呢？我们遇到困难或问题时该怎么办呢？发脾气、生气能解决吗？

默默："我们不会拍球的时候，就要多练习，拍的时间长了就能过关了。"

青青："拍球其实不难，要多练。"

羽羽："我们可以帮助不会拍球的小朋友，让他们快点学会拍球。"

我："对啊！小朋友之间可以相互帮助哦！"

我们再一次制定拍球比赛规则：拍球过关的小朋友教不会拍球的小朋友练习，练习以后，两个人一组开始进行拍球比赛，两个人拍球的总次数通过以后就算过关。

孩子们纷纷组队，练得不亦乐乎，都不愿意落后。练习一段时间后，孩子们就

图2-1-99　分享成功后的快乐 　　　　图2-1-100　记录调节情绪的方法

主动找到我要求过关，成功的孩子越来越多了。大家尝到了努力后成功的快乐。他们将自己调节情绪的方法记录下来，与大家分享调节心情的方法。

微笑的魅力

每个人都喜欢看到别人对自己微笑，因为微笑代表着好心情。

航航："看到微笑，我的心里乐开了花。"

涵涵："我觉得很开心，很快乐，还有种甜甜的感觉呢。"

定定："看到了微笑，我也觉得很开心，可以赶走很多的不快乐。"

我："是的，微笑具有一种魔力，它能告诉别人'我喜欢你，很高兴见到你，使我快乐的是你……'所以人们看到微笑的表情会很快乐。微笑不仅使人快乐，而且微笑的人也是很美的，那么你们觉得微笑是什么呢？"

宁宁："我觉得微笑就像一块糖果，可以带给我们甜甜的感觉。"

辰辰："我觉得微笑像个标志物，一看到微笑大家就知道你很开心，喜欢和你一起做朋友。"

我："经常带着微笑的人到处都会受到欢迎。因为看见你快乐，大家也会跟着分享你的快乐。微笑非常重要，我们要随时保持微笑，用我们的微笑感染身边的小朋友。"

图2-1-101　微笑在脸上　　　　图2-1-102　笑一笑吧

附：学习故事

我成功我快乐

观察对象：大六班

活动时间：2017-10-11

观察者：徐秋雁

活动现场

拍球比赛开始了，我们的比赛规则是每个幼儿在一分钟内拍球个数要超过100个，且掉球的次数不能超过3次，两个要求都达到了才算拍球过关，才可以得到老师的奖励。孩子们在听到老师的一声哨声以后，都全神贯注地开始拍球了。锐锐拍球比较稳当且球速由慢变快；希希希望自己拍的个数越多越好，所以拍球时球与地面的距离比较近，这样的速度是挺快的，但是如果过快也容易造成跑球；平日里比较懒洋洋的邵邵、磊磊今天拍球也十分卖力，也希望在这个紧要关头能够努力过关；能力比较弱的麟麟和蕾蕾此时拍球也显得较为稳当。

图2-1-103　我拍你看1　　图2-1-104　我拍你看2　　图2-1-105　成功后的心情

经过了一分钟的拍球比赛，有的小朋友还是没有坚持住，经常掉球了。妍妍在比赛结束后突然不吭声了，鉴鉴也一副无所谓的样子。经过几轮紧张激烈的拍球比赛后，孩子们的成绩一目了然。许多认真且对拍球感兴趣的孩子获得了奖励。

这里发生了什么样的学习

为了让孩子们体验成功的快乐，我们组织了这样的过关活动，通过制定规则的方式，让孩子们了解规则、遵守规则，也逐步培养孩子们为了完成目标积极努力的毅力。同时对于一些能力较弱的孩子来说，比赛也是心理上的一种磨炼，可以让孩子们慢慢去学会体验成功与失败的感受，能够用较好的方式去调节自己的心情。

机会和可能性

游戏让孩子们充分体验了成功与失败、开心与失落，感受到了规则的不可逾越性。我们的日常活动中会有各种各样的规则需要孩子们去遵守。在遵守规则的过程中，孩子们需要付出努力。有时候孩子们虽然努力，但还会失败。生活的多种滋味都值得孩子们品尝。针对失败的孩子，我们要让他们学着接受自己的失败，并激励他们付出更多的努力，争取成功。

附：童画解读

佳佳："当我辛辛苦苦搭的积木房子被小伙伴撞倒时，我就非常地生气，想发火，又想哭。当我旁边的小朋友在看着我笑时，我就觉得他在幸灾乐祸，我就更加难过了。"

西西："我不会跳绳，很伤心难过，看到小朋友都会跳了，我心里很着急，所以我就哭了。"

妞妞："当我和好朋友吵架的时候，我心情很不好。当我在拼拼图时，妹妹捣乱了，我也心情不好，想发火。当我吃饭吃得太慢了，其他小朋友都去玩的时候，我心里很难过。"

图2-1-106 我生气了　　图2-1-107 我着急了　　图2-1-108 我有点难过

案例举例　"我创造、我自信"之我能我行（大班）

我　　行

我们每个人都不一样。哪里不一样呢？你看，我们的性别不一样，有的人是男孩子，有的人是女孩子。我们长得也不一样，有的人眼睛大大的，有的人眼睛小小的；有的人嘴巴翘翘的，有的人嘴巴弯弯的；有的人头发又密又黑，有的人

图2-1-109 独特的我自己　　图2-1-110 我真的很棒

头发又少又黄。我们每个人都是一个特别的自己，是爸爸妈妈给了独特的基因，让我们长得不一样。我喜欢我自己，因为我是这个世界上独一无二的人。

我们不仅长得不一样，而且我们学的本领也不一样。我觉得自己真的很棒！

佳佳："我会跳舞，会弹古筝，还画画特别好，我想自己如果能在跑步方面有进步就更好了。"

显显："我的特长是播报新闻、念儿歌、讲故事。我的乐高积木搭得也不错。我想进步的地方就是体育运动，因为每次扔网球和走平衡时会经常不过关。"

纶纶："我认识了很多字，会自己看故事书。我觉得我在运动方面还不错。"

妞妞："我最棒的就是画画了，我会画各种各样的画，大家经常夸奖我画得好。"

昊昊："我觉得我在数学方面很厉害，每次有关数学的问题我都能够解决。我在建构方面也还不错。"

锐锐："我是老师的小帮手，经常帮老师做很多事情。我的力气很大，我体育方面很不错。"

图2-1-111　有进步的我 　　图2-1-112　本领很多的我 　　图2-1-113　我运动很不错

图2-1-114　画画很棒的我 　　图2-1-115　我是数学小能手 　　图2-1-116　我是老师的小帮手

我们的技能展示计划

在讨论了自己的特长以后,我们发现原来每个人都有那么多本领。所以我们班级决定开展一次隆重的才艺展示活动。当然要展示的内容和准备工作都要由我们一起来决定。首先,我们对每个人想展示的才艺做了一个深入的调查。

经过才艺调查以后,孩子们将自己喜欢的才艺展示进行了分组,并且投票选择了自己组里的小组长。小组长带着大家一起讨论才艺展示活动要准备的各项工作。有的孩子参加语言组,要展示讲故事、念儿歌、播报新闻等;有的孩子参加体育组,要展示跳绳、拍球等;有的孩子参加美术组,要展示绘画、手工、建构等。有些才艺多的孩子还要进行多项个人的艺术展示呢!

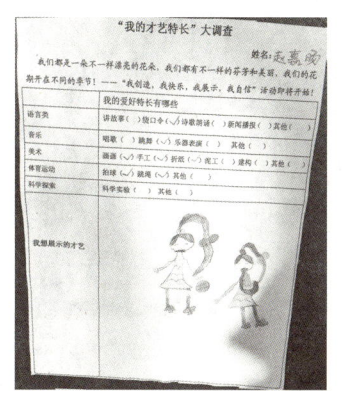

图2-1-117　才艺大调查1　　图2-1-118　才艺大调查2　　图2-1-119　才艺大调查3

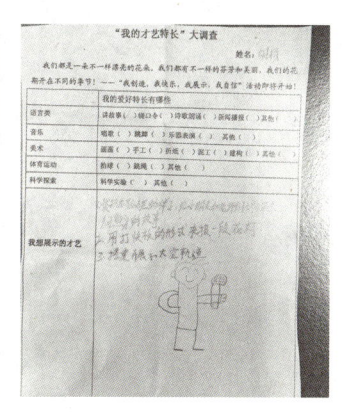

我们的工作准备

组织班级展示活动的准备工作必不可少。大家都忙碌起来,为这次活动每个人都做着自己力所能及的事情。大家一起讨论着表演时用到的材料和物品。

1. 材料准备工作

妞妞:"我们要准备一些乐器,还有表演礼服。舞台上还需要话筒和录音机。"

曦曦:"我们布置舞台的时候需要用到很多气球和漂亮的拉花。"

妙妙:"我们可以准备漂亮的公主裙、小皮鞋和皇冠,还要将家里的古筝、凳子和琴谱拿到我们班级。"

佳佳:"当然最重要的事情就是我们还得好好排练节目。"

图2-1-120　技能展示准备工作

图2-1-121　需要乐器、礼服、话筒　　　　　图2-1-122　舞台要装饰

图2-1-123　我已经做好准备了 　　　　　　　图2-1-124　演出是有步骤的

2. 制作邀请卡

在这次展示活动前,我们还邀请了很多观众来我们班参观演出和展览。女孩子们对于制作邀请卡这个工作特别感兴趣。有的负责绘画,有的负责写字,有的负责装饰邀请卡。邀请卡设计好了以后,我们将卡片送给了将要前来观看的观众们。

图2-1-125　制作邀请函 　　图2-1-126　邀请函制作要精美 　　图2-1-127　邀请客人来观看

3. 制作节目单和宣传海报

孩子们报名的才艺表演丰富多样。当观众来观看时，我们还需要给观众一张节目单。看了节目单我们就知道表演顺序了，观众也能够清楚地知道有哪些精彩的节目。同时大家还设计了才艺展示的宣传海报。

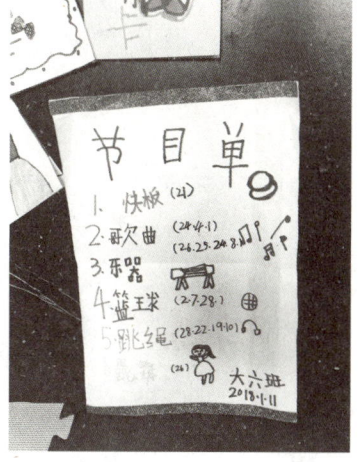

图2-1-128　演出背景

图2-1-129　节目单出炉

4. 舞台、展示台布置

我们一起用收集的气球和拉花布置舞台。有的吹气球，有的铺红毯。参加美工艺术展示的孩子们一起布置展示台，将自己精美的绘画、折纸、手工一一整齐有序地摆在显眼的位置供大家欣赏。

图2-1-130　舞台布置1

图2-1-131　舞台布置2

图2-1-132　画展

图2-1-133　手工展

图2-1-134　建构展

图2-1-135　作品展示

我们的才艺展示

精彩的才艺展示活动开始了。小主持人开始上台报幕，演员们一个个换上了表演服，准备随时表演。

孩子们的才艺演出精彩纷呈，可以说和日常幼儿园生活中的他们有着很大的不一样。有的表演舞蹈，有的演奏乐器，有的展现体育特长，有的显现语言天分，有的用精美绘画手工一展心灵手巧。不管表演的是什么，表现出来的自信都是那么吸引人。

大家都来一睹为快吧！

图2-1-136　主持人报幕

图2-1-137　绕口令

图2-1-138　小提琴演奏

图2-1-139　说快板　　　图2-1-140　钢琴演奏　　　图2-1-141　古筝演奏

图2-1-142　舞蹈表演　　　图2-1-143　花样篮球操　　　图2-1-144　跳绳展示

其他才艺活动展示

图2-1-145　手工作品展示　　　图2-1-146　科学实验展示

颁奖仪式

在才艺展示后，孩子们收获了各种各样的荣誉称号：小小艺术家、小小音乐家、小小舞蹈家、小小科学家，等等。很多孩子同时获得了多种荣誉称号。就连平日里说"我只会一种才艺"的孩子今天站在这个属于自己的舞台上也勇敢地迈出了第一步。孩子们唱歌、讲故事、做手工、做实验、搭建、跳绳、拍球，等等。原来我们每个人都很厉害，都能够同时拥有不同的本领呢！这真是一个特别棒的舞台，是一个属于我们自己的舞台。孩子们用自己的智慧和小巧手编制了舞台梦，用自己的努力和付出获得了别人的掌声、赞扬和肯定。所以孩子们特别喜欢这样的舞台，它让孩子们变得更加勇敢、智慧、自信。

图2-1-147 我拿到荣誉称号了　　　　　图2-1-148 领奖了

附：学习故事

我的舞台我做主

观察对象：大六班

活动时间：2017-10-11

观察者：徐秋雁

活动现场

演出即将开始，孩子们忙着做准备工作。锐锐和旸旸一起铺着红地毯。红地毯有几个地方有点坏了，所以需要折成双层的。这对他们来说有点难度。锐锐一边铺一边说："旸旸，你把红毯往我这边拉一下吧！"旸旸听从锐锐的指示拉了一点。两个人比画了一阵子，发现红地毯的位置很不好控制，一会儿弯了，一会儿又飘起来了，所以他们请求保育员帮忙。在三个人的合作下，他们终于将红地毯铺好了。铺完了红地毯以后，锐锐又在一边吹起了气球，旸旸负责将气球挂在舞台上。锐锐吹好气球后，发现不会打结。他们俩就一个捏着气球，一个用绳子缠在气球的一端。刚开始气球总是捏不紧，气球里的气总会泄露。后来，锐锐说："我们要不请老师来给我们打个结吧。"在我的帮助下，气球的问题很快得到了解决。将打好的气球挂在舞台正中间后，旸旸说："这个海报有点光，不太好看，我们要不要找点好看的东西装饰一下？"一旁的妞妞也说："对，我们给它们贴上好看的装饰物品吧。"

这里发生了什么样的学习

在这个展示准备活动中，孩子们会一起讨论好多事情，一起合作商量。当遇到问题时，孩子们也会先想办法自己解决，当然无法解决的时候还是会寻求大人的帮助的。在这个过程当中，孩子们有对生活经验的理解，也有对于艺术美感的学习和创造。舞台的布置虽然不是很精致，但是显示了孩子的童真与童趣。

图2-1-149　铺红毯

图2-1-150　舞台背景

机会和可能性

在整个主题活动中，孩子们的兴趣非常浓厚，每个人都非常认真地投入活动中。在活动中我们发现有些材料操作起来不够简洁方便，如果老师提供的材料能够切实考虑到孩子们的实际能力，全程让孩子们自主自创解决或许会更好。在创造活动中，孩子们发现问题，想办法去解决问题，体验成就感，展现自信，成为最好的自己。今后，我们在课程中要给予孩子们更多开放性活动，将创造的机会还给孩子们，让孩子们在一次次自主探索、思维碰撞中收获满足和快乐，逐渐培养自信的自我。

图2-1-151　气球装饰

活动集锦

图2-1-152　我的手工作品1

图2-1-153　我的手工作品2

图2-1-154　我的手工作品3

图2-1-155　我的绘画作品1

图2-1-156　我的绘画作品2

图2-1-157　我的绘画作品3

图2-1-158　我的建构作品1

图2-1-159　我的建构作品2

图2-1-160　我的建构作品3

项目三　我分享、我快乐

分享行为是幼儿亲社会行为中的一个组成部分，是把自己的快乐和需要与他人联系在一起，克服以自我为中心的过程。分享行为可以培养幼儿与他人友好相处的能力，体会与他人分享的快乐，理解朋友之间有好东西要分享的道理。高兴的或有趣的事情可以带给幼儿愉悦的情绪情感体验，幼儿达到自我满足后愿意将此类事情说出来与大家共同分享。项目活动"我分享、我快乐"旨在让幼儿在与同伴共处过程中找到合适的交往方式，能关注到身边的人、身边的事，能与别人分享，将自己的想法与别人交流；核心价值在于怡情，促进幼儿在人际交往和社会适应方面有良好的发展。

3~6岁的幼儿正处于开始摆脱自我中心、关注周围这样一个阶段。"我分享、我快乐"项目活动就这样生根发芽了。分享活动中，我们也梳理出三个层次：分享实物，这是显性的、初级的层面，三个年龄段都会涉及实物，包括食物、玩具、材料、作品等；分享情绪，在体验活动中识别各种情绪并尝试表达表现自己真实的情绪，能主动与同伴、家长、教师分享，在分享过程中形成积极的情绪；分享经验，愿意用各种形式分享经验，能将自己的发现、思考、创意与别人交流，在分享互动中获得更多经验，相互成长。幼儿的分享行为是随着年龄的增长日渐成熟的。考虑到这点，在预设和生成三个年龄段活动的时候，我们将小班活动重点放在分享实物上，如玩具、食物，让幼儿借助有形的实物进行共享，鼓励幼儿进行情绪情感的表达分享。中大班幼儿的分享内容会比较广，涉及实物、情绪和经验的分享。

一、项目目标

第一，有积极稳定的自我认识，具有自尊、自信、自主的表现。

第二，主动自愿与他人分享实物、情绪、经验，从中获得愉悦体验和情感满足，体会与他人分享带来的高兴和满足及被人分享获得的安慰和快乐。

第三，知道自己是群体中的一员，能较好地融入群体生活并遵守基本规则，在分享系列活动中知道分享能获得群体的认可和喜爱，能和他人建立良好的情感联系。

第四，感受成长的轨迹，体验成长的喜悦，做一个健康、积极、乐观的自我。

二、项目体系

项目名称	不同年龄段活动主题	活动目标	活动内容
我分享、我快乐	小班 第一学期：上幼儿园 第二学期：一起做朋友	1. 知道自己是幼儿园的一员，能遵守幼儿园规则，愿意与人交往，有初步的交往方法，在活动中认可自己，获得自信。 2. 通过分享的方式来认识朋友，愿意与朋友分享快乐、害怕等情绪，初步体验分享带来的快乐，尝试主动分享。 3. 在成人的帮助下，能通过探索、游戏体验分享快乐，并用简单的语言分享感受。	第一学期 甜嘴巴娃娃：甜甜的嘴巴、亲亲热热抱一抱、小蜜蜂采花蜜、花园里的花 绝佳拍档：我们都是好孩子：我们俩是好朋友、秋叶飘桂花香、我们一起玩、我们来敲门、来了一群小鸭子 我很能干：可爱的我、吹泡泡、我们一起玩、滚一滚、小动物模仿操、小猫小猫你别吵 第二学期 一起玩玩具：幼儿园里玩具多、玩具发布会、汽车嘟嘟嘟、滚圆滚圆的球、魔术瓶 朋友，你好：小兔找朋友、朋友你好、好朋友、朋友树、我想抱抱 我来帮助你：彩虹色的花、碰一碰、游戏分享日、身体骨碌碌、香甜的桂花圆子
	中班 第一学期：我长大了 第二学期：和我在一起	1. 运用各种方式，多感官体验并表达成长的各种表现和成长过程中的不同心情。 2. 愿意与同伴分享玩具、空间和机会，体验分享带来的快乐，通过分享结交更多朋友，习得与人相处的方法。 3. 在体验活动中能表达表现自己真实的情绪，能主动进行分享，在分享中建立积极的情绪。 4. 能为自己的分享经验活动做一些准备，乐意与同伴分享，体验分享带来的快乐和满足。	第一学期 春天来了：春雨、亲亲春雨、生命之源——水、春天的故事、小小送水员、春雨沙沙 蝌蚪变变变：小蝌蚪找妈妈、小蝌蚪、可爱的蝌蚪、小青蛙学本领、悄悄话 我和动物做朋友：三只小猴、微笑、我和小鸟做朋友、小熊过桥、猪小弟运西瓜、礼物、动物玩偶 我长大以后：会长大的鞋子、我长得像谁、节日的游戏、我会和同伴一起玩、我和好朋友一起玩、我有一个家、伙伴舞 第二学期 分享真快乐：我的好朋友、一起分享真快乐、带着玩具上幼儿园、交换礼物真开心、交友大行动 我的情绪小怪兽：不一样的哭和笑、快乐花园、糖果在哪里、一起去郊游、我敢一个人睡 请让我来教你吧：分享好快乐、本领大分享、我们一起制作泡泡水、有趣的轮胎游戏、合力大型建构

续表

项目名称	不同年龄段活动主题	活动目标	活动内容
我分享、我快乐	大班 第一学期： 生长日记 第二学期： 我来帮助你	1. 知道正确认知自我、内化社会行为在生长历程中的重要性，经历并感知成长过程，体验生命的变化，正确认知自我，接纳、尊重自我的喜悦与快乐。 2. 主动与他人共享某种资源，如实物、情绪、经验等，从中获得愉悦体验和情感满足，通过分享的方式习得与人相处的经验，获得他人的认可和喜爱，由此与他人建立良好的情感联系。 3. 能大胆地表达分享自己的各种情绪，在分享中延续积极情绪，缓解消极情绪。 4. 体验成长，培养健康、自信的品质。	第一学期 春天的故事：蚕豆花、春天是一本书、开花了、春天来了、春游计划书、毛笋节节高、小树长大了、夺宝奇兵 生命与死亡：蚕宝宝是怎样长大的、会变的蚕宝宝、柳树姑娘、话说清明节、清明上河图、爱的密码 我换牙了：一颗超级顽固的牙、我的牙齿、爱牙周、刷牙歌、方便的生活用品、男孩女孩 长啊长：我绝对绝对不吃番茄、身体的秘密、大熊拥抱节、我长大了做什么、勇敢者之路、小小男子汉、蜡笔小黑 健康小达人：国王生病了、空气在哪里、看不见的世界、晨间锻炼、轮胎运动乐、保护自己的隐私部位、男儿当自强 第二学期 我爱我家：聊聊我的家、去朋友家做客、说说我的家乡、彩色面团、谈谈我的祖国 快乐大本营：生气汤、心情预报、拍球小能手、我成功我快乐、我们多愉快、微笑的魅力 我的本领来分享：七色花、请让我来帮助你、我教你做个小实验、两人三足、带着弟弟妹妹玩大型建构

三、项目实施要点

第一，遵循幼儿心理发展特点。3岁后幼儿的社会性交往逐渐延伸、拓展，4岁开始幼儿逐渐能克服以自我为中心的心理。幼儿的分享行为是随着年龄的增长而日益成熟的，教师在活动实施过程中要关注年龄段差异。

第二，尊重幼儿的学习方式和学习特点，鼓励幼儿主动参与，最大限度地支持和满足幼儿通过直接感知、实际操作和亲身体验获取经验的需要。

第三，活动开展体现开放包容，活动空间不局限在室内，室内室外、园内园外都可以是活动开展的场地，活动时间可根据幼儿的兴趣适当延长。

第四，尊重幼儿发展的个体差异。同一年龄段的幼儿的分享行为也存在个体差异，如性别差异。因此，活动中教师要关注到个体差异，允许幼儿按照自身的速度和方式成长。

> **案例举例** "我分享、我快乐"之上幼儿园(小班)

秋叶飘 桂花香

秋天到了,天气凉了,小朋友们一起在幼儿园里找一找,看一看,幼儿园的桂花树开花了。秋风把树叶染黄了,一片片叶子从树上飘落下来。秋风送来了一阵阵清香,原来幼儿园的桂花在悄然开放。秋天,一个多姿多彩的季节。我们决定和秋天约会。我们一起分享秋天的美丽风景,一起采摘桂花,制作分享香甜可口的桂花圆子。在认识了桂花美食以后,我们还开展了秋天美食分享会,并且和大班的哥哥姐姐们一起分享了我们的美食和快乐心情。

捡落叶

今天的天气真好啊,我们一起去幼儿园的小树林找秋天吧!大家仔细看过幼儿园里的秋天有什么变化吗?兜兜说:"徐老师,树上的树叶掉啦,我看见阿姨早上一直在操场上打扫树叶。"晓晓说:"老师,秋天的时候树叶变成黄色的了。""那我们一起去找找秋天,一起去找找秋天的树叶吧。"我说。

孩子们拎着收纳桶来到了小树林,一起在草地上嬉戏玩耍。好多男孩子们用自己的小脚丫去踩一踩树叶。

"我们踩着树叶会发出沙沙沙的响声。"

"我想躺在树叶上睡觉。"

"老师,你看我找到的树叶是黄色的。"

"徐老师,我的树叶是红色的,而且是圆圆的。"

"我的树叶有黄色的,也有红色的,我在树叶下面还发现了一条小虫子。"

"我找到了好多好多不同的树叶呢!"

图2-1-161 看,树叶宝宝　　图2-1-162 红色的树叶　　图2-1-163 捡树叶喽　　图2-1-164 好多树叶

我们一起将树叶堆在一起。孩子们站在树叶中央。快要下树叶雨啦,大家一起来跳舞吧!孩子们一起将树叶捧在手心又洒落下来,和小树叶一起唱歌跳舞,一起做游戏。

小树叶真漂亮,变成了红色、黄色以后就会从树上飘落下来。孩子们一起收集了许多各种各样的树叶并带回了教室。

收集桂花

秋天很漂亮。在捡落叶的时候,我们闻到了池塘边的桂花树散发着香香的味道,在桂花树下还发现地上铺满了金黄色的桂花。

萌萌:"哇!好漂亮的桂花池塘啊,许多桂花洒在了水面上。"

娆娆:"池塘里的小鱼们是不是也很喜欢这些桂花呢?它们是不是带上了漂亮的桂花发夹?"

文文:"我用鼻子闻一闻桂花,好香好香啊!"

点点:"我好想把桂花变成漂亮的发夹戴在头发上。"

孩子们捡起桂花看一看,闻一闻。桂花的花瓣很小、很香。花瓣还是四瓣的,好漂亮啊!自从听了"小小鱼的桂花发夹"的故事以后,孩子们很想了解桂花,所以收集了许多的桂花拿回教室,一起挑出较好的桂花洗干净放在了盘子里,因为我们还要做香香甜甜的桂花小圆子呢。

图2-1-165 香香的桂花树

图2-1-166 落下的桂花　　图2-1-167 捡桂花喽　　图2-1-168 闻闻桂花香

桂花小圆子

孩子们收集了许多关于制作小圆子的材料和工具,今天我们要做桂花小圆子啦。

恒恒:"徐老师,你看我搓的小圆子圆不圆啊?"

豆豆:"我可最喜欢吃小圆子了,等会我要叫阿姨给我做两碗呢。"

茹茹:"小圆子里面加上桂花,就是桂花味的小圆子,如果加上牛奶是不是就是牛奶小圆子呢?"

图2-1-169　给小圆子加点桂花　　图2-1-170　搓汤圆　　图2-1-171　大家一起搓圆子

豆豆:"我最喜欢在小圆子里面加点草莓了,我觉得草莓小圆子也肯定味道很不错。"

搓一搓、揉一揉、团一团,我的小圆子就搓好了,一碗碗香甜的小圆子煮熟了,撒上白糖和桂花,味道可香了。

图2-1-172　桂花圆子下锅喽　　图2-1-173　好多小圆子

桂花美食分享会

桂花可以做香香甜甜的小圆子,还能做很多美味的食物呢。我们从家里带来了奶奶做的桂花糕、桂花莲藕,还有桂花馒头。也有的孩子带来了购买的桂花果冻、桂花糖等。

我们将带来的美食一一进行了展示和介绍。孩子们看到了那么多好吃的桂花食品都特别感兴趣。

远远:"我带来的是桂花糕,是奶奶亲手给我做的。它里面有面粉、桂花,还有糖。"

图2-1-174 邀请哥哥姐姐　　图2-1-175 好多桂花美食　　图2-1-176 迫不及待想吃了　　图2-1-177 哥哥吃得很开心

欣欣:"我带来了桂花果冻,里面有桂花。"

博博:"奶奶做的是桂花藕,这个味道吃起来香香甜甜的。"

萌萌:"我妈妈在超市买了桂花糕,这种桂花糕白白的,吃起来软软的。"

在开展桂花美食分享会的时候,我们还邀请了大班的哥哥姐姐们共同分享了美食。大班的哥哥姐姐们一同与我们品尝了桂花美食,我们向哥哥姐姐们介绍了有关美食的名称,我们还在一起合影留念了。

我们一起与秋天约会。我们看到了落叶飘落,一起和小树叶唱歌跳舞,一起去池塘边收集香香的桂花。我们看到的秋天是黄色的,我们闻到的秋天是香香的。我们喜欢这样的秋天。秋天不仅有好玩的还有好多好吃的。大家一起制作美食,一起分享这个美妙的秋天。

案例举例　"我分享、我快乐"之和我在一起(中班)

带着玩具上幼儿园

同伴是影响幼儿社会性发展的关键因素,在与同伴互动中培养幼儿的分享意识是非常有效的途径。分享行为意味着个体开始摆脱自我中心,接受他人与"我"共有某物的事实。中班幼儿正处于开始摆脱自我中心、关注周围的阶段。幼儿的分享行为主要包括分享实物、分享情绪和分享经验。我们要从这三个方面展开,让幼儿在各种形式的分享活动中结交更多朋友,习得与人相处的好方法,体验分享实物、分享情绪和分享经验带来的快乐。

玩具发布会

每个人都会有一个心爱的玩具。它是你的玩具,更是你的朋友。孩子们今天带着玩具来幼儿园了。跟大家分享介绍一下我们的玩具朋友：它长得什么样子，你和它发生过怎样的故事。

有玩具的陪伴可真好。一个人的时候，玩具陪着我们度过快乐的时光；有开心的事情，我们第一时间跟玩具分享；不开心的时候，我们抱着玩具好像得到了几分安慰。今天，我们聚在一起做一个更大的分享，这种快乐好像加倍了。

用你的画笔给心爱的玩具画一张画像，这是我的玩具宝贝哦！

图2-1-178　我给兔子画个像 　　图2-1-179　我给鸭子画个像． 　　图2-1-180　我给娃娃画个像

带着你一起体验幼儿园生活

幼儿园的生活丰富多彩，如做早操，做游戏，等等。我们想把每个环节都和玩具一起分享。

原来带着玩具做早操不是很方便，但是有人坚持带着玩具做完早操，感受到了陪伴的责任和辛苦。也有孩子一开始就选择让玩具在阴凉的地方坐着看着他做早操，他们觉得这也是一种分享和陪伴。

图2-1-181　带着娃娃做早操 　　图2-1-182　娃娃看我做早操 　　图2-1-183　小猴挂在我身上

当我们要学本领时，怎样既可以陪伴玩具，又不影响学本领呢？

图2-1-184　和娃娃一起看书1 　　图2-1-185　和娃娃一起看书2 　　图2-1-186　娃娃会看书

吃点心、午餐时，玩具怎么办呢？

图2-1-187　来，给娃娃喝点水 　　图2-1-188　我吃点心的时候娃娃很乖 　　图2-1-189　娃娃你想吃吗

午睡时，怎样让娃娃早点入睡呢？

图2-1-190　我们一起睡吧 　　图2-1-191　娃娃，午安

怎样让玩具开心地"上幼儿园"呢?

图2-1-192　娃娃，等我哦　　　图2-1-193　分享娃娃　　　图2-1-194　和娃娃一起玩滑滑梯

与你分享我的幼儿园

幼儿园里有很多有趣好玩的地方，你最想带你的玩具去哪里呢?

当带着玩具一起游戏，很困难、很累、很不方便的时候你是怎么做的?

分享陪伴，是去哪都记得带着你。

分享陪伴，是吃饭、睡觉也跟你在一起。

分享陪伴，是遇到有趣的事就要与你一起体验。

分享陪伴，是即使很辛苦也不放弃你。

分享陪伴，是不管你需不需要，你一直都在我心里。

分享陪伴，有时候有点麻烦，有时候有点辛苦，但是更多的时候却很幸福、很快乐。

图2-1-195　带娃娃散步　　　图2-1-196　一起玩滑滑梯　　　图2-1-197　一起爬上去

图2-1-198　带你去冒险　　　　图2-1-199　娃娃，你好　　　　图2-1-200　等我们哦

我们一起玩吧

每个孩子都陪伴自己的玩具一段时间了，也可以跟好朋友一起分享自己的玩具，这样就可以有更多的玩具跟我们一起玩了。

图2-1-201　这个机器人很酷　　　　图2-1-202　一起玩吧

图2-1-203　你听　　　　图2-1-204　一起分享

图2-1-205 娃娃也找到好朋友了

图2-1-206 我找到好朋友了

案例举例 "我分享、我快乐"之生长日记（大班）

春天来了

春天在孩子们的期盼中如期而至。大自然中的一切都充满了美好与神秘，嫩绿的新芽、含苞待放的花朵都深深地打动着每颗天真的心。天气渐渐变暖，小雨渐渐沥沥，万物开始复苏。小草冒出了青青的嫩芽，杨柳长出了细细的新叶。孩子们要走进幼儿园的每个角落寻找春天的足迹。我们要带上网兜、剪刀、小锄头去老鹰山上找一找，看一看，听一听，闻一闻，一起发现分享幼儿园的春天和山上的春天有什么不同，用绘画、手工等形式分享自己看到的春天。

春天的秘密

在户外游戏活动时，孩子们发现操场上摆放着的几个大水缸突然冒出了一些绿芽，原来是门卫爷爷在里面种的茭白，孩子们知道春天来了。

春天到了，我们发现周围有很多变化，可以一起去发现春天里不同的事物都藏着哪些有趣的事情。

曦曦："春天来了，春天来了，春天在哪儿呢？小花露出了笑脸小声说：'春天在这儿，春天在这儿。'"

纶纶："春天来了，春天来了，春天在哪儿呢？小草从土地里钻出来轻声说：'春天在这儿，春天在这儿。'"

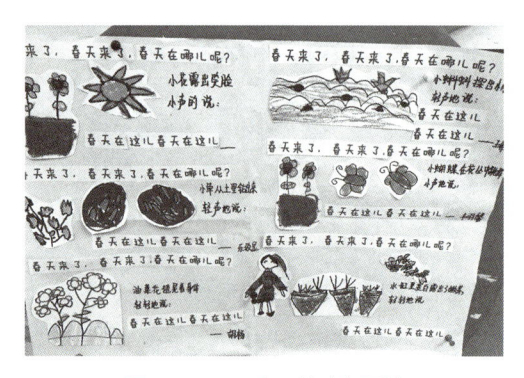

图2-1-207 春天的秘密图谱

奋奋:"春天来了,春天来了,春天在哪儿呢?油菜花摇着身体轻轻说:'春天在这儿,春天在这儿。'"

有的孩子来到草地上找春天,有的孩子来到小树林找春天,有的孩子来到池塘边找春天。

"我们发现春天了,池塘里的小蝌蚪密密麻麻的,开始出来游泳了。""我们看到春天了,小草开始变得绿绿的,越长越高了。""我看到在春天许多鲜花开放了,我们在阳光农场还发现了很多秧苗开始出土了。""我发现春天的天气真好啊,太阳公公照在身上,我觉得暖融融的,我们穿的衣服也越来越少了。""我们还发现自然角里养着的老乌龟开始慢慢爬出沙堆,出来晒太阳了。"大家在身边就找到了春天,了解了许多有关春天的变化和秘密。孩子们说的说,画的画,用自己的方式记录了自己找到的春天。我们喜欢这个朝气蓬勃的季节,喜欢这个充满希望和生机的季节。

图2-1-208　找找春天　　　　　　　　图2-1-209　记录春天的秘密

春天的山林

随着天气逐渐变暖,孩子们对户外的景色充满了期待。我们讨论着去外面看一看山林里的春天。通过讨论,我们决定去老鹰山进行一次寻找春天的旅行。

妍妍:"我们要带一些工具,我想去抓蝴蝶,所以我要准备一个网兜。"

佳佳:"我想收集很多的松果带回教室做一些美工作品,我从家里带一个袋子就好了。"

健健:"我们要带上放大镜、剪刀、桶和铲子,万一我们可以挖一些草回来呢。"

那就让我们带上物品一起出发,去老鹰山探秘吧。

在山林里,我们看到了高大挺拔、郁郁葱葱的大树。孩子们一起高高兴兴地走在路上，寻找着自己眼前的春天到底有些什么。

男孩子们喜欢走山边的小路，对山两边的植物特别感兴趣。皓皓和然然还拿出了工具在山腰上挖起了野菜。健健看到这有趣的一幕也加入了他们的队伍，拿着小锄头当起了"小农民"。奋奋研究起了路边树上的小果子，不时地问我："老师，你看这是什么果子，它有毒吗？它在秋天的时候会成熟吗？"

女孩子们的兴趣点和男孩子们又有些不太一样，佳佳、妞妞特别喜欢收集树上掉下来的松果。函函看到了山边有许多掉落的松针和树叶，轻轻地拾起，拍干净后装进了自己的"百宝箱"里。

孩子们喜欢提问，对于植物的成长变化或者自己发现的事物都会问我。当然对于许多东西，我也不太明白。我们一起用手机拍照，记录了许多有趣的植物，等回到教室我们继续讨论。

最后我们唱着《春天在哪里》回到了幼儿园。回来后，我们对老鹰山之旅进行了绘画。

图2-1-210　找找春天在哪里 　　　图2-1-211　仔细找春天 　　　图2-1-212　春天在哪里

春天的畅想

我们收集了一些有关春天的松果、树根、叶子等。大家欣赏了有关春天景色的课件、作品后，还提供了许多材料，如彩色卡纸、旧挂历纸、皱纸、纽扣、吸管、珠子、松果、麻绳等。

在分享展示有关春天的图片后，大家一起观察、思考、讨论，集体分享春天还会有些什么景色。大家选择自己喜欢的彩色卡纸，把自己想象中的景象，如小草、小花等画在纸的背面，然后用各种辅助材料与其他的图案组成新的画面。有的孩子创造出春天各种事物，用粘贴的方法拼接成一幅美丽的春天的景象。最后，我们还将所有的作品展示在了教室的展示区。

图2-1-213 春天畅想1 　　　　图2-1-214 春天畅想2 　　　　图2-1-215 春天畅想3

春天分享会

现在，孩子们最期待的事情就是踏春啦，户外的大自然就是孩子们学习的自由空间。趁着春暖花开，孩子们可以一起去踏春、放风筝、采茶叶、抓蝌蚪、野餐。美丽多彩的大自然让大家感受到了春天的气息和快乐，也激起了每个孩子的好奇心和探索欲望。孩子们通过观察发现了许多有关春天的秘密和有趣的事情。

显显："可以在公园里放风筝，特别有趣。"

旸旸："可以去很远很远的地方，可以去田里踩泥巴。"

昊昊："春游啦，我可以叫妈妈给我准备许多好吃的。"

邵邵："我们可以欣赏优美的风景，可以将美景画下来。"

萱萱："我们可以露营，可以在树林里荡秋千。"

锴锴："我最喜欢野餐了，有许多好吃的零食。"

图2-1-216 踏春可以做什么 　　　　图2-1-217 春游时的准备 　　　　图2-1-218 游玩时要注意什么

家家："在春游时和老师、小朋友一起做游戏也特别开心。"

讨论完了在春天能做什么以后，大家对要准备的物品也进行了讨论。有的孩子说出门最重要的是带书包、零食和水，有的孩子说春游的时候要带画笔、画板还有收纳桶，有的孩子还提醒伙伴们不要忘了带纸巾、垃圾袋。最后因为要外出活动，孩子们还对安全问题进行了讨论。大家都知道外出活动不像在幼儿园那样安全，得遵守更多的规则，还要学会如何保护自己，帮助同伴。

春游啦

大家期待已久的春游活动终于到来了。这一天天气特别好。孩子们都带上了自己准备的小书包、水壶、收纳桶，穿着简便的运动服、运动鞋，排着整齐的队伍走在蛟山公园。大家发现春天的公园生机勃勃，池塘里原来枯萎的荷叶也慢慢开始生长了，树林里的树木也开始变得茂盛起来。

西西："春天里最有趣的一天就是春游啦。春天的风景可真美。"

磊磊："你们看，小蜜蜂、小蝴蝶也开始采花蜜了，它们肯定也最喜欢春天了。"

函函："我想让老师给我拍张照片，在这么漂亮的地方拍张照片肯定特别好看。"

图2-1-219　和春天合影了

图2-1-220　分享美食

图2-1-221　放风筝喽

多多："树林里的树那么高大，有人会爬到树上去吗？"

杨杨："我们得赶紧找个好地方一起做游戏，我都迫不及待了呢。"

我们在小桥边合影留念，在草丛里荡秋千、放风筝、画画、跳舞、做游戏。最开心的当然是分享美味的午餐啦，许多孩子都拿出了自己的美食与老师同伴一起分享。有的孩子负责铺垫子，整理物品；有的孩子负责扔垃圾。

在这个美丽的春天，我们不辜负春光，一起发现了大自然的美妙神奇之处。我们分享了对大自然的发现，分享了自己知道的春天的秘密，还分享了有关春天的快乐，如一张漂亮的画，一首春天的歌。

附：童画解读

钩钩："春天来了，小熊睡醒了，从树洞里钻出来了；桃花变红了；天气也暖和起来。小朋友们都喜欢到户外去踏春，我最喜欢和小朋友一起去春游啦！"

函函："在老鹰山上，我看到了树叶变绿变多了，听到了小鸟唱歌的声音，闻到了花香，还摸到了小草小树。春天天气变得暖和了，我又可以穿上美美的春装啦！"

佳佳："大自然是我们人类和动植物的家，我们要保护森林，不能乱砍伐树木。我们应该多去山上看护树木，给大树浇浇水、除除草。"

图2-1-222　记录春天的变化

图2-1-223　探索春天后的记录

图2-1-224　保护环境该怎么做

> 案例举例　"我分享、我快乐"之我来帮助你（大班）

弟弟妹妹，大型建构我教你

大班的孩子们经过两年的学习生活，各个方面的能力都有了很大的提高。在情绪情感的表达、情绪的调节、物质与经验的分享等方面都比小中班的孩子们要强很多；而且在自身能力提高的同时，大班的孩子们也可以将自己掌握的技能分享给其他人。我们讨论可以将什么经验分享给中班弟弟妹妹的时候，孩子们纷纷选择了大型建构，因为这是他们擅长的事情。怎样让弟弟妹妹能够学会呢？孩子们又纷纷讨论了起来。

建构计划，我们一起来制订

孩子们都说自己最厉害的本领是大型建构，怎样让弟弟妹妹也能学到我们的经验呢？得做哪些准备呢？

萱萱："我们先得做好建构的计划。"

可可："那我们可以选用哪些主题呢？未来世界、城堡乐园、各种各样的马路……种类太多了，该怎么办呢？"

航航："我们可以举手表决，少数服从多数啊，大家觉得怎么样呢？"

这个提议得到了大部分孩子的赞同，接着孩子们就进行了举手表决环节，最终投票决定将"未来城市"作为本期搭建的主题。进入设计环节后，每组设计自己想建造的建筑。首先画好建筑，然后将上面的建筑物剪下来贴在事先准备的大图纸上，并贴在自己组相应的位置上。我们还邀请了几位设计师介绍自己的设计理念及建构的要点。

慧慧："我想要设计的未来城市会很高很高，就像个城堡一样。交通特别发达。"

图2-1-225　绘制建构计划图　　　　图2-1-226　设计图出来了

图2-1-227　合作绘图1

图2-1-228　合作绘图2

图2-1-229　设计图汇总成功了

图2-1-230　分享一下设计思路

壮壮:"我设计的未来城市很漂亮,到处都会有绿色植物,这样我们的空气会很清新。"

孩子们继续完善自己的设计,一起讨论,一起补充,互相激发。

我来教你看图纸

弟弟妹妹终于来了。孩子们带领弟弟妹妹参观我们的班级,观看我们的建构图册。看着图册里壮观的搭建,弟弟妹妹竖起了大拇指。

要进行搭建,首先得需要一份图纸。孩子们都已经设计好了,要教弟弟妹妹一起看图纸。瞧,这就是我们的图纸,我们的主题是"未来城市"。未来城市里会有很多房子,各种形状的建筑物,有的是高高的,有的是圆圆的,也有的是不规

图2-1-231　分组制作队标1 　　　　　　　　图2-1-232　分组制作队标2

图2-1-233　先认识一下妹妹 　　　　　　　　图2-1-234　给弟弟妹妹讲解设计图

则的。未来城市也会有很多马路，马路上会有很多车辆，有大卡车、小轿车、大吊车，只不过它们都有属于自己的马路，这样就不会造成车辆拥堵了。

两两结对的孩子们还做好了各自的队标，以便于活动的时候对号入座。

我们一起行动喽

今天天气晴好，正适合大型建构。孩子们早早地来到了操场上，只是中班的孩子们有些疑惑："未来城市"从何搭起？

乐乐："妹妹，我们一起去拿长条木块吧。我们多拿点，可以搭个桥梁。1、2、3、4、5、6……我们一起扛着走吧。我们可以把长条木块在方形木块上，这样就能搭建出桥梁了。在平铺长条木块时，我们需要摆放整齐些，不然桥梁就要塌掉了。"

蕊蕊："弟弟，我们可以用木块搭建高高的房子，还得给房子装个大大的门，这样很多人才可以进得去。我来教你一起搭。我们可以选用同样的木条进行拼搭，可以运用架空的技能。这个技能很棒，搭建出来的东西也很漂亮。我们还可以找些半圆形的积木，给房屋盖个圆顶。"

搭建活动正在进行着。今天孩子们不仅照顾着弟弟妹妹，更多的是传授给他们很多搭建的技巧。最后大家一起参观，共同合影留念。

燕燕："我觉得很开心，因为今天弟弟妹妹和我们一起搭建。他们有什么不懂的，我们都会去帮助他们，所以我们觉得很开心。"

琪琪："我也觉得特别开心，弟弟妹妹不会垒木块，是我教会他们技巧的。"

图2-1-235 妹妹给我递积木

图2-1-236 弟弟，我们一起盖屋顶

图2-1-237 妹妹，这样搭哦

图2-1-238 弟弟也很能干哦

天天："今天搭建的人特别多，不仅仅有同伴们，还有弟弟妹妹们，我觉得特别热闹，弟弟还会帮我一起拿积木呢。"

乐乐："我带了一个小妹妹，她胆子小，不敢去拼搭，我一直在帮助她，最后在我俩的共同努力下终于成功了。"

奇奇："妹妹太矮了，够不到上面的积木，我就搬来了一个梯子，扶着梯子让她爬上去搭建，她觉得很开心，我也觉得很开心。"

图2-1-239 妹妹，跟紧我

附：学习故事

建筑工地上的小故事

观察时间：2017-10-20

观察对象：大六班、中六班

观察者：徐秋雁

故事现场

大型建构游戏开始前，我们带着自己制作的队牌一起去找中班的弟弟妹妹，给他们贴上了和我们一样的队标，这样我们就很容易就找到自己的团队啦。大家一起大手牵小手来到了操场，准备开始一起建构大型玩具。

旸旸一直带着中班的妹妹，每次去搬运积木时总是耐心地提醒："小妹妹，你跟着我，看着路。搬积木时你来搬小的，我来搬大的，因为我的力气比你大。"有时候两个人一起拉推车，一起将积木搭起来。妞妞也是一个贴心的小姐姐，一直让妹妹在前头，自己跟在妹妹后面。当妹妹有问题时，她总会不厌其烦地帮助妹妹解决。在游戏中，邵邵还一直带着中班的弟弟，引导他如何建构。有一次一块很重的木块差点滑下来，邵邵看到了以后，马上教弟弟要换一个方向搭建。

这里发生了什么样的学习

在这次游戏当中，大班的孩子第一次带着中班的孩子进行这样的大型建构经验展示活动，所以活动主要体现的还是孩子们相互合作、相互帮助、相互讨论的过程。大班的孩子俨然成了一个小大人一样，基本上都是全程陪同中班的孩子，不仅能够投入游戏当中，而且在搭建的同时能够照顾比自己小的弟弟妹妹。有的孩子变得更加小心

图2-1-240　先跟妹妹交个朋友　　　　　图2-1-241　妹妹也很能干

翼翼；有的孩子在弟弟妹妹前自信了不少，不仅能够自己投入搭建游戏中，而且能够指导弟弟妹妹。

机会和可能性

　　游戏让不同年龄的孩子们聚在一起，能给他们无限的惊喜与收获。混龄游戏不仅让孩子们体验了新鲜感，而且让不同年龄段的孩子们收获了很多。大班的孩子可以更自律、更自信，中班的孩子也可以学到更多的技能技巧。

附：童画解读

　　妞妞："我设计的房子是城堡屋，房子的造型就像城堡一样，外面还有很多的围栏。"

　　萱萱："我设计的房子是现代式的高楼，这个房子由很多空中走廊组合在一起，我们在很高的地方也可以去其他楼房。"

　　杨杨："我设计了很多别墅房子，这些房子有高有低，小区里面有公园和围栏。"

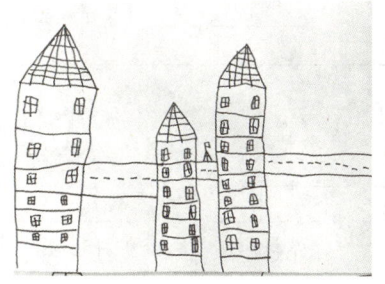

图2-1-242　设计图——城堡　　　　图2-1-243　设计图——高楼大厦　　　　图2-1-244　设计图——小区

第二章 拓展性户外活动

拓展性户外活动以创造、合作、共享为主旨，旨在发展幼儿的社群意识，让幼儿在各项活动中学会共同生活、团队合作，能积极融入群体，积累户外活动的经验，形成良好的运动品质及身体运动技能。

项目以"拓展空间""建构社群""渗透情绪"为组织的关键，为幼儿提供更广的教育空间，让他们有机会走出教室，走到操场，走向社区，走进公园，走入山林；让他们能够在无限宽广的空间自由地游戏和学习，并利用丰富多元的材料研究和创造，学习交流与合作，感受自己的快乐情绪。

项目力求实现以下四方面的目标。

首先，能积极融入群体，与同伴友好相处，用正确的方式与同伴沟通交流，体验与群体共同生活、游戏的快乐，愿意与同伴合作挑战各种困难，学习分配角色和任务，尝试合作解决难题，共享活动成果。

其次，能根据生活经验大胆想象，积极运用各种工具、材料进行观察、研究、创造，并能够用自己的方式再现或表达活动的过程与结果。

再次，积极参加各项户外活动，拓展户外活动的经验，有良好的运动品质及身体运动技能，增强对外界环境的适应能力，体验户外活动带来的成就感，增强自信心。

最后，认识大自然中的各种事物，感受大自然的美，对大自然中的万事万物都充满兴趣，萌发探究大自然的愿望，产生热爱、保护大自然的情感，调节自己的心情，并能与同伴共情。

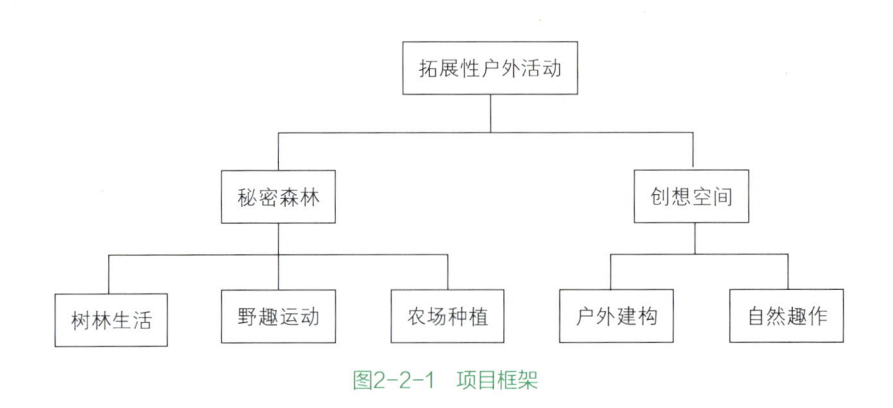

```
                    拓展性户外活动
                   ┌────────┴────────┐
                秘密森林            创想空间
           ┌──────┼──────┐       ┌───┴───┐
         树林生活 野趣运动 农场种植  户外建构 自然趣作
```

图2-2-1 项目框架

我们在实施项目活动的过程中积极整合幼儿园周边的环境，利用周边山林、社区、公园等自然资源和社会资源，根据幼儿的兴趣及项目的要求选择合适的内容，拓展更广阔的教育空间以满足幼儿自由活动的需要。我们鼓励幼儿主动学习，重视幼儿的主体地位，创设机会让幼儿自己设计活动的内容、形式、场地等，引导幼儿大胆表达自己的设想，关注幼儿在活动中根据计划安排活动的能力，注重多领域目标的融合，因此虽每一个活动都有主要的领域发展要求，但在设计具体内容的时候，需兼顾除主领域以外其他领域目标的渗透。课程的落实必须重视幼儿全面发展的需要，同时关注幼儿的经验，并以此作为架构内容的依据，让每一个幼儿在活动中能运用自己的经验，让每一个活动为幼儿后续的发展做好铺垫。

项目一　秘密森林

　　大自然作为所有生命赖以生存的场所，赋予了幼儿丰富的资源。在大自然的怀抱中，幼儿可以把一切事物作为活动的载体，或是去发现山野里的草、树、昆虫、土壤，探究动植物的美及其生存智慧，与树木做朋友，与昆虫约会，与小草嬉戏，开启一场又一场探秘之旅；或是在自然中快乐奔跑，自由嬉戏，爬树，走不寻常的路，爬山坡，野营，挑战自我，释放热情。幼儿与大自然有着天然的联系。秘密森林活动能够让幼儿释放自然本性，与动植物共享自然。

　　秘密森林吸纳更多的教育空间和资源，注重幼儿的生活实践和经验积累，支持幼儿更多地用动手做的方式来学习，让幼儿在无限遐想的空间中运用丰富充足的材料自由创作，独立表现，萌发创新意识，最终获得自我认同。

　　秘密森林项目包含树林生活、野趣运动和农场种植三个活动，每个活动各有自己的核心价值，但又遵循同样的课程思想。每一个活动都是灵动的、丰富的、充满趣味的，符合幼儿的天性，能为幼儿提供充足的成长营养和多维度的体验平台，促进幼儿的自然生长，使幼儿积极融入群体，在项目活动中打开幼儿的眼睛和心灵。

一、项目目标

　　第一，走进大自然，了解大自然，探索大自然，发现大自然与我们生活的密切关系，尝试运用多种感官去感受大自然的奥秘，用自己的方式记录探索的结果，在亲近大自然、观察大自然的过程中萌发保护大自然的情感。

　　第二，初步了解不同环境下人们生存的各种技能，在体验活动中探索各种野外生活的方法，积累一定的野外生活经验，学习使用一些野外生活的工具，大胆表达自己的想法。

第三，能考察地形，会根据不同的地形做出相应的运动计划，并根据计划选择场地、器械、着装、同伴；在野趣运动中愿意与同伴合作挑战各种困难，尝试合作解决难题，能够坚持完成自己的任务，提高耐力和对外界环境的适应能力，增强身体的协调性、灵敏性。

第四，认识各种蔬菜，初步了解几种常见蔬菜的生长过程和生长形态，学习使用各种工具进行劳作的方法，愿意大胆探索蔬菜的生长过程和不同的生长形态，能够观察与比较几种蔬菜之间的区别，并尝试制作相应的记录表，善于在观察蔬菜的过程中发现问题，寻求解决策略。

第五，培养不怕困难、坚持不懈、勇于挑战的品质，体验树林生活、野趣运动、农场种植带来的快乐，增强责任心和自信心。

二、项目体系

具体活动	活动说明	核心价值
树林生活	树林生活包括自然笔记和野外生活。自然笔记侧重于幼儿的了解、观察与分享，野外生活侧重于幼儿的适应、探究和创造。	尝试运用多种感官去感受大自然的奥秘，用自己的方式记录发现探索的结果，在亲近、观察大自然的过程中萌发保护大自然的情感。 在体验活动中探索各种野外生活的方法，积累一定的野外生活经验，感知自然环境与人类生活的密切关系。
野趣运动	野趣运动是指借助户外场地及相关的事物，唤起幼儿的运动热情，发展幼儿的体育技能，使幼儿养成良好的运动品质。	拓展野趣运动的经验，知道可以在自然环境中做哪些运动，以及在运动中的注意事项；喜欢参加野趣运动，养成不怕困难、坚持不懈的品质，体验野趣运动带来的成就感，增强自信心。
农场种植	农场种植在于提供机会让幼儿在幼儿园的种植园地参与力所能及的劳动，主要包含蔬菜生长实验和蔬菜种植养护。	了解几种常见蔬菜的生长过程和生长形态，认识劳动的工具，知道如何正确使用不同工具；大胆探索蔬菜的生长过程和不同的生长形态，了解蔬菜生长与环境和人们生活的关系。

三、项目实施要点

第一，项目的核心价值在于让幼儿有机会亲近自然，记录自然，适应自然，以创造、合作、共享为主旨，发展幼儿的社群意识。

第二，项目关注幼儿的兴趣及经验，从幼儿的需要出发，生成各个计划，丰富幼儿的经验、情感和感受，将每一个活动都进行延展和渗透，多线开展，层层推进，支持幼儿的深度研究。

第三，项目的表现形式需要体现幼儿的创作、合作、共享，能够创设机会与平台让幼儿多元表达，并与同伴分享经验。

第四，项目活动中的内容举例为各班级在实施项目活动时提供了参考，班级教师可以根据目标、内容框架和核心价值对具体的内容进行选择和调整，根据幼儿的兴趣和季节的特点及天气情况重新架构，使课程始终紧贴幼儿的发展，紧随幼儿的兴趣。

> **树林生活**
>
> 一百种世界，等着我们去发掘
> 一百种世界，等着我们去创造
> 一百种世界，等着我们去梦想
> 越放手，越探究，越发现，越感动
>
> 我们的每一句话，每一个计划，每一个行为
> 都来自丰润的内心
> 见证每一个丰润自我的长成
> 像美丽的三角梅
> 在天地间舒展枝干，绽放花叶

秘密森林之树林生活

树林生活属于拓展性户外活动中的秘密森林项目。我们理解的森林、树林都是广义的，可以是森林，是山野，是池塘，是公园，是社区花园……秘密森林是走进大自然，根据幼儿自身的需要和兴趣选择场地、时间、内容、形式的一种活动。

树林生活指向自然笔记和野外生活两个方面。自然笔记侧重于幼儿了解、观察与分享，野外生活侧重于幼儿适应、探究与创造。在实际活动中，两者又是相互联系的。我们认为，幼儿的学习是以直接经验为基础，在游戏和日常生活中进行的。我们要珍视游戏和生活的独特价值，创设丰富的教育环境，最大限度地支持和满足幼儿通过直接感知、实际操作和亲身体验获取经验的需求。树林生活通过让幼儿了解自然、亲近自然、适应自然及自由创造与表达，解放他们的头脑、双手、眼睛、嘴巴，培养幼儿的创造力，让他们尽兴地玩，尽情地尝试，在与同伴的合作中共享经验，共享成果，成为真正意义上的学习的主人，敢想，敢做，敢创造。

表2-2-1 树林生活内容举例

类别	内容框架	具体目标	内容建议	活动要点
自然笔记	四季物语	1. 了解自然现象与人类生活的关系，通过实践操作寻找答案，对四季的变化感兴趣。 2. 尝试运用多种形式记录表达自己与同伴发现和探索的结果。 3. 和同伴一起发现并分享周围的事物或现象。	云的语言：自然现象，云朵畅想。（观察云朵的变化，知道云朵变化与天气之间的关系，运用为天空写诗的形式，感受大自然的美） 向太阳致敬：太阳的秘密，找影子。（太阳光下放大镜聚焦，了解太阳的特征及其与我们生活的重要关系） 雨从哪里来，雨中的树林。（通过观察雨的自然现象，探究雨形成的奥秘） 风的奥秘。（通过感受体验，初步了解风的成因及其与我们生活的关系）	在经验的基础上，帮助幼儿建构新的知识。 保证时间和空间，在课程实施过程中为幼儿创造观察与探索的机会，带领幼儿到户外观察周围的事物，让他们亲近自然。 处理好预设与生成的关系，关注幼儿活动的热点，及时根据幼儿兴趣派生新活动，观察幼儿在活动中的记录，并进行归总梳理。
	揭秘自然	1. 在观察中发现动植物的外形特征和习性与生存环境的关系，尝试运用放大镜、拓印材料等工具观察、比较两种相近物体之间的区别，并梳理经验，尝试用语言完整表述自己的发现。 2. 用各种美工材料对这些自然材料进行组合、拼贴，借形想象，与同伴合作完成一幅自然材料的作品。 3. 展示自己的作品，与同伴共享创造心得。	树林里有什么，树叶的秘密。（了解树林里有很多有趣的东西及树叶有很多秘密，通过观察雨滴落在不同叶面上呈现的现象探究树叶的秘密） 树林宝贝之花叶果石。（了解秋天树林里的花卉、树叶、果实、石头等自然物的特征与秘密） 我给大树穿衣。（调查了解大树过冬的问题，合作给大树穿衣，能够使用多种材料及工具，知道保护大树的方法） 有趣的昆虫。（观察蜗牛、蚯蚓、蚂蚁，能用各种工具记录对昆虫的发现） 树林的约会，雨中的树林，树林大闯关，树林水枪大战。（体验在树林中开展多样游戏的快乐）	借场地：带幼儿到幼儿园周边的山上、公园中寻找自然资源。 引资源：引导幼儿在不破坏自然资源的基础上及时收集自己所喜欢的自然材料。 启探究：借用记录的方式让幼儿及时梳理自己的发现，鼓励幼儿与同伴交流自己的发现，并与同伴合作完成一件事物的探究任务。 拓操作：在课程实施过程中为幼儿提供较多的材料及操作的形式，让幼儿根据自己的需要进行选择，将幼儿放入大自然或者幼儿园中，放飞他们的创意。

续表

类别	内容框架	具体目标	内容建议	活动要点
野外生活	野外准备	1. 初步了解野外生活的必需装备和野外生存的环境，学习使用一些简单的野外生存工具，提高生活的技能。 2. 能与同伴合作完成野外任务，学习分配任务，享受野外生活的趣味。	野外装备：基本装备。（收集了解野外生活的必要装备及用途，如穿着、必带物品及小小科学家探索工具） 野外取火用哪种木材：灶台乐。（在野外寻找适合取火的材料，知道干燥易燃的自然物适合取火，通过搭建灶台了解野外生存的技能） 野外生活安全小贴士：小小指南针。（了解指南针在野外生活中的重要性，学习指南针的正确使用方法）	活动按计划、实施、回顾三部曲实行。 计划：1. 谈话活动：观看视频，调查收集材料；2. 实践操作：指南针的使用（寻找方向）；3. 模拟演练：搭灶台（了解取火的方法）4. 制订野外生存计划。 实施：野外活动，场地为幼儿园周边公园、小山。 回顾：分享与同伴野外生活的经验和心情，并为自己本次活动留下美好的画面和回忆。
	野外挑战	1. 知道野外游戏的注意事项，丰富野外游戏的经验，有自信勇敢、勇于面对困难、坚持不懈的良好行为品质。 2. 能够遵守游戏的规则，懂得保护自己和他人，在游戏中积极克服困难，尝试同伴携手完成各种挑战。 3. 能够将自己的游戏心得进行记录和表述，借用故事的形式与同伴分享。	可食用的野草，快乐野餐。（到野外寻找各种可食用的野菜和野果，如摘覆盆子等） 树林捉迷藏，寻宝，野外的一天。（利用自然界独特的环境，结合传统游戏捉迷藏，感受野外游戏的快乐） 树林的约会。（雨中的树林、树林水枪大战、树林大闯关） 攀岩小能手。（徒手攀爬或借助绳索等工具攀爬，克服野外环境中遇到的困难）	活动按计划、实施、回顾三部曲实行。 计划：1. 谈话活动，整理适合野外游戏的内容及注意事项；2. 为野外游戏准备适宜的着装；3. 模拟演练，较难的游戏事先在园内进行练习；4. 制订野外游戏的计划。 实施：野外游戏，场地为幼儿园周边公园、小山。 回顾：分享与同伴进行野外游戏的经验和心情，想象还能够拓展哪些内容，下一次进行野外游戏的时候还能准备什么材料，并为自己本次野外游戏画一幅画，编一个故事，与同伴分享经验和心情。

| 案例举例 | 自然笔记之揭秘自然

树叶的秘密

秋天最明显的季节特征就是叶子了。一到秋季，我们就能看见路边随处可见的落叶，也能发现树叶变成不同的颜色。孩子们也有许多疑问：树叶怎么都掉了？有的树叶怎么不会掉，还是绿绿的呢？树叶上为什么有洞？树叶上一条条的线是什么？树叶掉了还会再长吗？

与秋叶相遇

到了山脚下孩子们脸上都露出了笑容，看着小道两边，小手指着边上的树，相互交流着："哇，好高的树。""快看，这里有小花！"队伍中传来孩子们惊喜的声音。我们顺着台阶向上走着，发现边上有一颗大铁树。于是我问道："孩子们，看，你们认识这棵树吗？""老师，我知道，这是菠萝树。"程程大声地说道。边上孩子们都笑了："菠萝树，好好玩。""为什么没有菠萝呀？"孩子们开始你一言我一语。"这是铁树，你们看看铁树的叶子有没有什么不一样。""好大呀这个叶子。""这个叶子上面有一根一根的。""这个是刺，手碰到会很疼的。""摸摸看，它的叶子摸起来怎么样？""好硬啊。""老师，我觉得可以当扇子。"

短暂的停留后我们继续前进："老师，这里有蘑菇。"泽泽叫了起来。边上的孩子们站在台阶边上张望："哇，好多蘑菇呀。""小蘑菇白白的。""老师，你看，这里还有一个黄色的蘑菇，好漂亮呀。"孩子们的讨论声络绎不绝。我问："这些蘑菇可以吃吗？"孩子们摇摇头。我说："一般这些小蘑菇都会在下过雨后长出来，

图2-2-2 寻找落叶　　图2-2-3 你看，落叶　　图2-2-4 背上箩筐找落叶

在树林里看到的蘑菇,我们不能轻易去摘,更不能吃,特别是颜色鲜艳的蘑菇。"

孩子们点点头,小心地踏进蘑菇边上,蹲在地上仔细地观察起来。与蘑菇道别后我们继续前进。到了拐角处,队伍停了下来。我请孩子们仔细听:"听听有什么声音?"山林里一下子安静下来,只有鸟叫虫鸣。"你们听见了哪些声音?""老师,我听见了知了在叫。"浩浩说。"对,还有吗?""还有小鸟叫,可好听了。"萱萱也抢着说。"是的,有很多小鸟住在这里,还有一些小虫子的叫声,一会儿仔细听听。"

孩子们继续往前走,一路上发现了许多东西,有狗尾巴草,有小野花,还有松果,一边走一边拾捡了许多放进了背篓里。

"这里还有许多不同的树,有好多黄色的树叶,好漂亮!""这个树叶好大啊,快看。"涵涵和泽泽发现了不同的叶子。"这叶子上面有好多洞洞,肯定是毛毛虫咬的。""老师你看,我把它这样放在脸上,像面具一样。"泽泽拿着洞洞树叶盖在脸上,孩子们都笑了起来。"我觉得这个树叶有点像一个灯。"对着树叶孩子们又开始七嘴八舌起来。还有孩子说:"大树叶像扇子,可以扇风,太凉快了。"他们一边摇着叶子一边大声说着自己的发现。

队伍慢慢前进,不断地有孩子到我跟前来告诉我他发现。"老师,我找到了锯齿状的叶子了,还有椭圆形的。""你的新发现太棒了,请你继续找一找。"

我们已经绕过半山,准备往下走。长长的小道上,孩子们有的蹲在边上,有的停驻在他们感兴趣的小野果前,有的在捡满地的松果,有的继续寻找不一样的叶子。

"老师,看,这是什么?""这是蒲公英。"孩子们一听都围了过去,有些孩子还对着蒲公英吹。

图2-2-5　像扇子的落叶 　　　图2-2-6　好多洞洞的落叶 　　　图2-2-7　被毛毛虫咬过的落叶

走在边上的馨馨也有了新发现:"你们看,我找到了一个像南瓜一样的树叶。"我也走了过去。果然,路边爬着几条枝蔓,上面有嫩绿的叶子,确实长得很像南瓜。孩子们又好奇了,一起蹲在边上仔细看。"它是长在地上的,没有长在树上。"妍妍说。"它好长啊,到里面去了。""这跟我们看到的叶子有点不一样。""老师,这是什么叶子啊?"孩子们不停地开始询问。我们拍下了它的样子,准备回教室再讨论。

图2-2-8 像南瓜的叶子

在下山的路上,孩子们还发现了许多红色、紫色的小果子,还有许多不同形状、颜色的树叶。一路上,孩子们不停地发现、寻找。树林让孩子们有了丰富多彩的认识。

回到教室后,孩子们迫不及待地把背篓里的树叶拿出来,有松树的树叶,有樟树的树叶……

"树叶上有什么?"在我问了以后,孩子们仔细翻看树叶。"有细细的线。""有很多,一条一条的。"这是孩子们的发现。"对,这些线有一个好听的名字,叫叶脉。"

"能用什么方法把树叶留下来,可以清楚地看见上面的脉络呢?"我继续问。

"做成书签。"

"画下来。"

孩子们想着不同的方法。

"今天我们来学一种新的画法,叫拓印。"

在介绍完方法后,孩子们开始选择自己喜欢的颜色、树叶进行拓印。孩子们的操作很有序,选择自己想要的树叶,用笔在树叶的背面刷上颜色,再小心地印在纸上。拿起树叶看到纸上的树叶拓印后,孩子们惊喜地叫道:"你看,我成功

图2-2-9 拓印树叶　　　　　图2-2-10 拓印叶脉

了。""老师，你看我印好了。""我的这个树叶好漂亮。"

孩子们还可以选择喜欢的颜色，一种印完后还到其他组去印。不同的树叶，不同的颜色，可以印出漂亮多彩的叶脉纹路。

一封树叶信

婕婕捡到了树叶对我说："老师，我捡到了漂亮的树叶，是尖尖的。""真的很不错，漂亮。"她很高兴，拿着树叶继续分享给其他的同伴看。其他的孩子也来告诉我他们捡到的树叶。

"老师，这是我捡到的。"

"老师你看，我捡到了红色的树叶。"

"这是黄色的，我的树叶最大。"

孩子们都把自己捡到的树叶递到我面前并大声地告诉我它们的不同。

"是的，真棒，看看这些树叶，我们可以做些什么呢？"我的问题引发了孩子们的思考。他们拿起树叶来回看，有的放在脸上，有的当扇子扇。

"老师，我想给叶子画点画。"萱萱说。"这个主意很不错，你可以试一试。"几个孩子拿出带来的记号笔，蹲在了地上，开始在叶子上画画。我用相机记录他们的笔记，有花朵，有房子……

"我们可以写一封信。"这是程程的提议。"嗯。想一想，你想给谁写信呢？"我觉得这个建议真的很好，让孩子们想一想可以给谁写信，可以写些什么。有的要送给爸爸，有的要送给妈妈，有的要送给好朋友……

孩子们画得很认真。我看见涵涵画了一个爱心，问她什么意思。她说这个爱心是告诉妈妈表示她很开心。鑫鑫画了许多的花，她说："我在这里看见了许多的桂花，很香的。"硕硕说："我在上面画上了数字。"

图2-2-11 捡落叶　　　　　　　　图2-2-12 我捡的落叶可以写树叶信

一封树叶信

我给大地写一封信，谢谢你孕育生命。
我给小花写一封信，谢谢你带来芬芳。
我给大树写一封信，谢谢你让小鸟歌唱。
我给爸爸妈妈写一封信，谢谢你们爱我。

图2-2-13　我给大地写一封信 　　图2-2-14　给小花大树写一封信 　　图2-2-15　给爸爸妈妈写一封信

雨后的叶面

　　孩子们准备好雨具、放大镜、探险桶，去户外感受雨后叶面的不同。我们将孩子们分为三组，各带领一队，对分散在各处的叶子的叶面进行观察。

　　一部分孩子率先来到荷花坛旁，坛子里有荷花和睡莲花。他们欢呼："快看，好多叶子呀！都是圆圆的！"这时候孩子们用手摸摸亭亭的荷叶，又摸摸下方簇拥在一起的莲叶。"都挺滑的。""刚刚我们摸了荷叶和莲叶，发现有的叶面摸上去滑滑的。为什么有的叶面摸上去感觉滑滑的呢？不同叶子的表面有没有不同呢？叶子会有什么秘密呢？"我说。

　　孩子们听了我的话，纷纷拿出放大镜，透过镜面仔细地搜寻什么。"没有不一样呀！"孩子们都没有发现叶面不一样，一致认为两种叶面是相同的。没错，莲叶和荷叶本来形状就很相似，加之混合在一起就更加分不清了。真的是一样的吗？怎样才能让孩子们快速发现其中的奥秘呢？我随手撩了一下水，水珠在荷叶和莲叶上翻滚。

　　田田小朋友看到了，也试着用手撩水到荷叶上："哇！快看水都流下去了！"

图2-2-16　用放大镜仔细搜寻　图2-2-17　好大的水珠呀　图2-2-18　用放大镜观察水珠　图2-2-19　叶面上的水珠

她的发现吸引了孩子们。"再试一次！""我也想试试"……孩子们玩得不亦乐乎。这时候可可用手按了莲叶，莲叶上的水也同样滑落。她惊呼："这个也可以！"好奇的田田也去试了试，再次将荷叶按进水里，又同时将荷叶和莲叶一起按进水里，反复试了一遍又一遍："老师，我发现不一样了！你快来看！"田田跳着叫着。她一只手拉着我，另一只手将荷叶和莲叶依次按下去，一边讲解着："老师你看，我把它们全都按进去，水会流走的。这片叶子（荷叶）的水会变成水珠，最后全部流走了。但是这片（莲叶）还有水在上面。"哦，原来有的叶面上会有水迹留下。

萱萱用放大镜充当勺子，正在一旁往荷叶里舀水："快看都是水珠！"萱萱一会儿舀得多，说着："哗啦啦，下大雨了！下大雨了！"一会儿舀得少，说着："滴答滴答，雨变小喽！下小雨喽！""你们看！一个个小小的水珠变成一颗大大的水珠啦！"原来叶面上的小水珠一颗颗可以凝聚成大水珠。

"咦？你们发现了水迹，又发现了水珠，那么这些叶面都有什么特点呢？用放大镜仔细观察下，能不能看到些什么？"我说。孩子们仔细地看了看说："荷叶的叶面上有小小的绒毛，莲叶的叶面没有绒毛，它叶面感觉油油的、亮亮的。毛毛的叶面可以形成水珠，油油的叶面会有长长的水痕迹。"原来经过仔细观察比较，孩子们发现叶子还真的不一样，叶面之间有着毛茸茸和油亮的区别。

孩子们想再做一次实验验证一下。大家一同来到池塘边，三五成群。有的孩子利用探险桶打了一桶水，模拟着下雨的天气；也有的孩子相互合作，用手接水，细心观察。围绕小池塘我们发现桂花树的叶子、莲叶是油亮的叶面，它们上面会留下长长的水的痕迹；荷叶、芦苇叶、菊花叶、黄瓜叶、南瓜叶是毛茸茸的叶面，它们上面会形成小水珠。随后我们来到教室里再一次做了实验，同时将自己发现得到的信息记录下来。

> **案例举例** 野外生活之野外挑战

好吃的野草

在生活中，我们经常会接触到"野味"，各种野果子（山莓、覆盆子、糖瓶、黑梅、刺脑等）和野菜（马兰、荠菜、野葱、艾青、蕨菜等）。孩子们偶尔会吃到，但是直接看到、亲手采到的机会并不多。在野外生活中，识别山里、田间能吃的食物非常重要，不仅可以调节生活的滋味，还能增长见识，增强野外生存的能力。"好吃的野草"是野外生存挑战的一个内容，活动的开展源于孩子们的一次意外发现。

图2-2-20　寻找野菜

发现野草

幼儿园的前长廊花架上开满了紫藤花，孩子们在花架下欣赏着一串串美丽的花朵。突然有的孩子叫了起来："老师，我发现这里有马兰头。"原来是蕾蕾指着池塘边上一片绿油油的小草说着。我走过去一看，果然草地里有一片绿色的可爱的马兰头。孩子们纷纷围拢过来，"马兰头是什么？""这是草吗？""马兰头是可以吃的。我奶奶带我一起去剪过。""是的，它是一种能吃的野草，可以做成许多美味的食物。"我们取来几把剪刀，和孩子们一起把马兰头剪下来。回到教室后，我们也围绕着"能吃的野草"这个话题展开了讨论。

图2-2-21　挖野菜

有些有经验的孩子说了还有野葱，我让孩子们带着问题回家和爸爸妈妈去调查。

我根据孩子们带回来的调查资料开展了一次大讨论，请孩子们介绍了自己与爸爸妈妈的发现。"我知道有马兰头、野葱。"程程说："还有艾草。艾草就是做青团的那个草。""还有蕨菜，我妈妈说那个可以凉拌吃。""还有荠菜。"孩子们积极地分享着自己收集到的资料，并把自己所讲的内容通过图片的形式进行了介绍。有的孩子准备的资料很多，在和孩子们讨论后，我们选取了几种常见的野草作为本次上山的目标。同时我们也一起制订了计划。需要确定的内容有在上山寻找的过程中需要注意什么，需要带什么样的工具，如何分组？因为有了多次的活动经验，孩子们对于制订计划已经很熟练了。孩子们通过小组讨论的方式，画下了需要注意的事项和需要携带的工具。从孩子们的绘画中，我们可以看到上山时需要穿运动鞋，穿长裤，带上水壶，带的工具有剪刀、小铲子、背篓、袋子、照相机。准备充分后我们出发了。

寻找艾青

在爬老鹰山的路上，孩子们都是低着头在认真寻找，因为有过前期的铺垫，孩子们对野菜有了大致了解，都很期待自己找到野菜的那一刻。一路上我们走得慢，这时候泽泽大声说："老师，我找到啦，我找到艾青了。"其他孩子听到了之后马上围过去看。"我们仔细看看，艾青长什么样？""细细长长的。""尖尖的。""它的边缘有点像锯齿线。"果果一边说一边用手比画着。"说得真好，再看看它还有什么特点？"孩子们用手拨弄着几片艾草叶。"它的反面是白色的。""上面还有毛呢。""你们观察得很仔细。"泽泽拿出小剪刀把艾青剪了下来，拿在手里，又仔细地看了看，一边低头闻一边说："艾青很香的。"其他孩子也拿着艾青的叶子都闻了起来，都说："哇，好香。"泽泽又说："艾青可以做青团、青饼，做出来的东西是绿色的，我的妈妈就经常给我做。"大家对他的介绍都听得很认真。说到青饼跟青团，许多孩子马上说："我吃过，我吃过青饼，是绿色的，很香。""我也吃过，还可以放白糖呢。"一路走去，孩子们还发现了野山笋。野山笋是细细长长的，孩子们像放宝贝一样把野山笋放进了背篓里。同时孩子们还认识了茶树，知道了茶叶，还体验了采摘茶叶。

收获与分享

一段时间后，每个孩子多多少少都收获到了不同的野菜。他们拿着自己采摘到的野菜很开心，嘴里嘟囔着要拿回家请妈妈烧一烧。回到教室后我们请大家介绍自己收获到的野菜。孩子们都十分积极踊跃，平时不太爱讲话的骏骏也举手了。他有些腼腆，一种一种地介绍着自己手中的野菜："这个是野葱，这个是我在那里摘到的艾青，还有这个是马兰。"他介绍完后我及时表扬了他："你今天收获了三种不同的野菜，而且我注意到你摘来的都很完整，没有碎掉，真棒！"孩子们都自发为他鼓掌，他也露出了笑脸。其他孩子也都与旁边的同伴相互进行比较，认识每一种野菜，闻各种野菜的味道，与大自然给予的食物进行亲密接触。我们还采摘到了新鲜的茶叶。孩子们都对茶叶很好奇，因为孩子们见到的茶叶要么是泡好时的样子，要么就是没泡时的样子。对于长在树上的茶叶他们还是比较陌生的。通过这次采摘，孩子们也知道了茶叶是茶树上刚抽出来的嫩芽。

制作青团

现在也是吃青团的好时节。体验过采摘艾青后,孩子们对怎么用艾青做成青团充满了好奇。我们请家长带来了艾青面团,用播放视频的方式帮助孩子们了解制作成青团的过程:需要准备很多艾青,把艾青煮熟后晾凉;面粉也要提前蒸熟,再把艾青和面粉和在一起,最后使劲地揉面或者用大石锤捶一捶,这样青团就做好了。我们拿到的是现成的艾青面团。一拿到孩子们就迫不及待地挽起袖子了。他们把青团分成一个一个均匀的小面团,还拿在手里闻着:"好香啊。""这是艾青的味道。"青饼怎么做呢?孩子们先揉成团,压成圆饼,在里面放上芝麻馅,最后包起来揉成团。看似比较简单的步骤,在我们实施的时候却遇到了困难。因为糯米团比较黏,很容易粘到孩子们手上。后来我们用了一个叫油盘的东西,摸一下油盘,再去拿青团就不会粘到手上了。在包裹的时候有的孩子会包不住,馅会漏出来。但是一次失败之后,我们又做了第二次。第二次制作时,孩子们就顺手多了,有了第一次的经验,很少出现把馅漏出来的现象。终于,当孩子们从磨具里倒扣出自己的青团时,大家都发出了惊叹声:"哇,好漂亮啊!"最后每个孩子完成了两个作品,一个自己品尝,另一个带回家送给爸爸妈妈。自己做的青团真是美味啊!孩子们一个个笑眯眯的,嘴里说着:"真好吃啊,太好吃了。""我要带回去给我妈妈尝一尝。"

图2-2-22 艾青做的青团

树林生活其他系列活动掠影

图2-2-23 用放大镜观察

图2-2-24 量量树有多粗

图2-2-25 给树拍照

图2-2-26　观察草丛里的秘密 　　图2-2-27　大自然的写生 　　　图2-2-28　用相机记录大自然

图2-2-29　大自然的舞蹈 　　　　图2-2-30　篝火晚会 　　　　　图2-2-31　树叶做的灯笼

图2-2-32　大自然的武士 　　　　　　　　　图2-2-33　大自然的床

附：学习故事

专注的小科学家

观察对象：成成

活动时间：2016-11-25

观察者：王水莲

在我们的期待中，"山林发现"的野外探索之旅总算在今天开始了。在此之前，我

们已经做了充分的准备：完成了自己的"山林发现"计划表，还准备了相应的工具——放大镜和透明杯子，而且我们的目标很明确，就是要找蜗牛。平时经常迟到的孩子在今天也准时来幼儿园了，看来小蜗牛勾起了孩子们强烈的好奇心和探索兴趣。

来到山上，孩子们一手拿着放大镜，一手抢着小锄头在土里翻找着，嘴里还嘟囔着："挖深一点是不是有蜗牛呢。"孩子们不停地挖着地，不时还看看旁边的小伙伴在做什么。成成看到泽泽双手拿锄头挖土，思考了一下，把放大镜放到了透明杯子旁边，也用两只手握小锄头继续刨地，表现出了一股不挖出一个大坑不肯歇的精神。蜗牛真的会在泥土里吗？我跟成成旁边的小伙伴谈论起了蜗牛有可能会在哪里的话题。泽泽说："小蜗牛会不会躲在草丛里或者树叶下面呢？"成成听到了我们的讨论，拿起工具转移地方，重新开始寻找蜗牛。成成非常仔细地翻找着草丛，就是想着能找到一只小蜗牛。光用手还不够，用放大镜来找找。成成有模有样地闭起一只眼睛，全神贯注地观察着每一片树叶下面，找找小蜗牛在不在那里。

在成成正非常专注地找小蜗牛的时候，泽泽开心地来找成成说："成成，我找到了一条蚯蚓。"成成只是转过头看着他等他说完，转过头继续认真地观察着放大镜下的世界，小声地自言自语："我还是找小蜗牛。"在持续了半个多小时的观察、寻找之后，成成仍然没有找到小蜗牛。

图2-2-34　计划找蜗牛的家

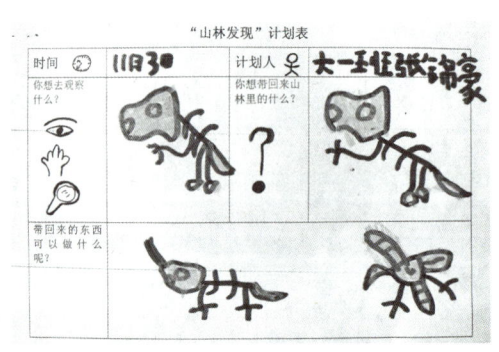

图2-2-35　计划找蚂蚁

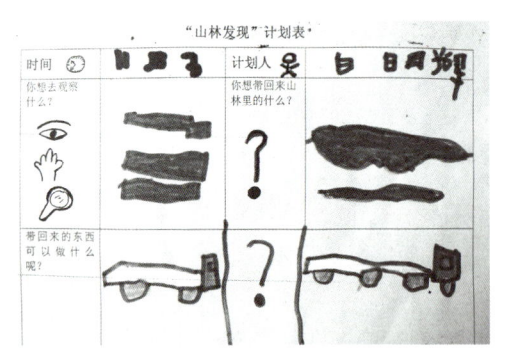

图2-2-36　计划找树枝

图2-2-37　计划找蜗牛

图2-2-38　寻找工具1　　　　　　　　　　图2-2-39　寻找工具2

图2-2-40　抡起锄头寻找　　　　　　　　图2-2-41　在树叶中寻找

老师的声音

孩子们在这次"山林发现"野趣活动中学会了自己制订计划书，还能根据计划书准备相应的小工具，坚持按照自己的计划书去观察发现、寻找小蜗牛。在一次次寻找中，孩子们发现了泥土里很难找到小蜗牛，草丛和树叶下面也没有小蜗牛。孩子们对小蜗牛的好奇一直持续着，俨然是一个专注的"小科学家"。

图2-2-42　放大镜寻找蜗牛

接下来的可能

孩子们对小蜗牛的热情会持续好长一段时间，对关于蜗牛的小知识会很关注，对今天为什么找不到蜗牛也会产生疑问。凭着好学好问的精神，孩子们会进一步去寻找小蜗牛的秘密。我们一起上网搜索，翻阅班里的百科全书，一起找到了关于小蜗牛的秘密：一般在秋天以后，天气逐渐变凉，植物性的食料减少，蜗牛便爬到石头下、古墙的洞穴、树洞、石缝或钻到地下隐居起来。到时它的身体完全缩到贝壳里面，分泌一种白色的膜,把壳口堵起来,这样它就可以安然地度过冬天了。有时很多蜗牛聚集在一起冬眠。孩子们听了后说:"今天找不到蜗牛是因为今天太冷太干了,小蜗牛有可能躲起来准备过冬了。"但是我们也查到了另外一点小知识:蜗牛的冬眠不是像青蛙和蛇一样一直不动,蜗牛在暖和潮湿的时候还是会出来活动的。这又为孩子们找小蜗牛燃起来新的希望。

附:"亲子山林活动"活动导读及任务卡
活动导读

第一,"亲子山林活动"是孩子们开展的山林发现系列活动之一。家长和孩子一同阅读任务卡,制作计划书,一起完成山林发现任务。

第二,早上八点家长和孩子到班级集合,聆听活动规则及注意事项。一名家长和一个孩子为一组,每组背上一个背篓从前大门出发,到达有运动器械的平台后分两路继续前进,按照任务卡进行大收集(确保收集物的质量,后面环节要另作他用),收集完毕后在规定时间内(40分钟内)回到平台,确认后颁发纪念章。

第三,利用收集的自然物进行亲子创意制作,可以借助辅助材料,最后进行作品展示。

野外大收集任务卡

温馨提示:为了使亲子创意制作有丰富的材料,收集途中可以根据自己的需要收集任务卡以外的自然物,如野花、芦苇等。

物品图片及要求	亲子确认	物品图片及要求	亲子确认
完整的松果10个		小生物1种(蚂蚁、蜗牛、小虫等)	
野果1种(上图仅供参考)		找到1棵有特色的树并拍合照留证(上图只是举例)	
两叉树枝3根		10种不同形状的树叶若干	

附：童画解读

图2-2-43　山林亲子活动

今天幼儿园举办"亲子山林活动"。我和妈妈从幼儿园出发到老鹰山上，找树叶、松果、树枝等。我们找到了很多东西。在山上我走到一处滑坡时，背篓里的树叶、松果、树枝掉了好多。后来我和妈妈又重新找。我还看见从山上流下来的水。我把老师交给我的任务都完成了。老师帮我盖了章，还给我发了一个奖牌。这次野趣活动真是太好玩了！

附：家长日记

别样的家长开放日

刘安然爸爸

2015年12月25日是开发区幼儿园大一班家长开放日。这是一次别样的家长开放日——山林发现活动，这个活动需要家长与孩子相互合作。前一天晚上拿到了老师发下来的任务书，我和女儿一起制订计划，准备去山上要带的工具和材料。开始时我还有点不知所措，担心自己做不好。

以前家长开放日的地点都是在教室，这次不同，在离幼儿园不远的老鹰山。到了幼儿园，老师讲解详细的规则和流程，任务是捡十个松果，十种及以上不同的树叶，小动物一个（蜗牛、虫子、蚂蚁等），不同形状的树枝两个，野果一种，孩子和独特造型的树合照一张。我和女儿的计划是在山上自选材料做一个天然花环。

早上八点半左右，孩子们在老师和家长的陪同下浩浩荡荡地向老鹰山出发。由于前几天一直下雨，水雾蒙蒙，冷风嗖嗖，山路湿滑给大家爬山带来了不少麻烦，甚至有些孩子不小心摔跤了。即使如此，孩子们爬山的欲望丝毫不减。可能是孩子们的精神感动了老天，当我们快爬到山顶的时候，忽然云开雾散，暖暖的阳光照的孩子们精神焕发，越发兴奋。一路上大家一边玩一边寻找任务素材。孩子们不畏艰险，与家长相互合作，努力寻找着自己的计划书里所需要的材料。功夫不负有心人，终于在下山集合之前，大家基本都完成了任务，得到了纪念奖牌，收集到了自己计划书里的材料。十点左右，我们回到了教室。孩子们和家长又一次相互合作，紧张忙碌地完成了计划中的作品。十一点，孩子们吃饭时间到了，亲子活动结束了。此次活动可以让孩子们学会勇敢，不怕困难，也给家长和孩子提供了一个非常不错的亲子合作机会，最后必须对两位老师说声：这次活动非常有意义，谢谢你们！

野趣运动

我们是一群顽皮的孩子
敢在山中大声歌唱
敢在山中尽情嬉戏
一会儿与树儿捉迷藏
一会儿与花儿说悄悄话
将忧愁抛到九霄云外
将欢乐播种在幽深的山里

我们是一群勇敢的孩子
手牵手组成一个团结的集体
你给我力量
我给你勇气
顽强地冲破荆棘
坦然地跳下峭壁
到大自然中去展示魅力

我们是一群可爱的孩子
知了唱着一首又一首的歌
荷花在池中悄然怒放
人影把四周染红了
偶尔飞来一些小鸟
可爱的你
让我们久久地想留在那里

秘密森林之野趣运动

野趣运动让幼儿在宽阔的空间舒展身体，自由驰骋，借助多元材料尝试合作、协商、创造、共享。其核心价值在于开拓一片自由的空间，既关注幼儿各项体育技能的锻炼与发展，同时也关注解放幼儿的手脚，唤起幼儿的活动热情，释放幼儿的自然本性。

在野趣运动活动中，我们努力开辟更多更广的自然资源，让幼儿在充满趣味的自然天地里面，与水做朋友，与沙做伙伴，与泥同亲近，与土共欢乐，真正解放幼儿的手和脚。我们努力让幼儿成为学习和活动真正的主人，发现幼儿的兴趣，满足幼儿的需要，支持幼儿的想法，分享幼儿的快乐。让幼儿在森林里无拘无束地探险、游戏、学习，与大自然充分地接触，沐浴阳光，感受快乐。

表2-2-2　野趣运动内容举例

内容框架	具体目标	内容建议	活动要点
挑战老鹰山	1. 熟悉老鹰山及周边的自然环境，拓展野趣运动的经验。 2. 知道游戏规则，并能够根据游戏规则大胆探索，增强上肢与下肢的力量，以及身体平衡感和协调能力。 3. 尝试与同伴合作进行挑战，能积极寻找办法克服团队遇到的困难。	山林野趣：翻山越岭、穿越封锁线、虫虫大战。 急行军：穿越树丛、灌木、草地、河沟、田埂。 勇攀高峰：勇登山路、不走寻常路、过五关斩六将、小小勇士队、高山之巅。 山顶游戏：寻找幼儿园、最远的地方、躲猫猫、下山的路。	计划先行：让幼儿根据游戏制订计划，包括准备材料、注意事项、合作同伴。 提供适宜的材料：为幼儿提供适宜的便于活动的材料，启发幼儿通过各种方法进行身体运动。 设置有挑战的障碍：根据个体差异，选择自然资源，巧妙利用山野间的自然材料引导幼儿想办法解决困难。 有一定指向的技能练习：锻炼幼儿各方面的身体素质，增强上肢与下肢的力量，发展身体的协调能力。 重视团队合作：在游戏中设置情境让幼儿合作挑战任务，从而增强幼儿的社群意识，让幼儿在野趣运动中学会团队合作。
征战社区	1. 能够考察地形，会根据不同的地形做出相应的运动计划，并根据计划选择场地、器械、着装、同伴。 2. 增强力量、耐力和对外界环境的适应能力，并让自己的身体协调性、灵敏性得到锻炼。	勇闯秘密岛：跨过对岸去、挑战社区公园、拔河。 力的较量：石头的较量、秋千、拖人比赛。 小小骑行队：骑自行车、滑板车队、我是骑兵。 飞檐走壁：壁虎功、飞身上墙、看谁站得稳、练轻功。	

续表

内容框架	具体目标	内容建议	活动要点
山林野营	1. 知道野营的方式方法及注意事项，认识帐篷，知道搭帐篷的方法。 2. 尝试接触一些基本的野外生存技巧，掌握正确搭帐篷的方法，并能与同伴合作完成任务。 3. 用绘画等形式再现野营过程，与同伴分享野营过程中的乐趣。	操场扎营大练兵：通过小组合作在操场上进行搭帐篷演练。 山上野营大作战：带上帐篷和食物上山扎营，小组合作搭建帐篷，并在帐篷里分享美食，共享和同伴在一起的时光。	经验铺垫：引导幼儿回忆与爸爸妈妈一同外出旅游或者野营的经历，并回家查询相关的知识，看视频了解搭帐篷的方法。 计划先行：让幼儿根据野营要求制订计划，包括准备材料、注意事项、合作同伴。 提供适宜的场地：组织幼儿先行进行地形的考察，选择适宜的场地。
田间野味浓	1. 积极参与活动，在游戏中能使用各种方法来快速躲避对方的物体，发展身体灵敏性和快速躲闪的能力。 2. 喜欢参加野趣运动，养成不怕困难、坚持不懈的品质，体验野趣运动带来的成就感，增强自信心。	农田欢乐多：比高矮和宽窄、跨过小水沟、走在乡间的小路上、看谁走得稳、田埂上的舞蹈、拔棵大萝卜。 打仗啦：打水仗、打纸弹仗、打炮弹仗、田间作战、占领碉堡。 雪山草地：负重行军、学走长征路、保护根据地、跨草垛、占窝。	重视团队合作：在课程实施过程中让幼儿合作进行野营活动，加强幼儿之间的交流，引导幼儿与同伴合作解决遇到的困难，并与同伴分享快乐。 重视经验回顾：野营活动结束之后和幼儿一同分享经验，尤其是对今后野营活动的启发，让幼儿与同伴分享心情，借用语言表述、绘画表征等形式。

案例举例 野趣运动之挑战老鹰山

山林野趣

我们利用老鹰山上的树林，挖掘大自然的教育元素和价值，在自然环境中进行锻炼和游戏。孩子们发现山林的奥秘，开辟山林游戏场所，在山林中走、跑、跳、钻、爬、攀登、投掷，增强身体的力量、耐力，发展身体的平衡性、灵敏性、协调性、柔韧与伸展性，并尝试在山林野营，在山林生活。有关生活的日常情境都有了改变，如何适应环境，如何让自己过得更加舒适，如何提高环境适应能力和生活能力，这些充满挑战的事物和任务让孩子们欣喜不已。

图2-2-44 平衡能力锻炼　　　图2-2-45 跳跃锻炼　　　图2-2-46 跑步锻炼

穿越封锁线

今天的野趣地点是蛟山公园，孩子们都早早来到了公园，聚在一起有说有笑，对于这次野趣运动已经期待好几天了。

凯凯说："今天玩的活动一定很刺激吧。"

其他孩子也纷纷说："我们最喜欢到公园和山上玩了。"

孩子们怀着激动的心情走进了蛟山公园，这里的美景吸引着每个孩子的眼球。我们走过弯曲的小路，走过小亭子，来到了一片小树林。

我们利用小树林挂起一条条橡皮筋，不一会儿橡皮筋围成了长方形、正方形、三角形。我们把橡皮筋围得低低的。孩子们欢呼着，争先恐后冲过去，跨过了第一条橡皮筋，紧接着又往前冲跨过了第二条橡皮筋。这群小家伙个个都是好身手。随着橡皮筋的高度越来越高，孩子们不禁发出感叹。茗茗走到皮筋旁边，用身体比了比橡皮筋的高度："这也太高了吧！都到我的腰上了，我能跳过去

图2-2-47 跳皮筋　　　图2-2-48 冲跨跳皮筋　　　图2-2-49 虎跳跳皮筋

吗？"正在茗茗犯难的时候，泽泽正从前方快速跑过来，随着冲刺的惯性，泽泽迈开一条腿，快速跨了过去。旁边围观的同伴不禁为他拍手鼓掌。

有了这个成功的案例，其他孩子也跃跃欲试，希望能通过助跑跨跳过橡皮筋。孩子们都勇敢地往前冲，树林里一片欢声笑语。

图2-2-50　我们成功啦

我们又增加难度，将橡皮筋穿成了各种高度的网状，既不能碰到上面的橡皮筋，又不能碰到下面的橡皮筋。这下孩子们就为难了。只见他们一个个凝神屏气，谁都没有大声说笑，小心翼翼地试了起来。在孩子们的努力下，他们竟然基本都能穿过封锁线，虽然紧张得汗都出来了，但是脸上充满了成功之后的自豪。

幼儿心语

泽泽：在跳橡皮筋的时候，我一次次努力，一条腿抬得很高，一条腿跨过去，但是没成功。后来老师告诉了我一个好办法，我就走到很远的地方跑过来，在快要冲到橡皮筋的地方跳过去，真的成功了。

荃荃：橡皮筋越来越高，我觉得不太好跳，后来我就跑一段路，真的跳过去了。

鑫鑫：我是翻跟头翻过去的，后来我还教了欢欢、捷捷、涵涵，她们一开始都不会，后来我教了她们方法，她们练习了很多次，她们很勇敢。

翻山越岭

当我带着孩子们来到附近的一个土坡，告诉孩子们要挑战这片土坡后，他们手舞足蹈地跳了起来，连连发出感叹："哇！这个很轻松的，我肯定能爬上去的！"也有些孩子轻轻地自言自语："这个斜坡好像有点陡啊。"

但多数孩子表现出初生牛犊不怕虎的样子，欢呼着冲向土坡。第一次爬上去的时候，很多孩子都滑了下来，看来这个土坡不仅陡，还很滑。

男孩子们更是使出了浑身解数。博博找来了两根树枝，两只手支撑着树枝，依靠树枝爬了上去。到达终点后他连蹦带跳，兴奋地欢呼："我成功了！"看到我正在拍照，他还比画了一个剪刀手，在这样一个过程中体验到了成功的喜悦。

这时航航也找来了一根长长的树枝，跑到土坡地上面大声对下面的天天说："我把树枝伸下去，你要拿住树枝。"斜坡的距离还是有点长，航航就蹲下来，天天终于抓住树枝了。航航说："你可以爬上来了。"航航将树枝拽得紧紧地，土坡

图2-2-51　看我冲向土坡　　图2-2-52　一起爬土坡　　图2-2-53　借着树枝爬土坡

图2-2-54　我来帮助你　　图2-2-55　把手交给我　　图2-2-56　勇攀石头墙

下面的天天依靠树枝的力量和身体的摆动努力往上爬，爬到一半的时候，航航的脚滑了一下，但是他们好像并不害怕。航航索性将身体半躺在地上，依靠手肘支撑的力量，手里的树枝始终没有半点松懈。天天也不敢怠慢，一个劲儿往上爬。同伴合作的力量真的很强大，天天终于爬上了。他们两个抱在一起欢呼雀跃。

有了爬斜坡的体验，我们又来到了新的挑战地点——一面垂直的石头墙。孩子们对此更有信心："把脚踩在石头缝里直接爬上去，这样很快呢！"只见鑫鑫第一个爬了上去，其他孩子也纷纷过来尝试。

幼儿心语

泽泽："爬斜坡的时候我觉得有点难，如果没有树枝帮忙我是爬不上去的，因为这个土坡很滑。当我爬到上面的时候，我真的很开心。老师夸我很勇敢，也很会动脑筋。爬石头墙的时候我发现石头和石头之间是有缝的，我就是踩在石头缝里一步一步爬上去的，最后也成功了。"

茗茗："一开始我也没有成功，真的是太滑了，滑下来的时候我还摔倒了。后来我发现土坡上有一块大石头，然后我就踩住大石头，手脚一起用就爬上去了。一开始是有点难，但是多练习几次就简单了。今天真是超级开心！"

诺诺:"一开始我没有爬上土坡,后来欢欢告诉我可以用树枝帮忙,我就是用树枝帮忙爬上去的,好紧张,但是成功爬到上面后我感觉很轻松。"

知了大战

在活动出发前,孩子们跑过来问我:"林老师,今天的野趣活动是捉知了吗?"在孩子们的期盼中,我告知孩子们今天野趣活动的任务:"哪一组捉到的知了最多,哪一组就为本次捉知了冠军队。"话音刚落,教室里一下沸腾起来了,孩子们兴奋地欢呼着。一路上,孩子们激励地讨论着:"我们组肯定是冠军,一定要加油!"

来到老鹰山的小树林后,孩子们迫不及待地开始组队,第一组、第二组、第三组、第四组、第五组……自由组合小分队马上成立。紧接着孩子们开始围在一起讨论着今天的活动,以各自独有的方式相互鼓励着,气势非常高昂。到山上一看,原来是老师把孩子们折的知了粘在了大树上,高低不同、大小不同。不管怎样,知了大战就此拉开了帷幕……

"孩子们,你们看,这片小树林里有好多知了,你们准备好了吗?"话音刚落,孩子们冲向那一棵棵小树,停在较低位置的知了一下子就都被捉到了。每一组的箩筐里多了好多知了。孩子们兴奋地呐喊着,心里别提有多高兴了。这是孩子们一起努力的成果。

当发现有些知了在较高位置的时候,只见文文纵身一跃压弯了树枝,刚好可以够到。这里是一个又滑又陡的斜坡,想要爬上去抓知了,还是有一定困难的。璐璐的呼喊声引来了其他组的孩子。他们争先恐后,一下子占领了这片斜坡。有的爬了一半滑下去了,再爬一次;有的看到斜坡上有树藤,就紧紧拉住树藤往上爬,总之一次不行再试一次。

在激烈的竞争过后,凯凯手脚麻利成功捉到了这只停在斜坡上的知了。诺诺兴冲冲地跑过来,手里还拿了一根树枝:"林老师,我找到了一根树枝,看看能不能把它钩下来。"这只知了停在了很高的树杈上,不仅高而且有难度。机智的诺诺先爬到石墩上,踮起脚尖,用一只手撑在树干上,另一只手举起树枝想要把知了钩下来。"诺诺加油!多钩几次就

图2-2-57 捉知了小分队

图2-2-58 合作抓知了

图2-2-59 拉住树藤往上爬　　图2-2-60 捕捉停在斜坡上的知了　　图2-2-61 捕捉知了进行时

能钩下来了！"这是涵涵正在为自己组的队员加油打气呢。功夫不负有心人，在诺诺一次次地努力，终于成功地钩下来了一只知了，太棒了！

捉完了这只知了，诺诺马上跑到一边，大声喊着："这里也有一只知了，可是好高啊，怎么办？""你会爬树吗？""会！我来试试看！"说着诺诺纵身一跃攀上树干，像极了一只机灵的小猴子，嗖嗖往上爬，努力使身体贴住树干，眼看着就快够到知了了，结果滑了下来。诺诺并没有退缩，而是越挫越勇，重新再爬，又一次攀上树干。涵涵使劲用手肘托住诺诺："诺诺加油往上爬，我一定要坚持住！"涵涵、天天看见自己组的同伴正在努力，也过来帮忙，一起托住诺诺的身体。就这样在同伴的帮助下，诺诺越爬越高，终于将这个停在高处的知了捉了下来。其他组的队员们看到后也纷纷通过爬树捉知了。有些孩子三两下就攀上树干，手脚并用地往上爬；有些孩子在同伴的帮助下往上爬。在大家的齐心协力后，弛弛、诺诺拿着装满知了的箩筐跑过来对我说："林老师，我们捉到了很多知了，你看我们厉害吧！"说完后，大家找到一个空旷的地方开始一个个数起来1、2、3、4……既期待又紧张。

幼儿心语

诺诺：刚开始我们组一起捉知了，总共捉到33只，我们是捉得最多的那一组。后来捉中知了和大知了的时候，我们组一起合作，我负责爬树，涵涵和其他小朋友就负责托住我。我将手伸得高高的，一下子就够到了那个大知了。经过我们的努力，大知了捉得越来越多，从原来的33只变成了38只，我们都很开心。林老师告诉我们这是集体的力量。

远远：第一轮捉知了比赛的时候，我们组捉得并不多，但是第二轮捉大知了的时候我们捉得越来越多了。我用跳、爬的方法捉，还找到了一些树枝，用树枝把知了钩下来。老师夸我办法多。今天捉知了很累，不过我很开心。

露露：捉大知了的时候，我发现有一只知了在很高的地方，我够不到，于是我也想爬树，可是滑了下来。我就继续努力往上爬，但还是没成功。后来林老师告诉我，只要努力过、勇敢过就是好样的。

茗茗：今天捉知了的时候，我跟灿灿用抬花轿的办法将泽泽抬起来，我们差点要捉到了，结果被远远抢先了一步，很可惜啊。不过我们还是尽力了，我觉得我们还是不错的。

泽泽：今天我想了很多办法捉知了。在爬斜坡的时候我摔倒了，但是我马上爬起来，继续往上爬。我看到斜坡上有几根树藤，我就紧紧地抓住，终于爬到树旁边，踮起脚尖够到了那只知了。虽然我受伤了，但是我觉得自己很勇敢，也很开心。

案例举例　野趣运动之山林野营

野营体验

暑假归来，许久未见的孩子们早已围在一起聊开了："我们去野营了，住的是帐篷，可刺激了"……以为这样的叙旧时光很快就能结束了，那你就错了，一个热烈的话题正在诞生——野营。好多小脑袋聚在一起，不时传来讨论声"真想去山里野营啊！""不知道老师会不会同意，我们去问问吧"……孩子们边讨论边时不时转头看看我，眼里充满期待。

"好吧，我们去山林野营吧！"孩子们的欢呼声响彻云霄。"野营需要准备什么东西？我们什么时候去野营？野营的时候我们可以做些什么事情呢？"孩子们聚在一起讨论得热火朝天，还让我给他们搜索野营的相关事项。孩子们在教室里寻找各种材料，开始计划书的制作。我为孩子们准备了各种材料。在一番努力后，孩子们一次次地完善着野营计划书，从野营需要带的东西到野营时可以干些什么事情。丰富多彩的计划书正在孩子们的讨论、梳理中生成。今晚，孩子们应该会梦到去野营的快乐时光吧。

图2-2-62　我的野营材料　　　　　图2-2-63　我的野营伙伴

图2-2-64 野营游戏计划　　　　　　　　　图2-2-65 野营时我还想找蜗牛

野营预演，我来准备

大清早，孩子们比往常更早地来园，准备帐篷的孩子们把帐篷也背来了。孩子们到了班里又开始讨论起野营来。

棋棋："我已经准备好帐篷、吊床、放大镜和装小蜗牛的工具了。"

帆帆："我也准备好帐篷了，我是去叔叔家借的帐篷，帐篷能住好多人呢。"

我："我们一共准备了几个帐篷？有的人没有帐篷，怎么解决呢？"

棋棋："分组，每个帐篷能住好几个人。谁要来我们的帐篷啊，快报名！"

图2-2-66 寻找扎营地1　　　　　　　　　图2-2-67 寻找扎营地2

图2-2-68 搭建帐篷1　　　　　　　　　图2-2-69 搭建帐篷2

不一会儿，以帐篷为单位的组队完毕。各小组还按捺不住激动，想试试搭帐篷。不久操场上绽放出一朵朵帐篷花。这时，先行部队也完成寻找扎营地的任务，回来一起加入帐篷体验中。我仿佛已经看见孩子们野营之行时的激动景象了。

野营之日，我来挑战

野营之日在大家的期待中终于来了。孩子们自主地以小组为单位开始分配装备，各自背着包，拎着帐篷往山林中行进，一路欢声笑语。

到了营地，各小组开始合作搭建帐篷。在搭帐篷预演后，孩子们显得更自信了，分工配合很合理。在孩子们的通力合作下，帐篷之花绽放山林间。铺整好帐篷里的毯子，孩子们迫不及待地钻进亲手搭建的帐篷里体验起来。在体验之后，大家一起拿出带的食物开始了美食分享时刻。

餐后来一场别样的午后时光。孩子们手拉手漫步于山林小道上，在林间架起带来的吊床，同伴合作尽情荡起来；深入山坡中寻找大自然的宝贝；挑战一下爬树……山林探索刚刚开始。"你找到蜗牛了吗？"一看有的孩子在潮湿的草丛里找到了小蜗牛，他们赶紧转移阵地，向潮湿的草丛进发，仔细地找呀找，真的找到了小蜗牛。

活动结束之后，孩子们回帐篷经历一次别样的午睡体验，感受阳光透过帐篷

图2-2-70　分组搭建帐篷　　　　图2-2-71　分组进入帐篷

图2-2-72　吊床带来的快乐　　　　图2-2-73　寻找小蜗牛

洒在身上的暖意，聆听风吹动树叶的声音、小虫吟吟的声音、鸟儿鸣叫的声音。

野营收获，我来介绍

野营回来，孩子们带回满满一箩筐的树叶、野果等大自然的宝贝。孩子们又开始讨论了："这些宝贝我们可以干什么用呢？""放到班级里的美工区，做漂亮东西吧。"……

好吧，美工区里的材料越来越丰富了。欣欣给松果涂了个漂亮的颜色做迷你圣诞树，成成选了个未爆开的小松果做小老鼠，豪豪给老师做了一串松果项链……琳琅满目的小玩意逐渐摆满美工区的展示台。

野营带给孩子们的影响迟迟未退。在新闻播报时间，孩子们不约而同地讲述起野营时的趣事。我们班的野营太有趣了，做海报分享吧。在自由绘画时间，跃上孩子画纸的是他们在野营中的一幕幕场景。"我们班去山林里野营过，你知道吗？可好玩可有意思了。"有的孩子还不忘向隔壁班的孩子"炫耀"。

每个孩子的心里都有一颗美的种子，渴望通过自己的小手将它们变得更有趣，更美丽。教师能做的是为孩子们提供丰富的辅助材料、工具，支持和引导孩子们用心灵去发现和感受美，用自己的方式去表现和创造美。孩子们完成自己的艺术创作后真切地送来给我们欣赏："我们一起做了松果小老鼠，还给您做了项链，喜欢吗？""好看，我当然喜欢。"在这些美丽的小东西上我不光看到了孩子们自发的艺术痕迹，更感受到了孩子们身上散发着主动学习的气息。

亲身经历过的事情总是难忘，何况是符合自己兴趣、全身心投入其中的所思

图2-2-74 松果小制作　　图2-2-75 松果小刺猬　　图2-2-76 松果开花

图2-2-77 充满爱的帐篷　　图2-2-78 寻找蜗牛之旅　　图2-2-79 海报分享

所见所行所感。情感的蔓延，热情的延续，这些满满的情感都可以用来表达和分享。孩子们选择绘画、儿童日记、新闻播报、自制海报等多种方式来表达和分享他们在山林野营时主动学习带来的感受。

附：野趣运动其他系列活动掠影

图2-2-80 扁担挑水　　图2-2-81 两人合作挑水　　图2-2-82 挑水闯关　　图2-2-83 大家一起来挑水

图2-2-84 山林运水　　图2-2-85 排队下土坡　　图2-2-86 下土坡

附：学习故事

自信与友谊之花再现

记录对象：琪琪

记录人：王水莲

野营之日在孩子们的期待中终于来了。琪琪背上包，拎上帐篷跟小伙伴们一起往老鹰山上行进。小小的身体却有着大大的能量，肩背手拎都没有减慢琪琪上山的步伐。

来到扎营地后，琪琪和自己组里的小伙伴开始忙活起来。平日里内向的琪琪今天还会非常自信地给小伙伴安排工作："宁宁，你拉一个角，涵涵拉一个角，我来穿杆子，这样帐篷就能搭起来了。"琪琪一边搭，一边翻出帐篷袋子上的说明书看看图示，验证自己搭得对不对。琪琪蹲在帐篷旁忙碌的身影真让人为她骄傲。在琪琪和小伙伴的通力合作中，帐篷被他们搭建起来了，太棒了！搭完帐篷，琪琪和小伙伴就开始布置帐篷里的东西。只见琪琪从帐篷的窗户往外探头，对豪豪说："豪豪，快把垫子拿进来，我们一起来铺上吧。"琪琪和小伙伴的友谊之花正含苞待放，我为琪琪的变化感到欣喜。

老师眼中的你

在之前的搭帐篷演习中，琪琪为野营搭帐篷做了充分的准备，这些充分准备让琪琪建立了自信。琪琪能大胆表现自己并获得了小伙伴的关注和欣赏。琪琪的这种自信逐渐影响着她在小组里的行为，她会主动去给不太会搭帐篷的小伙伴安排工作，学着和同伴商量、合作去完成一样事情，去和小伙伴建立友谊。

接下来的可能

在这次野营活动后，相信琪琪能体验到成功地快乐，而且琪琪和豪豪之间的友谊

图2-2-87　野营之旅　　　　　　　图2-2-88　分工搭建帐篷

图2-2-89　分享美食　　　图2-2-90　合作搭建帐篷　　　图2-2-91　你也来吃一点吧

之花也会绽开放。朋友能为你带来更多快乐，你的快乐会帮你吸引来更多的朋友。我相信琪琪今后会尝试主动去抓住一些表达表现自己的机会，也会和小伙伴走得更近，加油！

附：儿童日记

山林野营真有趣（灵灵）

最近，我们大一班发生了一件特别有趣的事情——去山上野营了。我们先做计划书，讨论去野营需要带什么。我们一起讨论出来需要准备的东西有帐篷、垫子、吊床、水、粮食、垃圾袋、纸巾或湿巾、芦荟胶等。做好计划书以后我和七个小朋友先到山上去踩点，找一块适合我们扎营的地方。扎营的地方要很平整，很安全。

终于到了要去野营的日子，我们都早早地来到幼儿园。我们背上所有要用的东西，穿着迷彩装排着整齐的队伍一起去山上，一点都不感到辛苦。来到我们提前找好的地方，我们分组开始搭帐篷，搭好后在里面铺上垫子，在垫子上分享好吃的。这次山林野营实在是太好玩了，以后还能去就更棒了。

山上的快乐时光（琪琪）

我们今天去山上野营了，实在是太有趣了。我和辉辉、成成、冉冉是一个队的。我们相互合作搭帐篷，一起把杆子穿进洞里，让两根杆子交叉在一起。我让他们三个人每个人扶牢一边的杆子，我把帐篷撑开来。把杆子插进一个小洞实在太难了，我们就请老师帮了忙。帐篷搭成功了，真是太棒了，我们四个人都抱在一起欢呼了。

最有趣的是我们吃完饭以后老师带我们到山林里去散步、做游戏。这些游戏在幼儿园从来没有玩过，太好玩了。我们一起把吊床绑在两棵树中间轮流荡起了吊床，吊床荡得高高的时候好刺激啊。我们还爬树了，还到处找松果，我们一起捡了好多松果。山上的游戏真是太有趣了，我们都玩得很开心。

附：童心绘画

我们去山上了

我们今天去山上野营了，大家一起搭帐篷、分享美食。更好玩的是，吃完饭以后老师带着我们往山上走。我们一边散步，一边看着旁边各种各样的花草树木。在山上散步跟我们平时在幼儿园散步不一样，好新奇哦！来到一个有阶梯、有大树的地方，我们分开来玩游戏，有的把吊床绑在两棵大树中间玩起了吊床，有的爬树，有的去松树下、草丛里找松果。我们还可以玩不同的游戏,实在是太开心了!我躺在吊床上,小伙伴把我推得高高的。一开始我还有点怕,后来就越玩越有趣了。我们还一起捡了好多松果,祺祺想出了一个好办法——用衣服把松果包起来带回帐篷,我们以后还能用这些松果做漂亮的东西呢。

有趣的野营

为了准备野营活动,妈妈帮我问朋友借来了一个帐篷,我这个帐篷和别的小朋友带来的不一样。我和灵灵在幼儿园草坪上支帐篷时发现这个帐篷是一抛就能展开的,只要稍微整理一下就能用了。但是我们的帐篷很难收起来,需要照着说明书加上老师的帮助才能收起来。经过练习我们已经能很熟练地搭帐篷了。我和灵灵来到山上的营地后把帐篷拿出来往空中一抛,帐篷很神奇地在空中弹开来落到地上。我们就把帐篷拉平整,在里面铺上垫子,拉开帘子,把两边撩起来用绳子绑上。这个帐篷有门,有窗,像个家一样,真是太有趣了。

图2-2-92 吊床之趣

图2-2-93 像家一样的帐篷

附:家长反馈

妈妈的欣喜反馈

在成长册的月评语里,老师向琪琪妈妈反馈了琪琪在这次野营活动中可喜的变化,琪琪妈妈向老师反馈说:"谢谢老师关注到孩子在幼儿园的一点一滴,琪琪性格比较内向,做事情都不太主动,但是最近是琪琪变得更快乐了,在家里也会主动说起野营活动的事情。自从她知道要带帐篷去野营之后,回家就主动让我教她怎么搭帐篷。她在家里练习了好几次。她竟然能主动要求在集体面前示范搭帐篷,这太让我感到惊喜了。这种在老师和小伙伴面前获得的成功体验让她变得自信起来,能为她今后的人生打开一扇窗户。实在是太感谢老师对琪琪的关注和鼓励了。在野营活动之后,琪琪的任务意识更强了,对于老师交代的任务回到家都会传达给我们,还会自己主动去尝试完成,作为家长,看到孩子一点点的进步和变化我们真的很欣慰。再次感谢老师的无私付出!"

农场种植

我走进了农场里
就像走进了歌声里
歌声如细碎的阳光
在枝头跳跃
在泥土芬芳

奏一曲农夫的歌
我们翻土、浇水、施肥、搭棚
滋养各色蔬果
引来蜜蜂嗡嗡

农夫的歌
挂在枝头的叶片上
结成晶莹的露珠
清逸而悠扬

秘密森林之农场种植

农场种植为孩子们提供了一个亲近自然、亲近生活的教育环境,让他们在幼儿阶段就能接触和了解蔬菜等农作物,进行一些力所能及的劳动,体验生活,拥抱自然,培养心智。

我们在三楼的平台上开辟了阳光农场,以便于孩子们开展各种农场种植活动。一个个木箱是孩子们耕耘实践的地方。每年生长季,孩子们都会进行播种,照顾它们,陪伴它们开花结果……孩子们在这里认识各种蔬菜,了解常见蔬菜的生长过程和生长形态,包括根、茎、叶、花、果实的不同特征;认识劳作的工具,知道如何正确使用不同工具;了解蔬菜在成长过程中所需要的养料;知道如何制作肥料,以及如何照顾蔬菜，为蔬菜搭架、盖膜等；愿意大胆探索蔬菜的生长过程和不同的生长形态，能够观察与比较几种蔬菜之间的区别，并尝试制作相应的记录表；善于在观察蔬菜的过程中发现问题，寻找解决的途径；尝试进行对比种植，获得植物生长的经验；积极尝试用多种方式对蔬菜进行艺术创作。

农场种植活动粗略分为阳光种植和农场狂欢两大块，从作物种植、气候虫鸟、品味丰收、蔬果艺创、农场欢庆等几个方面展开活动。在实际开展过程中，活动的内容都是持续的，所以也是穿插在一起的。

表2-2-3 农场种植内容举例

类别	内容框架	具体目标	具体内容建议（可调整）	活动要点
阳光种植	植物与耕种	1. 知道蔬菜生长的环境及所需要的养分，初步了解蔬菜种子。 2. 能够正确使用各种工具，尝试用各种工具进行蔬菜种植，学习照料的各种技能。 3. 愿意与同伴合作种植蔬菜，把自己种植蔬菜的经验与同伴进行分享。	种植小秘密（了解种植蔬菜及照料蔬菜的方法，通过调查记录表的形式展开调查，说说自己认识的种子有哪些，在课堂教学中从气味、形态等方面观察不同植物种子的区别，能够正确使用各种工具，初步学习辨别种子的种类） 拔草、间苗（知道杂草会影响蔬菜的生长，学习清理杂草的方法，调查怎样可以让小苗长得又高又不拥挤） 植物的结构（初步了解植物的结构，认识根、茎、叶、花、果实及其不同种类，能够大胆探究植物的根、茎、叶的特征，通过实验发现植物的有趣现象，能够记录与表达自己的实验过程与结果） 肥料生成记（尝试利用身边的废弃物，如树叶、腐烂的干果、剩菜剩饭等制作肥料，发现和探究制作肥料的条件）	1. 生成活动内容，关注幼儿的兴趣点及植物生长的状态，生成农场探究内容。 2. 做好探究准备，从工具、探究的方向、材料及必要的知识经验引导幼儿充分参与讨论，收集材料，为下一步的探究做好准备。 3. 实施多元化教学内容，鼓励幼儿采用多元的形式进行表达和表现，如采用写生、观察、记录、制作、分享等各种形式，鼓励幼儿尝试与同伴合作进行农场探究，探究的内容可以是种子、蔬菜、虫鸟、天气等。 4. 支持后续探究，与幼儿一同回顾活动，鼓励幼儿提出新的想法，允许幼儿继续进行深入探究。
	气候与虫鸟	1. 认识在蔬菜种植中较易出现的几种动物，知道这些动物与蔬菜的关系。 2. 积极探索季节、天气与植物生长的关系，想办法为蔬菜保暖。	蚯蚓本领大（通过观察、比较感知蚯蚓的部分生理特征和生活习性） 蜗牛、螳螂捕捉记（利用多种方法，让螳螂自己进入瓶子） 我给小鸟做窝（合作制作鸟窝，能够使用多种材料及工具） 草莓被谁吃了（猜测草莓被谁吃了，可以采取什么措施阻止草莓被吃） 植物怎么过冬（关心天气、气候与植物发芽、生长的关系，学习为植物盖膜、搭架子等）	

续表

类别	内容框架	具体目标	具体内容建议（可调整）	活动要点
农场狂欢	喜获丰收	1. 知道不同的蔬菜开不同的花，发现它们在颜色、形状、花期等方面的不同，能与同伴分享自己的发现。 2. 观察与比较不同蔬菜之间的区别，并尝试用自己的方式进行记录。 3. 大胆利用各种工具对蔬菜进行艺术加工，使之成为独树一帜的艺术作品。	好吃的土豆、炒瓜子（将土豆制作成各种美食，如土豆饼、炒土豆丝、红烧土豆等，品尝土豆；学习炒瓜子，学习与大家一起分享劳动果实） 藤儿爬呀爬（猜测丝瓜、南瓜、黄瓜的秧苗，说说他们有什么异同，对四季豆、黄瓜、丝瓜、南瓜进行写生，画出心目中的瓜果一家） 蔬菜花儿开（进行自主写生活动，如画油麦菜、迎春花、油菜花等，利用彩纸进行简单包装，变成花束）	活动按计划、实施、回顾三部曲实行。 计划：1.谈话活动，整理适合在野外游戏的内容及注意事项；2.为野外游戏准备适宜的着装；3.模拟演练，较难的游戏事先在园内进行练习；4.做出野外游戏的计划。 实施：可以在幼儿园周边公园里、小山上开展。 回顾：与同伴分享野外游戏的经验和心情，想象还能够拓展哪些内容，下一次去游戏的时候还能准备什么材料，并为自己本次野外游戏画一幅图画，编一个故事。
	农场欢庆	充分利用农场环境，与语言、艺术、绘画、戏剧等结合起来，举行农场欢庆活动，充分享受活动的乐趣。	一园蔬菜成了精（学习绘本，将绘本内容演绎成话剧，自己制作道具、服装，自己讨论语言、音乐，制作背景、海报、邀请函，让活动始终充满乐趣）	

案例举例　阳光种植之植物与耕种1

农场欢乐多

自从有了生机勃勃的阳光农场，孩子们经常去那里种植、观察、游戏。绿意盎然的农作物成为孩子们时刻惦记的宝贝。在播种时，孩子们发现不同的种子种植方法不一样，其中还藏着许多小秘密："种子宝宝什么时候能长出来？""大蒜应该朝哪边长出来？""红薯的外表为什么是坑坑洼洼的，上面还有一些小洞？"孩子们知道农作物的果实长在不同的部位；知道天气冷了，有些农作物看起来好像已经死去了，实际上在地底下过冬。我们怎样才能让这些蔬菜宝宝更好地长大呢？

照顾蔬菜宝宝

开学初的时候，孩子们对班级的每个"一米箱"进行了大扫除：锄草、捡石头、松土……因为孩子们即将要种下一批新的宝贝。第一批下土的宝贝是土豆、番茄、玉米、萝卜等，那么它们的根、茎、叶、种子等有什么不同呢？

看：看看这些种子都长什么样子，它们长得是否一样，土豆的种子与我们吃的土豆有什么不一样。

闻：闻闻种子是不是有味道。

孩子们在自由参观的过程中丰富有关种子的经验。

图2-2-94　这是谁的秧苗

接下来就是孩子们给种子安家了。他们拿起小锄头和小铲子，在种植箱内挖出一个一个的小坑，然后将种子放到挖好的小坑里，埋上泥土；接下来接来了水，开始给种好的种子浇水。他们就像是一个个快乐的小农夫。

图2-2-95　清理杂草　　　　　　　图2-2-96　给种子、秧苗安家

蔬菜叶子的秘密

我们班的阳光农场里种着很多很多的蔬菜。可是为什么有的蔬菜的叶子是尖尖的、细细的呢？这种长长的、外面像牙齿一样的又是什么蔬菜的叶子呢？

于是，孩子们开始展开调查。首先，孩子们先尝试去观察蔬菜的叶子，看看它是什么样子的，在给叶子画像的时候可以猜一猜它可能会是什么蔬菜的叶子。

图2-2-97　蔬菜写生　　　　　　　　图2-2-98　蔬菜叶子的秘密

在比较的过程中，孩子们还发现了蔬菜的秘密，原来每一种蔬菜的叶子都是不一样的。所以在接下来的连线游戏中，孩子们开始比较各种蔬菜的叶子，在比较中还学会了区分几种不同的叶子，找到它们的特征。

孩子们还发现有一部分蔬菜的叶子变黄了。很多孩子说："这是因为泥土里的营养不够了，所以蔬菜的叶子看起来没什么力气，垂头丧气的，而且颜色也没有以前那么鲜艳了。"

蔬菜花儿开

春天来了，油菜花开了。一片又一片的油菜花错落地点缀在阳光农场。孩子们像一群群小蝴蝶，一会儿飞到这儿，一会又飞到那儿。孩子们问我："张老师，油菜花怎么不一样呀？"我问："哪里不一样呀？"玥玥边说边指向一片油菜花："这边的油菜花下面是红色的。"我说："这是茎，有些花的茎是红色的，有些花的茎是绿色的。"我还夸玥玥："你观察真仔细，等一下把这个秘密分享给小朋友。"

经过观察和交流，孩子们对这种金色的花进行了比较，发现它们有相同的地方，也有不同的地方。

思思说："我看到它们的花都是黄色的，都是四片花瓣。"莫莫补充："我看到3号木箱的花上面有点白白的，是淡黄色的。"

维维说："我看到茎是不一样的！"我问："哪里不一样？"维维说："1号木箱的油菜花茎是紫色的。"婷婷说："我和笑笑看到叶子有深绿色的和浅绿色的，叶子的形状一样，前面都尖尖的。"

我问："为什么1号木箱的花的茎和茎脉会是紫色的呢？为什么花的颜色有金黄和淡黄呢？"思思说："因为它们的种子不一样。"洋洋说："它们是不同油

图2-2-99　美丽的油菜花 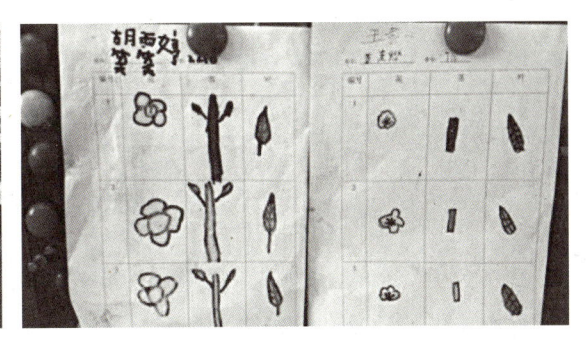　　　　　　　　　图2-2-100　油菜花大调查

菜开出的花。"

我说："到底1号、2号、3号木箱分别种了什么呢？"

通过翻阅上学期的照片和百度搜索，孩子们得知1号木箱内种的是紫苔菜，2号木箱种的是油菜，3号木箱种的是四季小白菜。最后，孩子们找到了真正的油菜花，知道油菜又叫油白菜，十字花科，黄色花朵。

油菜花写生

图2-2-101　油菜花写生1 　　　　　　　　　图2-2-102　油菜花写生2

图2-2-103　油菜花写生展示1 　　图2-2-104　油菜花写生展示2 　　图2-2-105　油菜花写生展示3

满园春色关不住,金灿灿的油菜花映满眼帘,给孩子们提供了一个绘画的好机会。带上素描本,拿上水彩笔,站在某一个点,孩子们把自己看到的美景画在纸上。

油菜花摄影展

四月是踏青的好时间,田野里一片又一片的油菜花争相开放,我们把农场课堂搬移到园外。周末,孩子们与爸爸妈妈尽享春天的美景,赏花、闻花、与花拍照,进一步亲近油菜花,走进自然。照片中的孩子们有的犹如一只翩翩起舞的蝴蝶在花丛中飞舞,有的貌似在深情地对花倾诉,有的闭上双眼陶醉在花海中。奇思妙想的我们还为照片取了名字:洁洁《我与花儿一样美》、怡怡《油菜花开的声音》、芝芝《幸福像花儿一样绽放》。

图2-2-106 和油菜花合影　　　　图2-2-107 走近油菜花

制作花束

我们班级有个区域叫花艺坊,孩子们可以通过各种材料进行以花为主题的创意制作。看着阳光农场的花儿开得热闹,孩子们兴冲冲地采了一束,把它们插在花艺坊的花瓶里。

除了插花,还可以怎么打扮这些漂亮的花呢?

洁洁和欣欣最先从材料柜子里取来包装纸,想对鲜花进行包装。她们合作着把包装纸卷了起来。

图2-2-108　油菜花丰收1 　　　　　　　　图2-2-109　油菜花丰收2

图2-2-110　制作油菜花花束1 　　图2-2-111　制作油菜花花束2 　　图2-2-112　制作油菜花花束3

图2-2-114　油菜花花束制作完成

图2-2-113　制作油菜花花束4　　图2-2-115　油菜花送老师1

经过装饰，采的花变成了小巧的花束。正巧保健医生进来，看到了这么漂亮的花束，赞美道："好厉害！"思思听了高兴极了，蹦跳着把自己做的花束送给了保健医生。接着，其他孩子在思思的带动下，把花束送到一个个辛勤工作中的老师手中，并有礼貌地说："老师，辛苦了。"

图2-2-116　油菜花送老师2

花落后的果实

随着季节和天气的变化，我们看到了花开花落。这是什么？它细细的，样子像针。孩子们纷纷讨论："这是菜的种子。"种子在哪里？细细长长的是花的果实，种子就在果实里面。果实什么时候成熟，可以丰收呢？

我们再多观察观察。慢慢地，我们看到果实比原来粗了，颜色也有些变化。有的孩子说："它有点老了。"是的，风吹日晒下，果实逐渐成熟。

每次来阳光农场，孩子们都会关心蔬菜，也会采摘一些不同的果实进行比较，发现有的果实外壳已经破裂，种子有点发黑了。那是成熟的表现；有的还是紧紧包裹着种子，说明还需要一段时间才能成熟。也有孩子告诉我："我看到一个细细的，刚长出来的果实，它还很嫩。"通过观察和比较，孩子们了解到在同一时间段，植物的生长状态是不一样的，有的快，有的慢。

终于，待到果实一片枯黄，壳破裂，一些心急的种子宝宝从壳里跳出来，我们一起将油菜花连根拔起。孩子们看到后说："老师，有几个果实里面的种子已经没有了。""那去哪里了呢？"涛涛说："我知道，它们早就掉在泥土里了。"问题来了：种子掉在泥土后，它会不会再长出油菜呢？

在油菜根茎晒了几天太阳后，我们发现它们的果实、茎都更干更脆了。孩子

图2-2-117　看，这是油菜花的种子

图2-2-118　寻找油菜花的种子

图2-2-119 油菜花种子大调查

图2-2-120 你看，油菜花的种子是这样的

图2-2-121 油菜花晒太阳

图2-2-122 剥果实

们人多力量大，一起剥果实，收种子，特别认真。

收来的种子可以干什么呢？通过找资料和看视频，我们了解到种子可以继续播种，还可以榨油。

孩子们共同看了榨菜籽油的视频，还一起观察菜籽油和其他油的不同。孩子们都觉得菜籽油闻起来香香的。

案例举例　阳光种植之植物与耕种2

肥料生成记

最近这几天，孩子们意外地发现"一米箱"里蔬菜的叶子黄了，好像失去了力气。玉米叶子失去了亮晃晃的光泽，就连土豆也似乎好几天没有长大了。于是我们展开了讨论，追究缘由。有的孩子说："因为被虫子咬了，所以身上都是黄黄的。"有的孩子说："因为没有肥料，所以看起来没有力气。"孩子们把发现告诉了我。我说："蔬菜宝宝们一天天长大，需要更多的营养来补充，营养不足就不能健康地长大了。"我们想要长高长大，就要多吃各种蔬菜水果，多喝牛奶。那蔬菜宝宝们要补充什么营养才能长得更高更大呢？

图2-2-123 蔬菜宝宝怎么了大讨论　　　　　图2-2-124 蔬菜宝宝营养补充大调查

认识肥料

在上一次的活动中，孩子们发现了蔬菜成长的秘密。原来蔬菜一天天长大，需要很多的营养补充，就像我们想要长高长大一样，要多吃各种蔬菜水果，多喝牛奶。那植物们要补充什么营养才能长得更高更大呢？

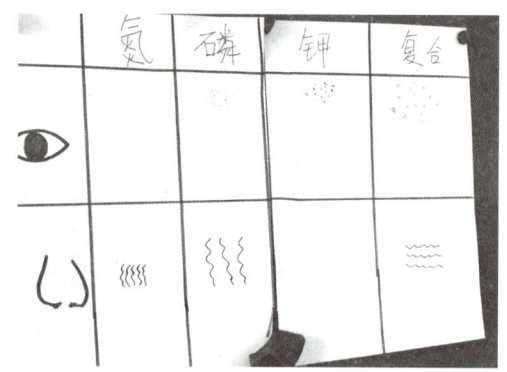

于是孩子们就收集到的关于化肥的经验，开始讨论化肥的种类。

孩子们又把他们带来的化肥拿出来进行比较。

最后孩子们还观察了几种肥料，他们发现这几种肥料除了颜色不一样、形状不一样外，味道也是不一样的。

认识化肥：单肥、磷肥、钾肥。

化肥在哪里：知道化肥与水、空气、火和其他物之间的化学变化。

收集肥料：收集吃剩的果皮、菜叶等。

捡树叶：了解树叶也可以当肥料。

复合肥哪里去了：复合肥兑水使用方法。

发酵桶：制作肥料。

有机肥：各种有机肥料，如羊粪、淘米水、过期牛奶等。

收集废旧材料做化肥

我们可以自己制作化肥吗？

这下子，教室里炸开了锅，孩子们纷纷讨论起来。有的孩子说果皮可以用来做肥料，有的孩子说剩饭剩菜、动物的便便都可以用来做肥料。

孩子们回家和爸爸妈妈进行了讨论，还到网上寻

图2-2-125 肥料哪里来

找相关的资料，了解制作自制化肥的方法。第二天我们进行了经验分享。

佳佳："我和爸爸一起去山上挖泥土，我们在一棵树根旁挖到了泥土。"

几个孩子听到挖土的话题纷纷围了过来参与讨论。在讨论中我们知道了之所以树根旁边的泥土营养比较好，是因为树叶落在树根旁边腐烂后留下了更多的营养。

孩子们都想把自己知道的告诉其他的小伙伴们。有的孩子说便便可以做成肥料，也有孩子说看到奶奶用鱼肠做肥料。

图2-2-126　来自泥土的营养

在讨论的过程中他们打算先去捡一些落叶。

捡落叶

孩子们先开始进行捡落叶。

恒恒："我觉得到外面去的时候应该要保护好自己，不能让自己受伤。"

泽泽："对，还有我觉得到外面去了不要随便离开队伍，这样我们就不会找不到自己的大部队了。"

优优："我们还可以分组，队长要带领自己的队员去寻找和储藏树叶。"

图2-2-127　捡落叶计划

也有孩子说大树旁边的树叶比较多，好找。水塘边很危险，尽量别靠近。最后计划生成了，接下来孩子们就要出发去寻找落叶了。

图2-2-128　我找到的落叶1 　　图2-2-129　我找到的落叶2 　　图2-2-130　我们找到的落叶

孩子们来到了附近的公园里，找到一处落叶较多的地方。按照大家的原定计划，每组选出一名队长，队长负责拿箩筐并带领自己的组员把捡来的树叶放入箩筐。

最后孩子们还将收集到的树叶和泥土混在一起放在空木箱里。

自制发酵肥

收集完了材料，孩子们决定自己尝试制作发酵肥。于是孩子们将家里的剩菜剩饭都带来了。

天天："妈妈说剩饭剩菜放进这里面，加一点水，过一段时间它会腐烂的。"

旭旭："我们把它装到盒子里就可以观察啦。"

恒恒："那时间放长了不是很臭吗？我们家楼下的垃圾桶就是臭臭的，里面堆满了垃圾。"

泽泽："那是因为垃圾腐烂了，我们把肥料的盖子盖好就不会臭了。"

孩子们你一言我一语地讨论着，还决定要制作一本记录本来观察食物的腐烂过程。

孩子们开始制作发酵肥，绘制记录本，并且亲手放置到自然角以便大家观察。在等待的过程中孩子们充满期待。

图2-2-131 制作发酵肥 　　图2-2-132 剩菜剩饭也会腐烂哦 　　图2-2-133 发酵肥生成大讨论

害虫还是益虫

这几天天气比较热，泥土变得又干又硬。孩子们决定来松松土，一下又一下地挥动着小锄头，不经意间迎来了一位动物朋友——瓢虫，一只只小脑袋都好奇地伸过来看瓢虫。只见瓢虫依旧停在芹菜的叶子上，一动也不动。

"它在干什么呢？"

"为什么它一动也不动？是天气太热了懒得动吗？"

图2-2-134 树叶上的瓢虫　　　　　　　　　图2-2-135 瓢虫大讨论

图2-2-136 树丛里的瓢虫　　　　　　　　　图2-2-137 瓢虫是益虫还是害虫

"可能睡着了吧。"

孩子们还在七嘴八舌的讨论中,突然有个孩子问:"老师,要不要抓掉它?它会不会吃我们的庄稼?"大家都不禁产生疑问:瓢虫是益虫还是害虫呢?于是孩子们提出上网查询。最后孩子们得知瓢虫根据它身体上斑点数量分为一星、二星、四星、七星、十一星和二十八星,但是十一星和二十八星是害虫,其他瓢虫都是益虫,会吃菜田里的蚜虫。

蚯蚓本领大

农田里总是充满着乐趣,泽泽在松土的时候又有了新发现——蚯蚓。只见蚯蚓半个身体躲在泥土里,探出了小脑袋,稍微蠕动了一下身体。孩子们一个个用惊奇的眼光看着这条小小的蚯蚓。

蚯蚓是干什么的?蚯蚓吃什么?它有嘴巴吗?蚯蚓怎么拉便便呢?蚯蚓可以住在其他地方吗?一个个充满童趣的问题生成了。

孩子们你看看我,我看看你,没有人知道答案。为了得到答案,孩子们决定

图2-2-138　我发现的蚯蚓 　　　　图2-2-139　蚯蚓大收集 　　　　图2-2-140　蚯蚓生活在哪里

图2-2-141　蚯蚓生活在泥土里 　　　　图2-2-142　让蚯蚓给蔬菜宝宝带来帮助吧

回家收集有关蚯蚓的各种资料。大家还一起讨论并决定把蚯蚓带到教室的自然角里进行观察。有的孩子拿来了放大镜，也有孩子提出要把蚯蚓放到水里。说干就干，放到水里的蚯蚓依然蠕动着它的身体，真是太有趣啦。

肥料做成了

时间过得好快，一个多月了，孩子们分组开启酵素瓶。一时之间，一股浓浓的沤味扑鼻而来。孩子们忍不住捂住了鼻子。"好臭啊！""真的，味道可大了！""这臭味，我以前在外婆家门口也闻到过。""这么臭，怎么用呢？""植物真的喜欢这个吗？"虽然臭，但是还是孩子们叽叽喳喳问个没完。

我们给植物施点肥料吧，这可是最好的肥料呢！我招呼大家。孩子们在我的帮助下，将肥料稀释了以后，装在各自的瓶子里给植物施肥。

图2-2-143　我给植物施点肥

图2-2-144　我给蔬菜宝宝来施肥　　　　　图2-2-145　稀释肥料

附：农场种植其他系列活动掠影

图2-2-146　观察番茄　　　　　图2-2-147　好看的花

图2-2-148　我来修剪枝叶　　　　　图2-2-149　蔬菜宝宝成熟啦

图2-2-150 蔬菜宝宝大调查

图2-2-151 我为藤儿搭架子1

图2-2-152 我为藤儿搭架子2

图2-2-153 我为藤儿搭架子3

图2-2-154 我来照顾蔬菜宝宝

图2-2-155 我给蔬菜宝宝做个保暖的屋子

图2-2-156 壮观的阳光农场

图2-2-157 夜开花成熟啦

图2-2-158 玉米结出果子啦

图2-2-159 番茄宝宝大写生

附：学习故事

肥料放在哪里

观察对象：大二班第二组小朋友

观察者：王琴琴

在上周照顾蔬菜的活动中，我们一起给植物施肥、拔草、松土。孩子们已经基本了解了施肥的整个过程，也特别感兴趣。在这个活动结束之后，我们把剩下的肥料放在了班级的自然角里。孩子们发现肥料粘在一起，开始融化了。因此我们展开了一次主题为"肥料放在哪里"的大讨论。

有一天中午，萱萱跑过来跟我说："老师，我发现植物角里的肥料粘在一起了。"

我说："走，我们一起去瞧瞧。"周围几个孩子听到后马上围过来。

图2-2-160 肥料放哪里大调查

泽泽："这个是肥料融化了。"

岑岑："我听妈妈说要把肥料用塑料口袋装起来系紧，这样就不会融化了。"

良良："可能是因为被太阳晒融化了。"

恒恒："我爷爷说过要把肥料系紧放在阴凉的地方，这样就不会融化了。"

妮妮："那是不是可以把肥料放在冰箱里？"

孩子们七嘴八舌地说着自己的想法。

最后孩子们通过收集资料、观看视频、听爷爷奶奶讲述等各种渠道得出了以下结论：

第一，不能露天堆放，应放在屋内的阴凉处；

第二，预防潮湿，最好架空，不接触湿源；

第三，预防高温，要适时调节贮存房屋的温度，温度不宜过高；

第四，肥料也不能与易燃的东西放置在一起，储藏时还要尽量避免和食物混放，避免误食肥料。

孩子们还把得到的结论制作成一张肥料存放记录表，把肥料放在哪里最安全都一一画了下来。记录表就挂在了我们班级门口，这样就可以提醒其他的小朋友不要轻易触碰肥料了。

植物怎样过冬

观察对象：大二班小朋友

观察者：王琴琴

下了一个星期的雨，今天难得放晴。吃完中午饭后孩子们高兴地来到了"农场"。他们发现玉米已经枯萎了，叶子是黄黄的。番茄们也都集体垂下了头，落在了泥土里。番薯藤条全都枯萎了。最后还剩下一些青菜、麦苗、萝卜等蔬菜，但是叶子看起来好像也没什么精神。

"啊，它们好像都死了！"宝宝突然说了一句。

瑄瑄："我知道它们为什么枯萎了，肯定是因为缺水了吧。"

顺顺："不对不对，我摸了一下泥土，泥土里还有很多水分，而且前几天一直都在下雨。"

彤彤："我觉得肯定是太冷了，说不定植物已经冻死了。"

良良："不对不对，我觉得它们还没死。我们救救它们吧。"

恒恒："对啊对啊，我也觉得还能救活它们呢。"

孩子们你一言我一语地讨论着，很快就将他们说的付诸行动。

过了一周以后，我们又来到了"农场"。虽然这里的杂草已经被孩子们清理掉了，但是植物们似乎并没有要活过来的迹象。这也验证了似乎杂草对这些植物的影响已经没有那么大了。

图2-2-161　番茄宝宝枯萎了

图2-2-162　营救番茄宝宝1

图2-2-163　营救番茄宝宝2

孩子们讲述自己的调查结果，发现原来是因为天气太冷了，很多植物受不了寒冷的冬天。

顺顺："我知道了，天气那么冷，是因为它们没有衣服穿，所以才会冻死的。"

泽泽："我们可以给有些矮矮的蔬菜搭个棚，给小树苗穿上布、草绳，这是我妈妈告诉我的。"

这次孩子们把我们一起收集的草绳、棉布捆绑在了小树苗上，还在树干上刷上了一层白白的石灰。他们一起合作为低矮的蔬菜盖了一些薄膜，还给高高的蔬菜搭了架子。这样就能让蔬菜宝宝们安心地过冬了。

护鸟行动

观察对象：大二班小朋友

观察者：王琴琴

幼儿园里有一个我们的秘密基地，那就是我们的"阳光农场"。这里是我们最喜欢的地方。五月，天气逐渐转热，我们开始了一次寻找昆虫之旅。在一次捉昆虫的活动中，孩子们发现了一只腿脚不灵活的小鸟。于是宝宝把它带回了教室，孩子们给它取名"奶糖"。"奶糖"很受大家的欢迎。大家给它准备了一个舒适的小窝，中午吃饭的时候还给它喂饭。孩子们希望在大家的照顾下"奶糖"的脚能够早日康复。"'奶糖'喜欢吃什么呢？""'奶糖'会不会喜欢我们给它准备的家呢？""'奶糖'的脚什么时候会康复呢？"孩子们的这一连串问题引发了我们的思考。

到了下午的时候，孩子们的意见再次出现了分歧。大部分孩子认为离开了妈妈的"奶糖"非常可怜，它会抑郁，会生病。可是宝宝始终舍不得"奶糖"，不愿意让它离开自己。最后孩子们一起商量，把"奶糖"放回"阳光农场"里，我们也可以经常去

图2-2-164　鸟窝大制作　　　　图2-2-165　温暖的鸟窝　　　　图2-2-166　创作鸟窝

看看"奶糖",为它准备一个小窝,这样"奶糖"也会经常回来的。

于是孩子们回家后开始收集和准备第二天要用的材料。孩子们带来了树枝、树叶、细绳、羽毛甚至小鸟的食物。

妮妮将自己从家里带来的树枝进行组合,把树枝捆绑在一起做成了一个小小的月亮船。妮妮一边做一边说:"小鸟睡在我做的摇篮里面,摇来摇去,一定很舒服。"

宝宝和佳佳一起商量谁来负责捆绑树枝,谁来负责固定树枝不让它乱动。两个孩子你一言我一语地开始制作,但是尝试了很多次都以失败告终。于是宝宝又提出使用超轻泥和树叶进行组合。最后在多次尝试后他们终于成功完成了鸟窝的制作。

最后还有海报宣传组的孩子也在商量中开始进行制作。泽泽负责策划和画图,欣欣负责将图画剪下来,良良负责贴图。孩子们商量着制作完成海报后还要进行宣传,这样才会让更多的小朋友知道保护鸟儿的方法。

图2-2-167 材料大设计

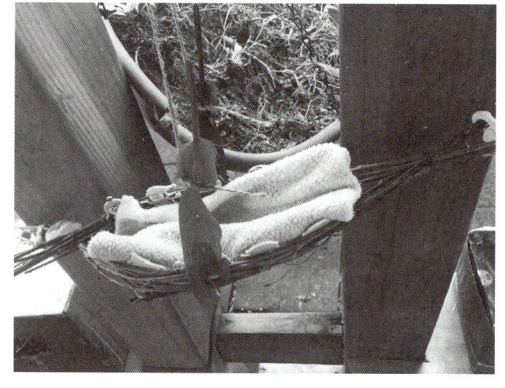

图2-2-168 小鸟的家

图2-2-169 温暖的鸟窝

图2-2-170 为鸟窝增添"家具"

附：儿童日记

收集废料

外婆家养了很多只山羊。我听爸爸说羊便便是一种很好的植物肥料，里面含有植物所要的成长养分，所以我想带一桶羊便便到幼儿园为那些蔬菜施肥。

有一天，爸爸帮我提了一桶羊便便，我带到了幼儿园，并在老师的带领下到了天空农场，亲手把一桶羊便便倒入泥土中。然后老师叫我拿铲子铲一铲，把羊便便和泥土混在一起，把它倒在离植物远一点的地方，这样泥土就有营养了。

希望蔬菜们能快乐成长，越长越大。下次我再带羊便便来"喂"蔬菜。

项目二　创想空间

《指南》指出幼儿艺术领域发展的关键在于充分创造条件和机会，在大自然和社会文化生活中萌发幼儿对美的感受和体验，丰富其想象力和创造力，引导幼儿学会用心灵去感受和发现美，用自己的方式去表现和创造美。在这一理念的引领下，我们一起走进大自然的怀抱，走向广阔的操场，对自然物进行创造。项目以开放包容为教育理念，充分利用自然资源和建构材料，促进幼儿个性化发展和艺术、建构的表征能力的提升。

创想空间包含户外建构和自然趣作两个活动，用开放的眼界挖掘课程资源，用开放的方式、多元的视角实施课程内容，用多种途径培养具有阳光气质的幼儿，尊重幼儿的生长规律，创设丰富的教育环境，允许幼儿用自己独特的"一百种语言"来表达内心的想法和感受。

一、项目目标

第一，走进大自然，发现大自然的美，找到自己喜欢的自然材料，发现它的有趣之处，借助各种材料和工具进行创造性的表现和表达，喜欢与同伴分享自己发现的秘密，交流自己的想法和经验，愿意与同伴合作进行艺术创作。

第二，学习研究各种建筑的结构和造型，感知各种形状的积木，通过建构操作获得关于积木的感性经验。

第三，会根据实物或设计图用各种形状的材料搭建建筑物，完成从设计到建构、再到创造的过程，促进问题解决能力、思维能力、创造能力的发展，并在共同建构的过程中促进社会性发展和语言发展。

第四，能积极参与艺术表征活动及建构活动，对活动有浓厚的兴趣，在活动中养成坚持不懈、克服困难、勇于探索、勤于动手动脑等良好品质，在与同伴一起搭建、创作的过程中感悟合作的乐趣，获得尊重与被尊重的体验。

二、项目体系

具体活动	课程说明	核心价值
户外建构	带领幼儿在户外进行建构活动，为幼儿提供开阔的场地、丰富的材料，让他们根据自己的意愿进行计划、搭建与表达。	幼儿在利用各种建构积木或其他材料进行建筑、构造的过程中，能充分感知材料的特征、性质，并能根据物体的外形特征学会正确选择和使用不同类型的建构材料，搭建出外观、功能、风格迥异的建筑作品；尝试围绕主题进行建构，学会合作与分工，学会客观地评价自己和同伴的游戏情况，体验同伴共同游戏的快乐和创造合作共享的快乐。
自然趣作	让幼儿运用自然材料进行美术创作，通过对大自然和生活的观察、体验、研究、分析、选择、加工、创作，用心去感受和发现美，用自己的方式去表现和创造美。	幼儿在大自然中徜徉，发现并感受自然的美，体验到自然无处不在的真谛，拼贴大自然，拓印大自然，手绘大自然，收藏大自然，以一颗纯真的心来进行自然创作，记录自然中的生命故事，传递对美的感受。

三、项目实施要点

第一，支持幼儿的主动学习，给予幼儿自主探索的空间和时间，让幼儿对自己的活动进行计划和规划，提前设计图纸、准备材料、收集工具、寻找伙伴，并与老师、家长一同做好信息采集工作。

第二，丰富幼儿的建构及艺术表征的经验，肯定幼儿在活动中不一样的表达与表现，让幼儿体验成功与被欣赏的喜悦。

第三，重视环境对项目开展的价值，让幼儿的作品呈现在教室及幼儿园的各个角落，展现课程开展对幼儿成长的深远意义。

户外建构

我有一双神奇的魔手
可以把积木变幻无穷

搭一座房子，我和朋友在里面睡觉、休息
搭一座小桥，我们小心前行
搭一座城堡，我是公主，你是王子
搭一艘小船，载着我们一起去旅行
搭一座花园，有树、有花、有动物
搭一座迷宫，我们一起去探秘
搭一个火箭，带我去看看太空的美景
搭一个跷跷板，你高我低真有趣

我有一双神奇的魔手
可以把积木变幻无穷

创想空间之户外建构

户外建构是幼儿操作建构物体或材料，通过有计划有目的的交流、分享，创造性地反映周围生活的游戏。户外建构的核心价值在于创造、合作、共享。为此在活动中，我们融操作性、创造性、艺术性为一体，在丰富幼儿感知经验和主观体验的基础上，发展幼儿的动手能力和建构技能，让幼儿在平等、谦让的游戏氛围中学会合作分享，尝试开拓创新，体验成功与挫折，从而实现个性的全面发展。

在户外建构游戏中，我们努力保证场地和内容的开放，给幼儿提供宽阔的场地和丰富的材料，让幼儿根据自己的意愿互相交流讨论建构主题，合作建构出自己心目中的游戏场地；大胆研究各种建筑的结构与造像，根据不同的建筑造型绘制出相应的设计图；能够主动寻找同伴，自由分组，自主挑选出小组长，一同商讨建构内容；愿意与同伴合作挑战各种困难，尝试合作解决难题，通过相互协商、讨论寻找出切实可行的方法。

表2-2-4 户外建构内容举例

类别	内容框架	具体目标	内容建议	活动要点
积木建构	美丽校园	1. 观察了解各种建筑物的不同特点，尝试搭建出相应的建筑。 2. 熟悉积木、树枝等的建构特点，能运用不同材料进行搭建，增强组合能力。 3. 通过各种建筑的搭建，积累建构经验。 4. 增强同伴间相互合作、共同搭建的能力，学会相互配合，共同努力。	我们的幼儿园（通过观察，对幼儿园里的各种建筑物有进一步的了解，开阔思维，大胆想象，学会为要做的事情制订计划）	参观：自由结伴参观幼儿园和小学的各项建筑，从而对于学校各项建筑有进一步的了解，为接下来的活动做好铺垫。 设计：分组选择一种建筑物进行设计。 搭建：分组根据设计图进行搭建。 回顾：回顾活动中出现了什么问题，有哪些困难，可以怎样解决。 梳理：通过交流获得搭建的经验、小组合作的方法及解决困难的思路。
			我眼中的小学（通过观察、研究，对小学里各个建筑的基本结构有大致了解，在活动中尝试与同伴合作，相互协商建构出自己理想中的小学）	
	美好生活		繁忙的马路（知道马路上的一些基本的建筑物，并了解这些建筑物的结构特征与外形特点，能够大胆与同伴分享自己知道的信息）	
			未来城市（结合之前所学的建构技巧，发散思维，建构出自己心目中的未来城市，能够大胆向同伴介绍自己的建构作品）	
			美丽的中式建筑（对鼓楼步行街内的建筑物有进一步的了解，知道古风建筑与现代建筑的不同，能够搭建出中式建筑的明显特征）	
			好玩的迷宫（了解迷宫的基本结构与特点，能运用各种不同的积木进行造型，获取物体的外在形态，并能够表现出对称、平衡等艺术形式）	
土木建构	造房子喽	1. 学习使用真实的砖、瓦、沙、土等进行房屋建构，了解不同材料的特性。 2. 能与同伴合作完成任务，学习分工，感受搭建的乐趣。	我们的房子（用砖、瓦、沙、土等建造一幢自己的房子）	
			树枝建构（在野外寻找合适的树枝材料，建构室内的森林博物馆）	

案例举例 积木建构之美丽校园

我的幼儿园

幼儿园是孩子们学习与生活的地方，充斥着孩子们的欢声笑语，有孩子们熟悉的老师和同伴，有孩子们喜欢的大型玩具。我们可以搭建幼儿园里的哪些建筑呢？孩子们展开了激烈的讨论。

茜茜："我最喜欢玩滑梯了，也许我们可以搭建滑梯。"

泽泽："我可喜欢门卫爷爷了，我想要搭门卫爷爷住的房子"。
菲菲："我们还可以搭建我们学本领的地方。"
欢欢："我们幼儿园里还有动物园呢，我想要搭建动物园。"
轩轩："我也最喜欢玩滑梯了，我也想要搭建滑梯。"
…………
经过讨论，我们决定搭建教学楼、大型玩具、动物园、门卫室、滑梯等。

第一次搭建

为了让孩子们从不同的角度整体观察、感知自己即将搭建的建筑物，提高孩子们在建构活动中对空间方位的感知能力与布局能力，在建构活动开始之前，我们带着孩子们分组对自己所要建构的东西进行了仔细的观察，对建筑物的结构和细节进行了进一步的了解。

回到教室后孩子们对自己所要搭建的建筑物的外形特征和结构进行了激烈的讨论。
家家："滑梯是斜斜的。"
妮妮："滑梯的旁边有楼梯，要走上去才能滑下来。"
涛涛："门卫爷爷住的房子旁边还有一个很大的门呢。"
泽泽："门卫爷爷住的房子的墙的上面还有一个监控器呢。"
昱昱："动物园是长方形的。"

第二次搭建

通过第一次的搭建活动，孩子们对于如何搭建自己所选择的建筑物有了初步的想法。那么如何使孩子们搭建的建筑物与现实更加贴近呢？在开展第二次搭建活动之前，我们带着孩子们开展了一个小组讨论会。这个小组讨论会的主要目的是引导孩子们对真实建筑图片与成品建筑图片进行观察、对比、讨论，从而研究出孩子们所搭建的建筑物与真实建筑物之间的不同之处，然后诱发孩子们在第二次的建构活动当中对自己组的建筑物进行改进。

在观察、对比、讨论的过程中，孩子们发现了许多问题。
泽泽："我们搭的门卫室的屋顶是平平的，但是其实是尖尖的。"
妮妮："我们搭的木屋滑梯只有一层，实际有两层呢。"
菡菡："木屋滑梯不是只有一栋房子，它还有一个过道呢。"
晓晓："教室是很高很高的呢，我们搭的有点矮。"

第三次搭建

1. 讨论在搭建过程中遇到的困难

在几次的搭建活动中，我们发现孩子们遇到了不少困难。针对这一现象，我们在这一次搭建活动前引领着孩子们进行了讨论。通过这一次讨论，我们发现孩子们遇到的困难都大同小异，要么是在搭建的过程中发现建筑物会倒塌，要么是想要搭建更高的建筑物却够不着。所有的问题都集中在一点，那就是如何才能够搭建出又高又牢固的建筑物。

2. 如何使建筑物又高又牢固

怎么搭建出又高又牢固的建筑物呢，孩子们针对这一问题展开了激烈的讨论。

晓晓："搭的时候要搭整齐。"

跳跳："要小心一点，别撞到，撞到就会倒了。"

瑶瑶："最下面一层要搭得厚一点。"

最终经过孩子们的激烈讨论，我们得出了三个要点：首先，在搭建时最底下的几层要搭建得平整、厚实；其次，在搭建时要将搭建好的积木排列整齐；最后，在搭建时要认真地搭建，也要认真地对待自己搭建好的建筑，爱护它们，保护好自己搭建的建筑。

图2-2-171　滑梯合作搭建　　　　图2-2-172　完工后的滑梯

图2-2-173　牢固的建筑1　　　　图2-2-174　牢固的建筑2

附：学习故事

有风，该怎么办

曼曼、俊俊、皓皓、诺诺几个人搭建的是教室。经过前几次的搭建，孩子们对于如何搭建已经有了一些自己的想法，所以他们搭建起来还是比较轻松的。在孩子们的努力下，教室已经有了一个简单的形状。但是忽然一阵风刮过，孩子们好不容易搭建好的教室大门"啪"的一下就倒了。听到了声音的孩子们纷纷放下手中的工作围了过来。诺诺说："啊，门怎么倒了，谁碰倒的。"曼曼说："是啊，谁碰倒的，走路的时候能小心一点吗？"皓皓说："不是我。"俊俊也赶紧摇了摇头说："也不是我。"诺诺说："那到底是怎么回事啊？"曼曼；"那可能是风吹倒的吧。"俊俊说："是啊，今天有风呢，肯定是风吹倒的。"诺诺说："那该怎么办呢？"曼曼说："我们先把它搭好吧，也许这次就不会倒了。"说着曼曼就开始动手搭建起来。孩子们看见曼曼动手后也纷纷动手搭建起来。很快教室的大门又建好了。结果没过一会儿大门又倒了。孩子们非常沮丧。虽然如此，孩子们还是努力地想着办法。这时候曼曼说："是不是门太轻了才会被风吹倒呀。"俊俊看了看曼曼说："是这样的吗，那怎么办？"曼曼回答道："要不我们在用来搭建大门的中空积木里放点积木吧。"诺诺说："这样可以吗？"曼曼回答道："试试看呗。"说完曼曼率先动起手来，诺诺紧随其后。很快他们在搭建大门的积木里塞进了一些积木，把大门修复好了。修复完大门后，孩子们又开始了之前搭建的工作，这次大门一直牢固地站在那里。

图2-2-175 "教室"大门倒了

图2-2-176 "教室"大门怎么倒了

图2-2-177 "教室"大门被风吹倒了

附：幼儿搭建的其他作品

图2-2-178 繁忙的马路1

图2-2-179 繁忙的马路2

图2-2-180　有趣的迷宫1　　　　　　　　图2-2-181　有趣的迷宫2

图2-2-182　我的幼儿园　　　　　　　　图2-2-183　我的小学

图2-2-184　未来的城市1　　　　　　　　图2-2-185　未来的城市2

图2-2-186　牢固的柱子　　　图2-2-187　山洞　　　图2-2-188　圆形建筑

图2-2-189 迷宫1　　　　　　　　　　图2-2-190 迷宫2

自然趣作

我们是天空的孩子

徜徉在时空里

斗转星移

万马奔腾

绕过片片森林和草地

我们是大地的孩子

消融在花香中

与土地、天空和海洋一起

充分呼吸

按自己的节律恣意生长

我们是艺术的孩子

嬉戏在自然里

与树木、花瓣为伍

放飞思绪

自由创作、快乐游戏

创想空间之自然趣作

自然趣作主张充分放开幼儿的手脚,和幼儿一起走进了大自然的怀抱,让幼儿用自己的眼光去认识大自然,通过自己的双手对自然物进行创造;将自然当成森林教室,充分挖掘大自然中的有利因素,让幼儿接受丰富多元的感官刺激,通过看、闻、听、摸、尝调动全身的每一根神经,唤醒幼儿的感觉知觉,在与同伴交流、讨论、合作、创造中不断与自然界生物、自然现象互动,发现自然的惊奇与惊喜,见证生命的奇迹与感动;萌发幼儿对美的感受和体验,丰富其想象力和创造力,引导幼儿学会用心灵去感受和发现美,用自己的方式去表现和创造美,用创作的自然作品对教室、走廊、美工室等进行装饰,让幼儿感受到自信、成功与满足。

活动充分利用自然资源,深入挖掘课程资源,用开放的方式、多元的视角充实内容,符合幼儿的天性,为幼儿提供了充足的成长营养和多维度的体验平台,尊重幼儿的生长规律,允许幼儿用自己独特的"一百种语言"来表达内心的想法和感受,多种途径培养具有阳光气质的幼儿。

表2-2-5 自然趣作内容举例

内容框架	具体目标	内容建议	活动要点
手绘大自然	1. 观察春天,认识春天,发现春天的秘密。 2. 找到自己喜欢的春天的事物,借助各种材料和工具进行表现和表达。 3. 热爱春天,体验与同伴合作进行艺术创作带来的快乐。	速写大自然(以多种材料为载体,进行户外写生) 花草树木上的画(在树皮、树枝上创作) 贝壳石头彩绘(在山上涂鸦;拾捡石头,在小石头上彩绘) 自然彩绘(两两合作,用彩绘颜料进行面部彩绘)	1. 积累经验,升华情感:带幼儿到花园里、森林里、幼儿园里寻找春天,发现色彩斑斓的春天,从而激发幼儿对春天的喜爱之情,并鼓励幼儿大胆寻找自己喜欢的花草。 2. 多元途径,重在创造:让幼儿在不同的材料上体验艺术创作。 3. 交流经验,合作艺创:让幼儿相互配合,为同伴装扮。
拓印大自然	1. 知道植物是有颜色的,不同的植物有不同的颜色,而且它们能在不同的物体上留下不同的痕迹。 2. 尝试用多种方法探究植物的颜色,并大胆选择一种或几种记录方式表现植物的原本形态。 3. 对植物拓印的现象感兴趣,喜欢欣赏拓印作品。	叶子拓印(将收集的叶子进行排列构图,刷上颜料,拓印T恤) 植物拓印(用推、敲、打的方法在布袋、手绢上留下植物的痕迹) 贝壳吊坠(将贝壳拓印到做好的彩色面粉团上,穿上绳子做挂饰) 叶脉化石(将收集来的叶子在石膏上做拓印,永久保存)	1. 收集资源:寻找和收集各种不同的、特别的植物,发现植物的美。 2. 拓展经验:知道植物也有色素,而且能从植物中提取相应的颜色。 3. 同伴共享:喜欢和同伴交流讨论如何用合理的方式提取植物的颜色,或将植物的颜色提炼到另一中物体中。 4. 探究创造:探索怎样将植物的脉络清晰地拓印下来。

续表

内容框架	具体目标	内容建议	活动要点
拼贴大自然	1. 关注植物的不同色彩、形态。 2. 能够发现和比较不同植物的特征，并能用语言与同伴交流表达，尝试与同伴合作进行拼贴装饰，塑造不一样的、奇特的自己及朋友。 3. 进一步探究发现大自然的神奇与有趣之处，对自己的作品产生自豪感。	一张自然的脸（用收集的各种材料拼贴不一样的脸） 不一样的我（用人物做不同造型，利用自然材料创造出不一样的自己） 自然书签（利用收集来的各种平面自然物品，设计书签并塑封） 自然大创意（综合运用各种自然物，用小木块、碎花布、麻绳及纽扣等进行装饰、创作）	1. 收集材料，拓展经验：每一种植物都有其独特的生长方式和形态，让幼儿去大自然中收集各种不同的自然材料，再用这些自然材料建构出另一种富有特点的物品。 2. 问题切入，同伴合作：活动中要及时抓住幼儿在合作拼贴中遇到的问题，帮助幼儿梳理过程，提高幼儿解决问题及合作的能力。 3. 作品赏析，多元评价：让幼儿展示自己的作品，介绍制作作品的过程及所要表达的心情，体验作品被认可时的喜悦。
雕塑大自然	1. 对自然界的泥沙感兴趣，进一步了解泥沙的属性及其特点。 2. 尝试用泥或沙子进行创作，获得泥土塑形及沙子堆积成型的经验，并能大胆选择工具进行沙画制作。 3. 体验玩泥、玩沙带来的愉快的情感体验，并在与同伴合作交往中发展良好的品质和科学探索精神。	亲亲泥土（认识泥土及特性，感受玩泥带来的快乐） "泥"真好玩（用泥土制作各种喜爱的造型，并用自然物装饰） 亲亲沙子（感受沙子的特性，喜欢玩沙子） 沙画世界（能用沙子进行简单的创作，并用自然物装饰）	1. 多元的支架：让幼儿在活动前先充分玩泥或玩沙，调动幼儿对这些活动的兴趣，丰富幼儿对这两种材料的了解。 2. 多元的材料：在创作的过程中引导幼儿借助一些自然材料来进行简单的辅助装饰，增强作品的美观性。 3. 多元的形式：在课程实施过程中要重视幼儿的体验与表达、合作与共享。

案例举例 积木建构之美好生活

美丽的中式建筑

午餐后几个孩子聚在一起七嘴八舌地讨论着。

怡怡："我休息的时候和妈妈一起去玩了。"

轩轩："真的吗？那你去哪里玩了呀？"

怡怡："我去鼓楼了，那里可有意思了。那里面的房子和我以前见过的房子不一样。"

茜茜："我知道，我知道，那里的房子是很久很久以前的房子。"

泽泽："是的，很久以前的房子和我们现在的房子就是不一样。"

孩子们对鼓楼的房子充满了兴趣。

第一次搭建

1. 探讨中式建筑与现代建筑的不同之处

由于在前几个主题的搭建活动中孩子们接触到的都是现代的建筑，因此孩子们对于中式的建筑还不是特别了解。为了让孩子们能够更深入地了解中式建筑，并能够了解中式建筑与现代建筑的不同之处，在搭建活动之前，我们带着孩子们观察、对比了中式建筑与现代建筑。

那么中式建筑与现代建筑到底有什么不同之处呢？孩子们针对这一问题展开了激烈的讨论。

泽泽："以前的房子屋顶都是尖尖的。"

轩轩："现在的房子屋顶是平平的。"

乐乐："以前的房子门上面都有一块牌子。"

茜茜："以前的房子屋顶的两边都是翘起来的。"

跳跳："以前的房子屋子里面有一根根的柱子。"

玄玄："以前的房子左边和右边是一样的。"

2. 欣赏鼓楼里几种典型的中式建筑

由于中式建筑当中也有许多不同类型的房子，因此我们找到了鼓楼几种比较典型的中式建筑引导孩子们进行观察。我们带着孩子们对这几种房子进行了深入的观察、比较和讨论。讨论后孩子们对中式建筑有了进一步的了解。

3. 交流讨论，自由分组

因为孩子们要搭建的中式建筑并不相同，因此我们让孩子们根据自己的想法进行分组。例如，想要搭建鼓楼大门的为一组，想要搭建鼓楼里面阶梯形屋顶的房子的为一组，想要搭建有尖尖翘翘屋顶的房子的为一组等。

4. 绘制设计图

讨论活动结束后，孩子们绘制了设计图。从孩子们绘制的设计图当中我们可以看出，孩子们已经基本掌握了自己想要搭建的建筑物的基本特征。

5. 票选最棒的设计图

绘制完自己组想要搭建的建筑物后，我们对所绘制的设计图进行了投票，每组得票最多的一张设计图将成为孩子们搭建时候要用的图纸。所以为了自己的图纸能够被选上，孩子们在介绍自己的设计图纸时都介绍得非常详细。

6. 根据设计图分组讨论如何搭建

投票结束后，孩子们拿着设计图，对应该如何搭建自己选择的中式建筑进行了讨论。

图2-2-191　设计中式建筑1 　　　　　　　图2-2-192　设计中式建筑2

图2-2-193　设计图展示 　　　　　　　　图2-2-194　设计图介绍

图2-2-195　屋顶搭建大讨论1 　　　　　　图2-2-196　屋顶搭建大讨论2

菲菲:"这个柱子可以用长方体中空积木搭建。"

家家:"我们可以用三角形中空积木来搭建尖尖的屋顶。"

昱昱:"楼梯形的屋顶可以用架空的方法来搭建。"

第二次搭建

1. 成品建筑与设计图的对比

在第一次搭建结束后,我们引领着孩子们对成品建筑和设计图进行了对比。

经过对比,孩子们发现成品建筑与我们绘制的设计图还是有许多差别的。

泽泽:"我们的屋顶是尖尖的,但是还没有翘起来。"

乐乐:"我们的门上面都没有牌子。"

2. 探讨该用什么来做尖尖的、翘翘的屋顶

该用什么样的材料来制作屋顶呢？这一问题引发了孩子们的思考，孩子们众说纷纭。

妮妮："应该用弯弯的积木。"

晓晓："可是没有弯弯的积木啊。"

家家："可以不用积木吗？"

菲菲："可以用纸吗？"

熙熙："纸太薄了，不行的。"

泽泽："那我们用纸板吧。"

经过讨论，孩子们最终决定用硬纸板来制作尖尖翘翘的屋顶。因为硬纸板比较厚，不容易被风吹走，而且硬纸板又不是太硬，可以做出尖尖翘翘的屋顶。

图2-2-197　创作屋顶1　　　　　　　图2-2-198　创作屋顶2

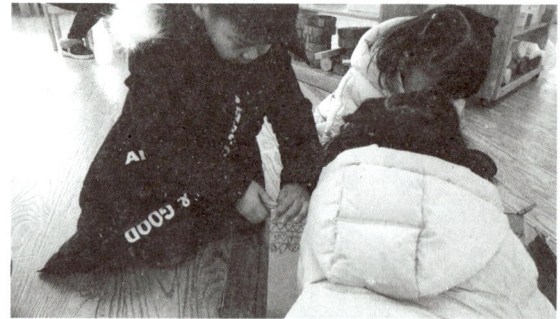

案例举例　自然趣作之手绘大自然

花草树木的画

孩子们在野外活动的时候，会蹲在地上捡他们喜欢的叶子。有的把叶子装在自己的袋子里，有的把叶子装在自己的盒子里，有的把叶子装在书里。他们对山野里的草、树、昆虫、土壤等都有极大兴趣。他们与树木做朋友，与昆虫约会，在树丛中野餐、露营，为自己取花草树木的名字，在树丛中开展各类游戏，用眼睛、耳朵、鼻子、舌头认识树丛里的生物，打开眼睛和心灵，去关注、欣赏、体验，走进森林，记录自然。

树叶变身

谁说天空一定就是蓝色的，太阳一定就是金黄色的，草地就一定就是绿色的？在孩子们的眼中，世界是彩色的；在孩子们的眼中，每一样事物都有一万种可能。

当我问孩子们："秋天叶子除了有我们见过的颜色，还会有别的我们没见到过的颜色吗？"孩子们争先恐后地举手。"可能还会有彩色的，上面有很多条纹！"轩轩说。"我知道！我在梦里见过的叶子，上面有一个太阳！"宇宇兴奋地说。孩子们热烈地讨论起了这个有趣的问题。

"既然你们知道这么多不同图案、颜色的叶子，那我们今天就来画一画吧。你可以画你见过的、梦到过的叶子，也可以自己设计一片属于你的独一无二的叶子！"我话音一落，孩子们就欢呼起来了。一个个七嘴八舌地与同伴交流起来自己想要画的叶子。"好，孩子们，那我们去教室开始创作吧！"

每个孩子都专心地拿起画笔描绘叶面，不时地换画笔来创作叶面上的图案。我细心观察孩子们的表现，发现每个孩子都沉浸在自己的创作世界中，俨然一个个专业的艺术家。在悠扬的轻音乐中，整个教室宛若艺术殿堂，弥漫着浓浓的艺术气息。

不一会儿，一片片色彩鲜艳、充满童真童趣的叶子出炉啦！一片片美丽的叶子平铺在白纸上等待晾干。

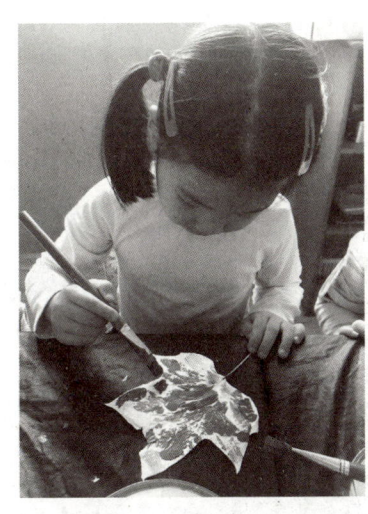

图2-2-199　绘画落叶　　　　　　　　图2-2-200　美丽的树叶

装饰树枝

完成了叶子，我们再来一起装饰树枝吧。孩子们自发组成几对，讨论好颜色后，便开始合作装饰树枝。

孩子们干劲十足，你来刷粗的树干，我来刷细的小枝条，分工做自己的事情，一脸的专注。刷完树枝之后，孩子们一起把它放到室外晾干。

彩树出炉

哇！树叶和树枝都干啦！我们可以做彩色树啦！孩子们已经按捺不住激动的心情。我请孩子们拿起自己的叶片，用白胶涂在叶子的背面，然后选一处树枝贴上去。"记住！贴上去之后要按一会儿，等待白胶把树叶和树枝粘住了，才能把小手拿开。"

孩子们开心地找到自己的树叶，用白胶小心翼翼地涂抹在叶子的背面，然后把叶子粘在树叶上，小手紧紧地按住。

我将多余的树叶布置在了墙面环境中。在走廊里，我就能感受到孩子们的奇妙世界。在这个世界中，一切都是彩色的，一切都有一万种可能。

图2-2-201 彩色的树叶

图2-2-202 装饰树叶

图2-2-203 树枝粘贴

另一半树叶

各种各样的树叶总会令孩子们充满幻想。他们尝试观察树叶的形状、纹路，探究将叶子对半剪开，将其中的一半树叶粘贴到素描本上，用画笔画出另一半对称的叶子，大胆涂色与装饰，充分体验艺术活动的乐趣。

孩子们有的拎着桶，沿着山路去寻找不同的落叶，拿起两片落叶仔细比较，发现它们的不同。有的两个人一组，一起去拾捡飘落在草丛里的落叶，一个拿着放大镜仔细地观察比较；一个开始将落叶对半剪开，粘到素描本上，开始描绘另一半叶子的形状。还有的孩子兴奋地拎着一个不知名的小球球跑到我们面前给我看，想解开这个小球球的奥秘。

每一个孩子都认真地观察着树叶的秘密。他们发现原来树叶的形状各有特点，每一片树叶都有自己特定的叶脉。

图2-2-204 观察落叶　　图2-2-205 找到落叶了

图2-2-206 你看，刺猬果子　　图2-2-207 另一半树叶1　　图2-2-208 另一半树叶2

叶脉化石

"你知道当石膏粉遇到水,将树叶拓印到石膏上会发生哪些有趣的事情吗?"瞬间孩子们对这两样东西充满了好奇。

"袋子上写着石膏粉呢。我认识。""石膏粉是造房子用的吗?""顾老师,这桶水能让石膏粉融化吗?"各种问题扑面而来。

"石膏粉遇到水会发生一个很奇妙的现象哦!一边加水一边加石膏,直到搅拌到跟面粉团一样后,倒到桌布上,再把你喜欢的树叶轻轻地按压到石膏上,看看会发生什么。"

图2-2-209 水桶

孩子们分组商量着,谁负责来放石膏粉,谁负责来倒水,谁负责来搅拌,谁负责来挑选好看的树叶。每个孩子都分配到了合适的任务,一拍即合,各自开工。

图2-2-210 石灰

"石膏变硬了,捏都捏不动!"有个孩子兴奋地喊道。于是好几个孩子伸手去捏一捏石膏,发现石膏就像石头一样硬。这时有孩子拿掉了石膏上的树叶,神奇的事情发生了。石膏上面清晰地留下了树叶的脉络,捏一捏还是硬邦邦的。我们还给这个现象取了一个好听的名字——叶脉化石。有孩子给拓印好的叶脉化石涂上了漂亮的颜色。

原来石膏遇到水,拓印上树叶,就会变成好看的叶脉化石。

图2-2-211 搅拌石灰

图2-2-212 制作石膏

图2-2-213　树叶与石膏镶嵌 　　　　　　　图2-2-214　制作叶脉化石

图2-2-215　成功的叶脉化石 　　　　　　　图2-2-216　彩色的叶脉化石

花仙子写生

春天里的花开得美艳艳的,春天里的一切都是生机勃勃的。幼儿园里的春天更是美不胜收,每一个角落都有春的气息。我们寻找一个最美的地方,去记录春天里最美的自己。

孩子们用自荐的方式推选出小模特,戴上自己做的花环,拎上工具箱,去幼儿园里最美的地方进行写生。三位小模特开始摆好姿势,小画家们围绕着小模特选择一个合适的角度坐下来,就开始动笔了。

小画家们先画出模特身体的主要部位,头、身体、造型,以及模特头上漂亮的花环。模特们的姿势就像拓印般在小画家们的笔下生成。然后小画家们装饰好他们的衣服,添画上身后的背景,再和小模特们来合个影。小画家们是不是画得惟妙惟肖呢!

我们在春天里留下了最美的合影,像是每个人都化身成了花仙子一样。

图2-2-217　写生花仙子1　　　　　　　　图2-2-218　写生花仙子2

图2-2-219　花仙子展示　　　　　　　　图2-2-220　交流中的我们

植物的颜色藏在哪里

植物可以说是大自然最伟大的化妆师之一，其美丽的表现正是来自植物的色彩，尤其是随着四季的转变，植物带给人们视觉上和心灵上无限的享受。你知道吗，在孩子们捣一捣、敲一敲中，树叶和花还真的变出了很多好看的颜色呢！

孩子们分组选取了不同的树叶和花进行创作。有的将花瓣放到白布上，用小小的木槌轻轻敲击花瓣，一下、两下……白布上的花朵慢慢开放。有的用长长的、圆圆的、大小不同的实心积木将一些软软的树叶铺到白布上，一个孩子按着树叶，一个孩子小心地敲着树叶。粉色的花瓣，绿色的叶子，一朵花形成了。还有的孩子将花瓣放到研磨碗里，用石头来研磨树叶，用木条来捣碎树叶，将树叶和花磨出汁后，按形状铺到布上，白布上也出现了各种树叶和花的颜色。

这是一次植物与白布的激情碰撞，在孩子们捣一捣、敲一敲的过程中，完整

图2-2-221 捣碎树叶和花瓣 　　　　图2-2-222 敲拓彩色造型 　　　　图2-2-223 美丽的敲拓画

清晰地留下了美丽的颜色。

取个花草树木的名字

"早开的野花一朵两朵,那是春天的眼睛吧!""树木吐出点点嫩芽,那是春天的音符吧!"让我们来取一个诗情画意的花草树木的名字吧。孩子们思索着自己最喜欢的一种植物的名字。

"我想叫'百合花',因为百合花代表了纯洁的心灵。"

"我想叫'四季青',我外婆家门口有许多的四季青,每次外婆把我的衣服洗好,晒在四季青上面,一会儿就干了。看见四季青,我就会想起我的外婆。"

"我叫'铁树',因为铁树很坚强。"

"我叫'柳树姑娘',因为我喜欢柳树。"

孩子们络绎不绝地讲着自己给自己取的名字。然后用最直接的方式来记录。孩子们两两合作,用手中的画笔来为对方添画名字。来看看我的小脸吧,猜猜我叫什么。

孩子们将这个名字深深地印在自己的小脸上,让它一直定格在这个最美好的时刻。

图2-2-224 我来帮你画 　　　　图2-2-225 向日葵姐姐 　　　　图2-2-226 柏树哥哥

图2-2-227　彩绘展1 　　　　　　　　　　图2-2-228　彩绘展2

做面具

秋风起了，一片片叶子悄然飘落。孩子们仿佛一只只快乐的小白鸽，带着雀跃的心情，循着秋风来到前操场的草地上、小山坡上，去捡拾那些被秋风染成或黄或红的叶片，还有被风吹落的花瓣。

不一会儿，孩子们手中已经收集了许多美丽的落叶和小花。那么，我们就开始装饰面具吧。

"我的面具是紫色的，我可以在边上贴很多长长的叶子，就像孔雀开屏一样漂亮。"

"我的面具是舞会面具，还有羽毛呢。我贴一点圆圆的、红红的叶子装饰一下，就可以参加舞会去啦！"

孩子们的想法真是又奇妙又有趣。

制作完面具后，他们站在野战区，摆出了各种造型，"咔嚓咔嚓"留下了很多美丽的时刻。

我们还将作品做成了一面花语墙，让它在我们的走廊吐露芬芳。

图2-2-229　自然的手环 　　　　图2-2-230　自然的面具 　　　　图2-2-231　自然饰品大制作

图2-2-232 自然大聚会　　　　　　　　　图2-2-233 自然饰品展

案例举例　自然趣作之拼贴大自然

自然大创意

大自然是五彩斑斓的，带给了孩子们无比丰富的资源。大自然是慷慨无私的，一片落叶、一段枯木、一块石头、一颗野果，都可以是艺术创作的材料。孩子们用一颗纯真的心来进行自然创作，记录自然中的生命故事，传递对美的感受。他们欣喜地发现，曾经郁郁葱葱的大树上那些绿得油亮的叶片开始变黄、变红，有些甚至开始从枝梢间飘落。孩子们轻轻摇晃树枝，漫天金黄的"蝴蝶"翩翩起舞，仿佛在举行了一场盛大的舞会。果园里、大山里各种果子都带着丰收的喜悦在向我们招手。这些美妙的音符正是自然的馈赠啊！

玉米宝宝

在吃玉米的季节里，小小的玉米引发了孩子们的无限遐想。

"我看到我小时候的照片，妈妈把我裹在一个被子里抱着，我也要用布把玉米宝宝包起来抱一抱。""这个玉米就像一个小宝宝一样，我要给它穿上一条漂亮的裙子。""我要给它带一个蝴蝶结，穿一条花边裙子。""天气冷了，我要给玉米宝宝做一条围巾和一个帽子。"孩子们你一言我一句地展开了讨论。

每个孩子都准备了一个玉米宝宝，按照自己的计划开始给玉米宝宝进行装扮。纽扣、毛根、超轻泥都

图2-2-234 我想做个穿裙子的玉米宝宝

图2-2-235 我想做个围着围裙的玉米宝宝 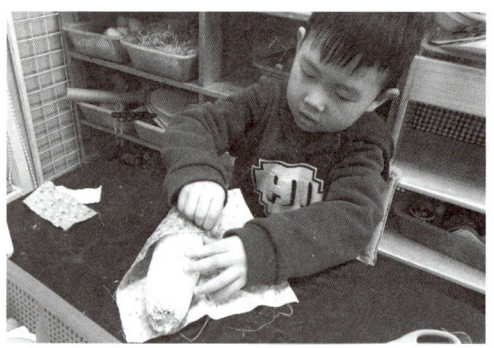　　　图2-2-236 我给玉米宝宝围围兜

图2-2-237 我给玉米宝宝扎辫子 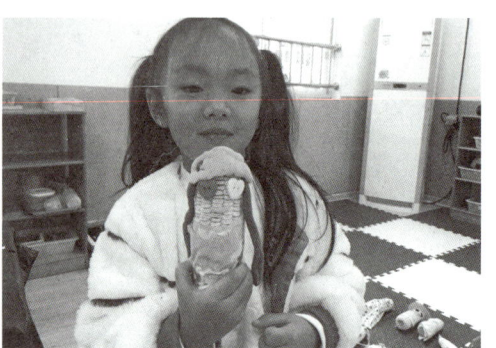　　　图2-2-238 我给玉米宝宝戴帽子

图2-2-239 玉米宝宝出现了 　　　图2-2-240 玉米宝宝作品展

成了很好的装饰材料。把布摊开来，把玉米宝宝放到布上面，把布的左右两边包好，再把下面的布往上包，最后用丝带把它绑住，你看，做好了！有的玉米宝宝还有一根长长的麻花辫。给玉米宝宝做一顶暖和的帽子吧。孩子们拿来超轻泥，捏成一个碗的样子，然后戴在玉米宝宝的头上，不大不小，刚刚好。

孩子们手里的玉米宝宝个个栩栩如生。

花儿一样的妈妈

生活中妈妈给了我们无微不至的爱，孩子们都张罗着要给自己的妈妈送上一份特别的礼物。"我要为妈妈捶捶背！""我要给妈妈唱歌！""我要给妈妈洗碗！"……孩子们长大了，懂得如何疼妈妈了。这就是送给妈妈最好的礼物。

今天我们就用自然材料来拼贴心中的妈妈。幼儿园里最多的就是鹅卵石了，那就用鹅卵石来拼贴妈妈吧。怎么样才能围出一个完整的人物形象呢？

图2-2-241　我来做个石头小人

"佳佳，你快躺倒在地上，把手打开，脚也要打开，这样就能用石头搭出一个人的样子了。"琪琪说完，佳佳马上就顺势躺倒在地上。琪琪拿来一些小的鹅卵石，沿着佳佳的身体轮廓开始拼建起来，从头开始，一个接着一个地摆放着石头。一个大概的轮廓摆放完毕，佳佳小心翼翼地起身，然后琪琪用彩色的小的马赛克来做妈妈的眼睛、嘴巴，还做了一头彩色的头发。也许这就是她们心中妈妈的样子吧。

在第二次的拼建过程中，孩子们还用到了松果、花瓣和一些叶子来进行装饰，这样拼建出来的妈妈就更具有活力啦。

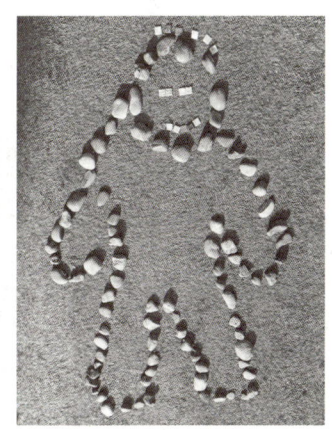

图2-2-242　会跳舞的石头小人　　图2-2-243　站着的石头小人　　图2-2-244　石头小人之木头人

一张自然的脸

野外趣作活动时，孩子们对发现的自然材料会产生关于身体特征的联想。例如，捡到褐色的刺球，孩子们会把它视作眼睛；捡到细长的、弯弯的树叶，会联

图2-2-245　好好观察我的脸 　　　　　　图2-2-246　重新认识我自己

图2-2-247　创作我自己 　　　　　　　　图2-2-248　我的小脸

想成嘴巴……

收集了好多的自然材料，我们要为自己来设计一幅自画像。孩子们认真地对着镜子左照照、右照照，重新认真地再一次认识一下自己。

仔细地观察过一番后，孩子们便开始拼贴自画像。

"我要用一些毛茸茸的狗尾巴草做眉毛。""我要用一些莲子贴笑脸。""这个叶子上面尖尖的，我剪一些下来当鼻子。""这两片枫叶真漂亮，我要把它贴成我的刘海。""这个松果圆溜溜的，可以用来当眼睛。"

孩子们认真地选择着合适的材料，一边对着镜子观察自己，一边在麻布上进行拼贴。不一会儿，自画像就完成啦。

而后我们带着自画像来到户外，开展了自画像发布会、孩子们大声地介绍自己的作品。发布会开展得如火如荼。

手拉手　好朋友

每到深秋时节，一条叫风车公路的地方就会有满地的银杏叶，风景特别美。这个时候爸爸妈妈总会带着孩子去那里拍照，欣赏秋天金色的美。

老鹰山脚下也有很多飘落的银杏叶。"快来，这里有一大片的银杏叶。"透过一片灌木丛，宁宁对着小伙伴们大声地喊着。于是孩子们纷纷过去拾捡起来。

问题来了，收集来的银杏叶可以干什么呢？孩子们习惯性地各自找好小伙伴开始玩起来。

"老师快来看，我变成了一个外星人。"琪琪在一边喊我。我走过去一看，原

图2-2-249 你看我捡的银杏叶 　　　　图2-2-250 好多的银杏叶啊

图2-2-251 自然的影子 　　　　图2-2-252 来一场足球赛吧

图2-2-253 毛毛虫来了 　　图2-2-254 放风筝啦 　　图2-2-255 自行车来了

来浩浩在琪琪的影子上贴上了眼睛和嘴巴，加上琪琪搞笑的动作，真的是很像外星人呢。杰杰挠挠小脑袋，趴到草地上，像是一个足球运动员。嵘嵘一组的自行车，祎祎一组的风筝，还有晗晗一组的毛毛虫，都非常迷人。

不一样的我

阳光透过树叶的缝隙，洒落一地的回忆。我们即将结束三年的幼儿园生活。在这三年幼儿园时光里，我们一起游戏、欢笑，相依相伴，共同留下了许多美好的瞬间。孩子们想要把自己最美好的样子留下来送给幼儿园，以表达自己的感激之情。

相机的镜头里，孩子们一个个摆着姿势。有的来个飞吻，有的张开双臂、踮起脚尖，还有的摆着各种运动的造型。孩子们要把这些精彩的瞬间记录下来，打印成照片。他们开始商讨可以和谁在一起，做一些什么有趣的事情。

孩子们三三两两地组成一组，选择合适的材料，如树叶、花、树枝、小木纽扣、毛根等，把自己的人物造型剪下来，一一贴到白纸上。不同孩子有不同造型，有的用超轻泥和树枝做了一朵大大的花；有的用收集来的新鲜的花做了造型，身上也都用花瓣等进行了装饰。

100个孩子有100种创意，动作的创意，场景的创意，无不体现在此。

在毕业之际，我们将不一样的自己展现给爸爸妈妈们看，让他们看看这三年来我们的成长与变化。

图2-2-256 打个球　　图2-2-257 来个跆拳道动作　　图2-2-258 创意大制作

图2-2-259 不一样的我完成啦　　图2-2-260 彩虹的约定　　图2-2-261 幼儿园里的我

附：学习故事

不一样的我

观察对象：静静

观察者：顾晓晓

静静所在的组想做一个能站起来的妈妈。用什么材料能让妈妈站起来呢？静静眼珠子一转，指着旁边的树枝说："我们用树枝做妈妈的身体吧。"另外的小伙伴表示同意。可是怎样才能让树枝站起来呢？"我们把这几根树枝搭一个三脚架吧，三角形是最牢固的，我们可以试试看。"在静静的启发下，三个人尝试着用麻绳缠树枝，把树枝搭成了一个不松不紧的三脚架。

按照妈妈的样子，她们用报纸球揉成一个大大的圆团做妈妈的头，放到支架上，然后给妈妈戴上了一顶假发。为了把妈妈打扮的美一点，她们用粉色的碎花布给妈妈做了一条长长的裙子。静静说："看，这下把难看的地方都遮住了！"她拿来一条红色的小布，在妈妈的脖子上系上了一条丝巾，说："我妈妈最喜欢围丝巾了。"她们又用纸筒做了妈妈的手。亮点是静静还从家庭区搬来了妈妈的高跟鞋。妈妈的轮廓大抵都完成了，三个孩子开始商量怎么把妈妈装饰得再漂亮一点。

老师眼中的你

在这个故事中我们可以看出，静静对自然趣作的一些技能已经掌握得很好了，知道用三脚架建构的原理，可见她的知识面也非常的广。生活中，静静也是一个非常有主意的人，经常起带头作用，在别人遇到困难的时候主动帮助别人解决问题。我们也发现了静静是一个很爱妈妈的小女孩，她对自己的妈妈观察得很仔细，知道妈妈喜欢围丝巾，喜欢穿高跟鞋，可以看出她也是一个很细心的人。

图2-2-262　给我自己围上围巾　　　　图2-2-263　给我自己穿上裙子

机会和可能性

在创作的过程中，当孩子们遇到问题的时候，老师尽量不要着急着去介入，应该给予孩子们充足的机会和时间去想办法解决问题，相信孩子们能更好地完成任务，更加充满自信。当下次遇到问题的时候，孩子们才会更主动地去解决。

附：幼儿的其他作品

图2-2-264　秋天印象

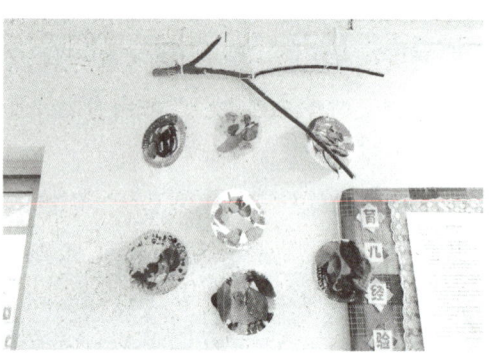

图2-2-265　彩绘树叶

图2-2-266　春天的味道

图2-2-267　花都开好了

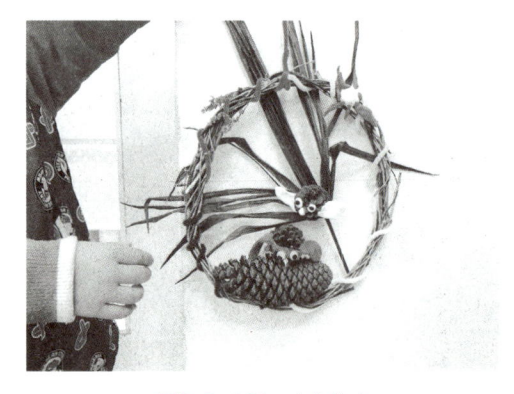

图2-2-268　小鸟的家

图2-2-269　自然相框

图2-2-270 冬天里

图2-2-271 海上的帆船

图2-2-272 我的妈妈

图2-2-273 T恤画

图2-2-274 特别的我1

图2-2-275 特别的我2

图2-2-276 特别的我3

图2-2-277 特别的我4

图2-2-278 特别的我5

图2-2-279 相框里的秘密

图2-2-280 落叶风铃1

图2-2-281 落叶风铃2

图2-2-282 贝壳项链

图2-2-283 叶脉化石1

图2-2-284 叶脉化石2

第三章 开放性区域活动

结合阳光教育的特质，开放性区域活动遵循自然、自由、自主的原则，旨在促进每一个幼儿的全面发展。"自然"是指幼儿有其自身的自发性、原初性、延续性，遵循幼儿发展轨迹，让幼儿自然成长。"自由"是指合理的规则为幼儿创造一种有序的、和谐的生活，在自然形成的、符合身心发展水平的规则意识下，按照自己的意愿做事。"自主"是指自己的事情自己负责，这是一种权利，更是一种能力开放性区域活动旨在让幼儿通过独立思考、探索、实践、创作等方法，实现发展以下目标：

第一，能恰当地调控自己的行为，发展动作的协调性和灵活性；

第二，用适合自己的方式、速度学习，用不同的形式展示自己的能力，并体验成功的快乐；

第三，保持不断发现的好奇心，在轻松、专注、有准备的心境中以从容的态度进行探索。

魔法小镇主要实施地点为各个功能馆，作为日常活动，各班级每周都会开展，旨在促进幼儿主动学习，发展幼儿各方面的能力；精灵秀场是全园性活动，结合节日活动进行，旨在展现幼儿的学习成果，让幼儿体验成就感。

开放性区域活动倡导自主学习、多元发展的活动形式，充分理解和尊重幼儿的个体差异，支持和引导幼儿从原有水平向更高水平发展。具体体现为尊重幼儿的心理发展特点——满足幼儿纵向发展需要、多样化体验需要和情感需要；给予幼儿自主学习的机会——给予幼儿自我选择的时间和发表独立见解的机会，捕捉各环节的教育契机，有效利用每一个学习机会；促进幼儿主动学习——鼓励幼儿自主选择，重视幼儿自主体验，引导幼儿多维互动。

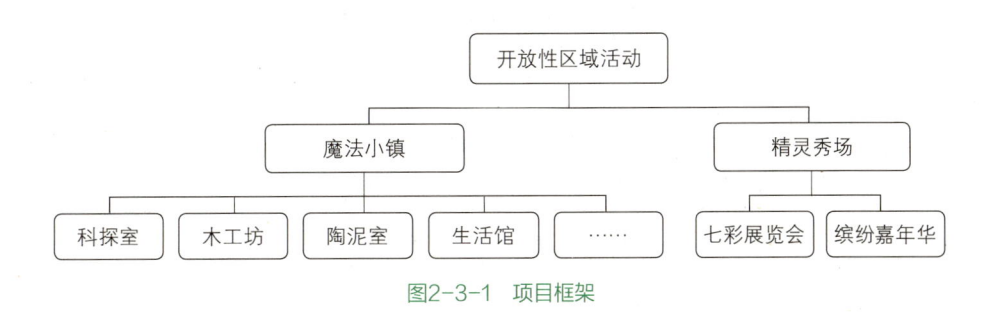

图2-3-1 项目框架

项目一　魔法小镇

雷夫斯从幼儿学习的特点出发，提出了"幼儿最好的学习状况是在他们与人、材料、事件和想法做直接互动的时候"。通过联想这些直接经验，幼儿开始建构知识并认识他们周围的世界。魔法小镇以功能室为主要实践基地，旨在给幼儿提供一个情境式的学习场所，引发幼儿的思考，为幼儿提供探索、表征和欣赏的学习环境。它是一个兴趣与发现的孵化器，是一个体验和操作的探索营，是一个共享和多元的艺术馆，还是一个融合的大家庭。

一、项目目标

第一，对周围保持好奇心，具有不断发现的眼光，能运用各种工具大胆尝试解决问题。

第二，用适合自己的方式、速度学习，用不同形式展示自己的能力，体验成就感。

二、项目体系

项目	具体活动	核心价值
魔法小镇	科探室	1. 能熟练地使用科探室的各项材料，对科学探究感兴趣。 2. 对生活中的一些现象感兴趣，会运用各种经验进行猜测，并进行验证，尝试记录。 3. 在探究中能与同伴友好合作，体验快乐。
	木工坊	1. 在经历木工创作的过程中，能与各种材料进行互动，创造性地使用各种材料。 2. 尝试自主解决木工实践中的问题，形成专注、耐心、坚持等学习品质。 3. 尝试使用各种木工工具，学会自我保护。
	陶泥室	1. 能用陶泥创造出各种形象、各种情境，用陶泥作品布置环境、美化生活。 2. 尝试自主解决创作活动中的问题，形成专注、耐心、坚持等学习品质。 3. 能与他人相互配合，也能独立表现，愿意与他人分享、交流自己的作品和体验。
	生活馆	1. 在创意美食过程中了解各种食物的制作工艺、营养价值等信息。 2. 对制作食物过程中的现象感兴趣，能发现有趣的现象。 3. 感知食物带来的各种味道，体验制作、分享的快乐。
	……	……

三、项目实施要点

第一，创设充满探究机会的空间，引导幼儿思考、尝试、发现、创造，激发幼儿探索的欲望和主动学习的热情。

第二，给幼儿提供选择、表现的机会，支持幼儿多方面地展示自己的才能，发现自己的潜力，体验成功的快乐。

第三，提供适宜的环境，不断丰富材料，以满足不同幼儿不同的学习和发展需求。

第四，关注幼儿的兴趣，调动幼儿内在发展需求，提高幼儿学习的专注力。

> **娃娃的科学梦**
>
> 草帽上的小洞洞
> 是我给阳光开的一扇扇门
> 你看阳光钻下来了
> 他们调皮地踩着我的影子，我的影子上留下了他们的脚印
> 你瞧，孩子的世界是多么有趣，孩子天性好奇、爱探索
>
> 水、沙、泥、光……
> 什么都是小小探索家们研究的对象
> 柚子船能载着白雪公主漂在水上
> 用自己制作的泡泡水成功地吹出了大大小小的泡泡
> 灯光下的影子很神奇，我们自己来排皮影戏更好玩
>
> 一片树叶、一朵花儿、一把沙子、一渠水、一束光……
> 这都是孩子们眼里值得探索的东西
> 而且这一探索就是无穷无尽

魔法小镇之科探室

花丛中忙碌的蜜蜂，大树下缓慢的蜗牛，天空中悠闲的白云，都可以是幼儿科学经验的来源。幼儿拿着放大镜、记录本在花园里、草地上、树林间玩耍嬉戏、观察发现，对着天空作诗，学小鸟飞翔，听风吹过树林的声响。

由此可见，幼儿的科学经验既是幼儿的科学学习过程，即幼儿通过经验来学习；又是指幼儿的科学学习结果，即幼儿获取科学经验。幼儿时期的科学教育应始于经验，经

由经验，最终落到经验上。只有关注幼儿的科学经验，才能满足幼儿的需要，提升幼儿的认识水平，促进幼儿的全面发展。科探室作为对幼儿实施科学教育非常重要的平台，不仅有着较大的空间，而且有丰富的各类科学活动的材料，能够满足更多的幼儿参加探索活动的需要，激发幼儿的探究兴趣。

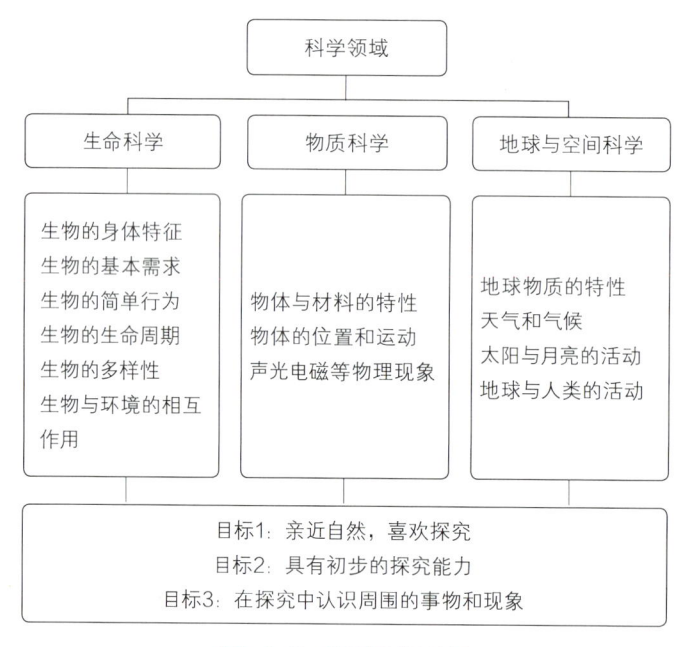

图2-3-2 科学领域结构图

表2-3-1 科探室活动内容举例

内容框架	内容建议	具体目标
生命科学	植物的秘密： 1. 叶子篇 户外探索：和叶子做游戏 室内探索：叶子大不同、叶子本领大 实验探索：神奇的叶脉、叶绿素 延伸探索：叶子体验馆（展览馆、发现馆、品味馆、创意馆），开展"叶子大讲坛"活动。 2. 果实篇 户外探索：寻找秋天的果实 室内探索：我的种子在哪里 实验探索：果实大不同（沉浮实验、滚动实验） 延伸探索：豆豆成长记	生命科学： 以"叶子""果实""虫虫王国""我的历史馆"等为载体，在观察自然的过程中尝试运用观察、比较、模仿、小实验等多种途径发现植物、动物和人的秘密，并用多元的表征方式表达自己在探究过程中获得的快乐体验。

续表

内容框架	内容建议	具体目标
生命科学	我的历史馆 户外探索：身体的小帮手 室内探索：牙牙掉了、我从哪里来、我长大了 实验探索：关节来帮忙 延伸探索：指纹的秘密 动物王国： 户外探索：与虫子捉迷藏、虫虫的家 室内探索：观察蜗牛、蚂蚁的家、触角、黏液、蜗牛的习性 实验探索：昆虫宣言、虫虫行走的方式、虫虫的歌声 延伸探索：虫虫成长日记	
物质科学	有趣的滚动： 户外探索：滚动的玩具真好玩 室内探索：神秘的罐子、滑滑球 实验探索：翻滚吧，小猴 延伸探索：各种各样的力 光影游戏： 户外探索：我和影子做游戏 室内探索：会变的光、光的用处真不小 实验探索：着火了、影子的秘密 延伸探索：皮影戏、光影密室逃脱	物质科学： "光影游戏""有趣的滚动"蕴含着丰富的基本原理和物理定律。幼儿通过感知现象，积累相关的经验，在各种小游戏、小实验中探索光与影的关系、力与物体的相互作用，感知光和力在生活中的重要性，并大胆表述在探索中的乐趣。
地球与空间科学	神奇的水： 户外探索：大自然中的水（玩积水、接雨水、竹篮打水） 室内探索：好玩的水（脏水变干净、水的吸力）、水果的沉与浮 实验探索：特别的水（水晶宝宝、油水分离、泡泡水） 延伸探索：水影画、喷洒作画、"护水小卫士"在行动 太阳和月亮： 户外探索：踩影子、找空气 室内探索：太阳地球和月亮、太空有什么 实验探索：日食 延伸探索：未来的太空	地球与空间科学： 浩瀚的太空充满了无限的奥秘，幼儿对此充满了好奇，在游戏、实验探究活动中运用各种感觉感知地球物质（水）的特性，使用各种方法探索与此相关的物理现象，并能进行多种形式的表述，由此引发保护地球、探寻太空的愿望。

在科探室活动中，我们力求基于科学核心经验的发展，着眼于对科探室进行宏观的预设，如"叶子""种子""身体的秘密""水世界""神奇的力""有趣的声光电磁""多彩的季节""丰富的资源""神秘的太空"。

表2-3-2 科探室活动框架及核心经验

主题	活动内容	核心经验
叶子	收集叶子大行动	通过采集、欣赏各种叶子，尝试运用观察、比较等方法，发现叶子形状的特点。
	叶子装饰	能利用各种叶子进行装饰画的创作，能和同伴合作进行装饰。
	常青树与落叶树	在观察、比较常青树与落叶树的不同的基础上，尝试区分常青树与落叶树。
	叶子吸收水分	发现叶子会吸收水分的现象，能用自己的方法记录实验的结果。
	发现叶脉	通过拓印等方法发现叶脉的不同形状。
	茶叶	观察、比较不同茶叶的形状、颜色和味道，了解沏茶的简单方法。
	神奇的中草药	认识几种常见的中草药，知道它们可以治病，对中草药感兴趣。
	好吃的叶子	知道有些叶子可以食用，感受叶子的特别之处。
种子	种子在哪里	通过探究发现种子会藏在植物的不同部位，对种子感兴趣。
	种子造型	能利用种子进行装饰画的创作。
	种子旅行记	了解几种常见的种子传播方式，发现种子的外形与其传播方式之间的关系。
	种子发芽记	观察种子在不同环境中的生长情况，能用自己的方法记录种子的生长情况。
	走迷宫的种子	通过实验观察，探究种子生长的向阳性，对实验感兴趣。
	种子沉浮记	通过探究活动，了解不同种子的沉浮现象，尝试借助材料让种子浮起来或沉下去。
	好喝的豆浆	了解豆浆的制作过程，知道豆浆营养丰富，尝试寻找各种种子食品，了解种子的食用价值。
	种子养成记	尝试用不同的方法保存种子，初步了解种子喜欢的保存环境。
身体的秘密	牙齿咔咔咔	了解牙齿的构造及作用，知道保护牙齿的方法，学习正确刷牙的方法。
	有趣的指纹	通过观察、比较，发现指纹及其独特性，初步知道指纹大体分为斗形纹、箕形纹和弓形纹三种。
	人体的外衣	初步认识皮肤的功能，懂得保护皮肤的基本知识。
	有趣的人体支架	知道骨骼是人体的支架，了解骨骼的名称和作用，初步了解保护骨骼、促进骨骼生长的方法。
	关节的秘密	知道关节对人体活动有重要作用，能利用水笔在图片的相应位置做标记，学会简单保护关节的方法。

续表

主题	活动内容	核心经验
身体的秘密	心脏扑通跳	知道心脏是人体的重要器官,初步了解心脏的位置及其功能,萌发保护心脏的意识。
	食物的旅行	知道人体的主要消化器官,了解食物的消化过程,有初步保护消化系统的意识。
水世界	会黏的水	初步感知水的黏附现象,体验科学游戏的乐趣,能运用符号做观察记录,用完整的语言表达自己的操作过程与结果,进一步感知水在生活中的作用。
	水变干净了	尝试过滤和用明矾净化的方法净化水,并记录结果,初步建立环保意识,懂得要保护水资源。
	水到哪里去了	通过动手操作,发现生活中有些东西是容易吸水的,激发乐于探究生活中问题的兴趣。
	吹泡泡	尝试自制泡泡水,感知吹出来的泡泡都是圆形的,感受游戏的乐趣。
	水油分离	在实验中发现油和水会分离的科学现象,初步感知乳化现象。
	冰工厂	发现冰的特性,探究冰形成的各种原因,对水的三态感兴趣。
神奇的力	沉与浮	感知物体在水中的沉浮现象,并尝试用不同的方法改变现状,能用简单的方式记录结果。
	力的传递	能大胆探索多米诺骨牌的玩法,讲述自己的发现,通过玩多米诺骨牌感知力的传递现象。
	纸的力量	通过操作尝试让纸站起来,并探索让纸站得稳的多种方法,激发探索兴趣,体验成功的快乐。
	神奇的摩擦力	通过实验初步了解摩擦力,发现塑料小棒摩擦后可以吸取纸屑,知道不同的材料对摩擦力产生的影响。
	弹弹弹	玩各种弹性玩具,发现弹性物体的特点,初步感知弹力在生活中的应用。
	神奇的力量	通过实验了解牛奶中的脂肪遇到洗洁精中的活性因子会产生力量的原理,尝试独立完成实验操作活动。
	省力的机械	通过实验探索斜面、轮轴、滑轮等简单机械,了解机械的作用。
有趣的声光电磁	奇妙的声音	在自由探究中初步了解声音产生的要素,在讨论中萌发减少噪声的意识。
	好玩的传声筒	在实验中了解声音可以通过气体、固体、液体三种介质传播,尝试进行记录。
	皮影戏	在玩皮影戏中初步感知物体与影子的联系,发现有光的地方才有的影子,能大胆地表达自己的探究与发现。
	魔术彩光	在探索活动中感知光的穿透现象,能大胆、清楚地表述自己的操作过程和结果,并尝试记录不同的发现。

续表

主题	活动内容	核心经验
有趣的声光电磁	灯泡亮了	通过实验辨别导电材料与非导电材料，探索电量与灯泡亮度的关系，并尝试让灯泡亮起来。
	神奇的磁铁	在吸吸玩玩的过程中感受磁铁吸铁的特性，感知磁铁相吸相斥的现象。
	磁铁力量大	感知磁铁磁化现象、穿透力等特性，探索磁铁吸起非铁制品的多种方法。
多彩的季节	四季轮回	知道一年四季的轮回顺序，了解不同的季节有其显著的特征，尝试收集资料，并进行归类。
	昆虫怎样过冬	了解常见昆虫的过冬方式，感知动物的多样性，乐于进行实际观察和探究活动。
	空气在哪里	了解空气是真实存在的，感知空气无色无味、可以流动等特点。
	自制风向标	知道风向标的基本原理，会用风向标观测风向。
	测量雨量	学习运用简单的工具测量雨水，能对雨量的大小进行简单的比较，尝试写测量日志。
丰富的资源	亲亲土壤	知道土壤有很多养分，是许多动植物赖以生存的场所，能与同伴交流分享自己的发现。
	岩石百宝箱	通过触摸、观察、实验、比较等多种形式感知不同岩石具有不同的形式。
神秘的太空	月相	初步了解月亮每个月都会恢复原状的变化规律，尝试写月相观察日志。
	我知道的太空	有关注、探索太空现象的兴趣，喜欢看科普读物。

在科探室活动中，我们通过对幼儿的学习过程、学习兴趣进行记录，激发幼儿的科探兴趣，发展幼儿的科探能力，培养幼儿的科探精神。

案例举例　虫虫王国

随着春天的到来，在地下蛰伏了整个冬天的生命逐渐活跃起来。自然界的动物极具吸引力。不论是屋檐下慢慢爬行的小蜗牛，还是花坛圆圆的西瓜虫，抑或是喜欢在泥土里钻爬的小蚯蚓，都能让幼儿兴奋不已。这种对生命的好奇能够支撑幼儿仔细地观察、比较和探究。幼儿对生命概念的理解是通过在生活中对动植物的接触来逐渐建立的。我国著名教育家陈鹤琴先生认为，人们对大自然中很多事物的认识和有趣现象的解释，及其相关知识经验的获得，都是通过精密的观察、反复的思考、亲身的尝试得到的，所以指导幼儿学习的方法首先便是实验与观察。为了让幼儿在主题活动中享受自主学习和快乐探究的乐趣，整个主题的设计以观察、实验活动为基本形式，结合创造、再现，使幼儿在动物王国里畅游探秘。

表2-3-3　主题活动框架及核心经验

主题	活动内容	核心经验
虫虫王国	昆虫宣言	知道昆虫的特征，能根据特征区分昆虫，对昆虫感兴趣。
	虫虫的旅行	初步了解常见昆虫的行走方式和生活环境，尝试进行记录和表述。
	虫虫的保护色	知道动物为生存采取用保护色进行自我保护的方法，感受保护色的神奇。
	大力士蚂蚁	通过观察蚂蚁活动初步了解其生活习性。寻找资料，对蚂蚁的群居生活感兴趣。
	饲养蚕宝宝	通过饲养蚕宝宝了解蚕的一生要经历卵、幼虫、蛹、蛾四个阶段。
	蝴蝶和飞蛾	初步了解蝴蝶翅膀花纹的作用，在观察、比较、收集资料的过程中发现蝴蝶和飞蛾的不同。
	遇见蜗牛	通过观察，发现蜗牛的特征及生活习性，并能记录、表述观察到的现象。

表2-3-4　幼儿发展价值及教师支持策略

环节	幼儿发展价值	教师支持策略
计划与决策	1. 喜欢问为什么，乐意和教师讨论自己对小动物的想法。 2. 在讨论中专注地倾听他人的谈话，并愿意把自己的想法和大家一起分享。 3. 喜欢尝试自己去寻找小动物。 4. 能清楚自己的需要，尝试自己制订计划。	1. 创设宽松的环境，让幼儿大胆表述自己的想法。 2. 整理幼儿收集的资料，鼓励幼儿用不同的方法解决问题。 3. 帮助幼儿了解制订计划可以更好地完成探究。 4. 运用个别和小组相结合的方式，培养幼儿的专注力。
探索与表征	1. 能带着问题去观察、实验，或对自己的猜测进行验证。 2. 尝试通过自己的探究发现问题，并获得解决问题的方法，发散科学思维。 3. 能与同伴交流，多方获得经验。	1. 关注幼儿的生活经验，引导幼儿思考并对事物进行比较观察和连续观察。 2. 真诚接纳、多方面支持和鼓励幼儿的探索行为。 3. 鼓励幼儿在动物生长的不同时期进行持续的观察和探究。
分享与反思	1. 用图画或表格等方式记录有趣的发现。 2. 喜欢将自己的发现和大家一起分享。 3. 在讨论和分享中一起想办法收集资料，验证猜测。	1. 鼓励幼儿用自己的方式进行分享。 2. 引导幼儿在交流过程中尝试整理、概括自己的探究成果。 3. 帮助幼儿分析原因及下一步要怎样做。

活动片段实录

在这个主题中，我们通过投票决定将蜗牛、西瓜虫、蚯蚓和蚕为重点探究的对象。孩子们为了称谓的方便，把它们统称为虫虫。

我们一起来到幼儿园的小山坡上寻找虫虫。有的孩子在花坛边的草丛里发现了西瓜虫，有的孩子在树底下的泥土里挖出了小蚯蚓，有的孩子在菜叶上发现了小蜗牛。每一次的发现都能让他们兴奋不已。找到虫虫后，孩子们都说想把它们带回教室。我们在塑料盒子里装了一些泥土，孩子们一起把找来的虫虫放在塑料盒子里带回班级。后来有些蜗牛爬出来了，于是孩子们想到了蜗牛喜欢爬到外面来玩，得把它放到透气有盖的盒子里。接着孩子们想到要给虫虫准备食物。

于是，饲养活动开始了。每种虫虫喜欢吃的东西都一样吗？它们都喜欢吃些什么食物呢？孩子们开始从书中或电脑上寻找答案。他们从家里带来青菜喂养蜗牛和西瓜虫，给蚯蚓带来了西红柿和苹果，为蚕准备了嫩绿的桑叶……

有一次，几只蚕死了，孩子们都特别伤心了，原来蚕不能吃带水的桑叶，也不能用力地去捏它，吃了打过农药的桑叶也会死亡。后来孩子们再找桑叶的时候都会先确定一下桑树是没有打过农药的，在喂养蚕时也会小心用纸巾先把叶子上的水擦干。

经过一段时间的饲养、观察，孩子们对这些虫虫产生了越来越浓厚的兴趣，想知道更多有关它们的秘密。

钰钰："我一碰蜗牛，它的触角就会缩进壳里，它爬过的地方会留下白色的黏液。"

极极："西瓜虫一共十四只脚，左边七只，右边七只。我轻轻一碰，它就会缩成一个球，像一个西瓜，所以它叫西瓜虫。"

依依："蚯蚓身上摸起来黏黏的，两头都能前进，头爬得快一点，尾巴爬得稍微慢一点。"

昱昱："蚕可喜欢吃桑叶了，桑叶在哪它就往哪个方向爬，还会边吃边拉便便。便便是黑黑的长方形，我准备收集起来带回家给花施肥。"

林林："蚕前行时身体会一缩一缩的，爬起来时身体会伸长。"

过了一段时间孩子们还发现小蜗牛一直缩在壳里不动，蚯蚓也一直在泥土里不出来，它们是不是想家了？我们一起为它们做个新家吧。"蜗牛乐园""西瓜虫的新家""蚯蚓的地下宫殿"，一个个好听的名字产生了，大家开始了"虫虫之家"的设计。

涵涵："我准备用折纸给西瓜虫搭一个围栏，里面放上泥土和木头，再放上青草。"

蕾蕾："我准备用纸箱给西瓜虫做个新家，大纸箱里再放上几个小纸盒，让西瓜虫分开住。大盒里放些泥土和菜叶，再加上木棒，这样西瓜虫就可以在新家里运动了。"

悦悦："我可以用箱子给蜗牛设计一个三层的房子，第一层放上小台阶，两边放上两个小盒子，里面分别放上胡萝卜和菜叶；第二层放上泥土；第三层放上沙子。"

琪琪："我家里有个玩具房屋，有三层，可以拿来给蜗牛当家。"

昱昱："我打算用纸箱给小蚯蚓做个新家，放上一些泥土，泥土上面放两个烂番茄。纸箱的上面还要戳几个洞，可以让它们呼吸。"

....

做好计划后，孩子们根据自己的计划开始收集各种材料。第二天他们将收集的材料都拿到了生命馆，并进行了分工。涵涵和蕾蕾负责为西瓜虫做家，悦悦和琪琪为蜗牛做新家，昱昱、博博和航航为蚯蚓做新家。根据原先的设想和收集到的材料，每组的孩子都认真地投入自己的工作当中。

随着虫虫住所建造的完成，孩子们开始关注虫虫的行为。它们生活环境都挺相似的，但是它们的活动方式会一样吗？"虫虫旅行记"开始了。

琪琪："蜗牛喜欢往高处爬，并倒吸在上面。"

蕾蕾："蜗牛爬动时，会扭来扭去，旋转着前进，它喜欢吸附在物体上面。"

月月："蚕宝宝的生长是有顺序的，从卵长成蚕宝宝，再结茧，最后变成飞蛾，又开始产卵。蚕宝宝可以边吃边运动，也可以爬到纸箱壁上运动。"

依依："两只蚕蛾粘在一起产卵。"

悦悦："我发现西瓜虫在别人碰到它时它的爬行速度会加快，它喜欢在树枝上玩，还能在我手上快速地爬一圈，但是在塑料袋上它就爬不了了。"

航航："西瓜虫喜欢往前进再往后退，爬行速度很快，拉出的便便是半圆形的。"

昱昱："蚯蚓喜欢钻洞，它的身子是缩进缩出地前进的，像弹簧一样。"

博博："我将蚯蚓放在桌子上，前面放个盒子，它会往盒子的方向爬。我把盒子移到另一边，蚯蚓也会换个方向往盒子下面钻，而且蚯蚓两头都能爬，只是尾巴这边爬得比较慢，头部在爬行的时候会有一根尖尖小小的头从身体里钻出来，一进一出地前进，尖尖的头应该就是帮助它钻洞的。"

....

在每一次活动表征时，我们都能看到孩子们的不同关注点：有独立观察一种虫虫的，也有交叉观察几种虫虫的，还有对比观察几种虫虫的。通过持续的观察，孩子们会发现西瓜虫、蚯蚓、蜗牛的生活环境有点相似，都喜欢阴凉、潮湿的地方。但是它们的活动方式不一样，蜗牛喜欢爬高，吸附在物体上，爬行速度慢；蚯蚓喜欢钻洞，躲在泥土里，身体像弹簧一样，一卷一卷的，动作很灵敏；西瓜虫喜欢在泥土表面活动，因为它有很多脚，所以爬行速度很快，但是它不能在太光滑的物体上向上爬行，如塑料袋；蚕的一生很短暂，它很喜欢吃，可以一边运动一边吃，也可以边拉边吃，成长速度很快，同时它也是最娇贵的，要特别小心地照顾。

一个月的主题课程结束了，但是孩子们对于虫虫的观察兴趣并没有减退。为什么蚕茧的颜色会不一样呢？蚕蛾飞出来后产卵了还能活几天呢？蚯蚓是怎样出生的呢？他们的观察还在继续。

案例举例 叶子

一年四季都有叶子，每个季节的叶子都会有不同的特点。幼儿园的操场上、小山坡上、草地上都会有很多的叶子，那些叶子是孩子们的玩具。他们有的会用叶子摆画；有的会敲打叶子，发现叶子有绿色的汁液流出。每个叶子都不太一样，孩子们每次都能玩得不亦乐乎。看着孩子们对叶子充满了探索的热情，我们围绕叶子展开了积极的讨论与分享。在师生热烈的讨论中很多有趣的问题产生了，如叶子为什么会掉下来，叶子的汁液为什么是绿色的，为什么有些叶子薄有些叶子厚……就这样我们以叶子的主题，运用观察、比较、模仿、小实验等多种途径发现叶子的秘密，并用多元化的表征方式表达自己在探究过程中获得的体验。

我们的思考

观察叶子，能发现叶子的不同，感受叶子的多样性和奇特性；在观察中知道叶子由叶柄、叶脉、叶片三部分构成，初步了解叶脉的作用及分类；在操作实验中发现叶子的血液（叶绿素）。

不一样的叶子

叶子存在于我们的身边，在不同季节有着不同的特点。孩子们对于叶子是很好奇的。今天，孩子们带来了很多叶子，围在一起讨论了起来。"你看，我的叶子细细的、长长的。""你看，我的叶子跟你的不一样，我的叶子是圆圆的。""哇……你的叶子好奇怪啊！"这时豪豪拿来了放大镜开始对着叶子看了起来。一个孩子突然喊起来说："你们看，我的叶子边上有细细的东西，好像齿轮，你们的有吗？"其他孩子围过去对着放大镜看了一会儿后说："我们也去拿放大镜来看吧。"说着也纷纷拿来了放大镜，对着自己的叶子观察起来，一边观察一边还说着："我的这个有毛。""这片叶子好大啊，边上跟你们不一样，没有齿轮，平平的。""我的这个叶子硬硬的，上面的齿轮摸上去刺刺的，划到手上有点疼。"……过了一会儿，孩子们跑过来说："老师，我们发现了很多好玩的，我们的叶子都不一样，我们想给小伙伴们介绍一下我们的发现。""好啊！真想知道你们发现了什么好玩的东西。"于是，在科探室活动结束后，孩子们拿着自己的那片叶子回到教室，主动与同伴说了自己的发现。

我们的思考

在这一次的叶子活动中，孩子们非常投入，有发现、有疑问、有讨论、有总结……从一开始的玩叶子到后来通过摸一摸、看一看等多种方式发现叶子的基本特点，大家相互讨论总结发现的内容，愿意主动将自己的发现与小伙伴们一起分享，并且收获了小伙伴们的赞赏，也成功引起了小伙伴们的兴趣，真不错！

图2-3-3　看看叶子里有啥　　　　　　　　图2-3-4　观察叶子

扎人的叶子

科探室活动时间到了，孩子们对叶子非常感兴趣，在平时经常问我各种问题。一到科探室，孩子们就迫不及待地拿出叶子和放大镜摆弄起叶子来。他们有时摸摸叶子，有时找几个叶子对比一下。这时一个孩子突然大叫起来："啊，好痛！"只见一边的璇璇拿着一片叶子大笑说："我的这个叶子可硬了，尖尖的，像针一样，扎在身上很疼的。""你的叶子我知道，是铁树的叶子，我家门口就有。你看我的叶子也很特别，有四个尖尖的角，扎一下也很疼，还有另一个树叶是爱心的，可有趣了，我要把它记下来。"说着，豪豪就拿来了记号笔和纸，开始

图2-3-5 表征树叶：树叶像爱心

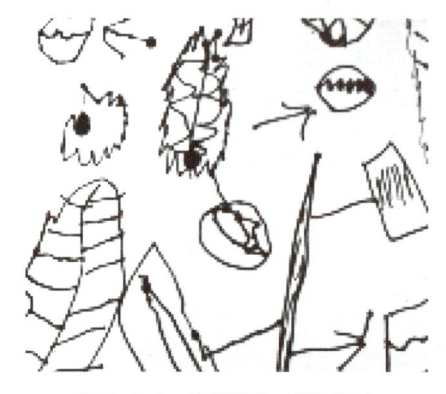

图2-3-6 表征树叶：树叶像针

在上面画着什么，一边画一边还在嘴里念着什么，不一会儿，就在纸上画上了满满的东西。画完后，他拿着纸跑过来说："老师，你看，这是我记的，这个叶子是爱心形的，旁边画了一条曲线，代表它是软软的。这个是铁树叶子，旁边画着它的形状，然后这个是直线，代表它很硬，头上我画了一根细细的针，代表着这个像针一样，扎到会很疼，等一下我要跟别的小朋友说我的发现。"

我们的思考

孩子们爱动脑筋，在今天的活动中能认真观察叶子的特点，发现叶子的很多秘密，并且想到将自己的发现用自己的方式记录下来，与老师同伴分享你的发现。叶子不仅仅在外形上有特点，还有什么其他的发现吗？

叶脉的故事

科探室活动开始了，孩子们很快选择了自己喜欢的材料进行活动，豪豪、然然和佳佳三人一起来到了叶子主题区，拿起了叶子说："老师，我知道叶子中间突起的是什么了，是叶脉，每个叶子都有叶脉，叶脉作用可大了，没有它，叶子都会死掉的。""那叶脉是什么样子的呢？"我说。他们看看我，然后拿起了叶子仔细观察，一会儿拿来铁树的叶子，一会儿看看梧桐的叶子，一会儿又看看樟树的叶子。然然说："这三片叶子长得都不一样，它们的叶脉好像也是不一样的，你看，铁树是一竖一竖的，没几条就没了，这个树叶是分叉的。""对对，我这个树叶像手掌，它的叶脉也不一样，叶脉也像手掌一样，不信你看，要不我们把叶脉画下来吧。"佳佳说。

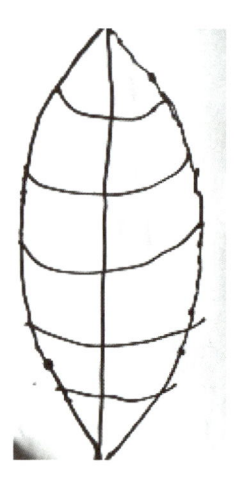

图2-3-7 幼儿发现叶子上有线条

图2-3-8 拓印树叶

说着，孩子们拿来了笔和纸开始画叶子。只见他们在纸上画上了樟树叶的外形，然后在中间画上了简单的叶脉。"你看，还有好多好多的小叶脉没有画出来呢，这么多怎么画啊？""我们把它印下来吧。"说着孩子们将叶子放在纸下，然后用铅笔在上面轻轻地涂了起来。不一会儿，一片树叶印在纸上了，显出了大大小小的叶脉，他们大声地笑着说："太好了，叶脉都印出来了，我们要印一印别的树叶看看。"

我们的思考

孩子们通过不断观察讨论，发现更多更深的知识，并且能积极开动脑筋将叶子印出来，还发现了叶脉的基本形状，如掌状脉、叉状脉、网状脉、平行脉。整个过程中有孩子们的思考，有孩子们的探究，也有孩子们的验证。本次活动中孩子们的探究能力有很大的提升。

探寻叶汁

又到了一周一次的科探室活动时间了，孩子们进入科探室后，很快各自选择了自己喜欢的材料开始活动。经过一个月的探索，孩子们对叶子有了一定的了解，知道了叶子的基本形态、叶脉的分类及作用等。那么叶子还有什么秘密呢？

宇宇和佳佳直接拿起叶子开始看起来。宇宇拿着叶子开始在桌子上揉了起来，揉着揉着发现桌子上有些绿绿的东西，就叫上佳佳一起来看看："这个绿绿的是什么，好像是叶子上流出来的。""哦，叶子也有汁啊。""那我们来榨叶子汁吧"。说着，他们找来了一个透明罐子，又拿来了一个长条木头积木，将叶子放进罐子里面，用力地敲起来。不一会儿，佳佳的罐子里出来了很多绿色的水，而宇宇敲了好久，只有一点点，嘟着嘴巴说："为什么你的水这么多，我的却这么少？"说着，宇宇拿起佳佳的叶子看了看，又拿起自己的叶子看了半天说："我知道了，我的叶子干干的，没什么水，你的那个叶子厚，而且有毛，可能这种叶子里面水分比较多吧。"宇宇拿着有毛的叶子开始敲打起来，不一会儿，罐子里也出了很多水。这时宇宇大声地说："大家快来看啊，这里有叶子汁，谁要啊？"很多孩子围了过来。一个孩子问："这个是什么呢？为什么是绿绿的？有点臭臭的。""这个我也不知道，我回家查查，明天告诉你吧。"说着，宇宇把叶子的汁液装

图2-3-9 榨汁

进了自己的篮筐中。
我们的思考
　　孩子们对新鲜事物充满了好奇。在这一段时间中，孩子们对叶子很感兴趣，能通过不断探索发现叶子的叶汁及其形态的关系，并得到了想要的结果，在大家提出问题后能主动去寻找问题的答案。

> ### 我就是鲁班
>
> 噼里啪啦，小小木工坊开张了
> 我们是威风的小木匠，请看我们七十二变
>
> 一枚小钉子、一把小榔头、一把锯子、一些木头……
> 叮叮当当，奏响小木匠之歌
> 大人会问：小家伙们能做出什么木工东西来
> 让我慢慢跟你说：做个小桌子小椅子小意思
> 可爱的小动物在我们小木匠手上也能变出来
> 手枪、军舰、坦克都能做
> 弟弟妹妹还来定制娃娃家里的小床呢
>
> 叮叮叮咚咚咚，小小木工坊里真热闹
> 我是小木匠，我忙着呢，我忙着忙着就笑了……

魔法小镇之木工坊
　　木头作为一种木制品，对孩子们有着天然的吸引力。木头与锤子、钉子、锯子等工具发生作用可以产生更多意想不到的艺术品。幼儿惊讶于这些具有自然魅力的艺术作品，同时对参与木工活动产生了浓厚的兴趣。幼儿在钉钉锤锤中启迪智慧，在敲敲打打中释放天性，在玩玩做做中提升能力。

　　木工活动是一种以木材料为基本元素，以幼儿的木工创作为基本方式，以幼儿的品质形成为价值取向的实践研究。幼儿有天然的自我保护意识和能力，也洋溢着勇敢的大无畏精神。在幼儿与各种木制品接触的过程中，一个个树桩替代了一张张桌子，一把把榔头、螺丝刀替代了学习用品。在这里，幼儿以"观察—探究—体验"为学习方式，同伴间、师幼间、亲子间互助合作。我们和幼儿一起从目标如何确定、图纸如何设计、材

料如何筛选、工具如何使用、作品如何构成等诸多方面出发与材料互动，发现问题，解决问题。

木工作为一种立体的几何艺术，对幼儿的动手能力、想象能力、空间思维能力等都起到了很好的促进作用，也锻炼了幼儿坚韧、勇敢的品质。幼儿在与木块的互动中愉快地学习。丰富多彩的活动可以满足幼儿的兴趣和需求，为幼儿的全面发展提供保障。教育家陈鹤琴先生就提出"做中学，做中做，做中求进步"的教育思想，这些"活教育"思想为木工活动指引了教育方向。幼儿在敲打捶钉中，直接与材料发生接触，获得经验，认识事物的性质，同时在实践中体验快乐，在困难中学习坚持，在创造中感受喜悦。这个过程孕育出的学习品质是可贵的，为幼儿一生的学习奠定基础，幼儿去发现、去探索、去创造的过程就是他们成长的过程。

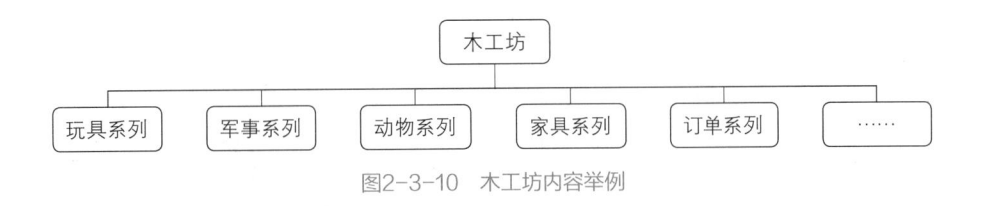

图2-3-10　木工坊内容举例

在木工坊活动中，幼儿进行探索式学习、体验式学习和互动式学习。

探索式学习：乐于探索是幼儿非常宝贵的一种学习品质。他们在木工活动中，对各种木工工具、木工技能进行主动探究、大胆操作，从而获得对木工的感性经验，培养初步的发现问题、解决问题的能力。在木工活动中，我们给予幼儿足够的耐心、适宜的鼓励、适度的自由，帮助幼儿成为更好的自己。

表2-3-5　木工工具的使用

工具	方法	作品构成
榔头、钉子	锤击	钉在木板上
螺丝刀	拧	单块板上作品、两块及以上板上作品
直尺、卷尺	测量	测量木板的尺寸
锯子	锯	形成长短一致的木条
电钻	钻	作品的安装、组合
滑轮	安装	增加作品移动性
砂纸	打磨	增加作品光滑度
白胶、胶枪	组合	主题式作品形成

在对木工工具慢慢熟悉的过程中，我们进入了具体的制作环节。我们和幼儿一起先绘制计划书，对作品有一个清晰的概念。刚开始进行计划书的制订时，幼儿不知道该怎么画，于是我们引导幼儿从观察实物入手，帮助幼儿梳理对木工制作实物的直接经验。在观察这些立体物品的过程中，幼儿发现，原来这些实物都可以用各种不同的几何图形来概括，而且这些几何图形又能用多种形状的木工材料来替代。就这样，他们逐渐对制作品有了清晰的印象，再根据自己的理解做计划书，探索制作过程，实现学习的输入—输出，让制作品从立体到平面再回归立体。在这样的发现与绘制中，幼儿架起了已知与未知之间的桥梁，同时也生成了充满童趣的计划书。

图2-3-11 计划书

很多木工作品的制作需要依据图纸，这就需要幼儿学习看图纸，探索制作步骤。在操作活动中，幼儿了解和学习各种木工工具的使用方法，能根据主题家居系列、军事用品系列、文具系列、组合系列等制订计划书，并能根据图纸进行木工制作。

观察实物，制订计划书 → 尝试使用各种木工工具制作 → 简单组装活动 → 用作品装饰环境、发挥作用 → 打磨作品

图2-3-12 制作过程

体验式学习：我们重视幼儿在活动中的自主操作和体验，遵循以幼儿为本的原则，在活动中提供丰富的材料、充足的时间和适宜的支持，鼓励幼儿大胆接触木工工具，主动操作木工材料，在亲身体验中发现制作木工作品的乐趣。

如主题活动，我们从"军事系列""家居系列""文具系列"中延伸出许多的小主题——"三军总司令""我爱我的家""可爱的文具"等，从幼儿的经验和身边熟悉的环境入手，让手指跟随大脑去探索木工世界的神奇。

表2-3-6　主题活动内容

内容框架（主题）	核心价值	主题脉络（具体内容）	课程实施要点
军事系列	1. 尝试使用钉、锯等方法对材料进行自主创作。 2. 会根据订单的难易程度，选择个人制作或合作制作。 3. 体验同伴合作的快乐。	军事系列——百变小人（锯小型木块，运用各种木块和白胶制作充满童趣的小人） 军事系列——飞机、手枪（采取钉或粘的方式，合作制作手枪、飞机）	自由调查：通过调查及统计订单物品，了解野战区需要的物品，选择自己能做的订单，邀请同伴一起制作，并讨论分工和制作方法。 自主创作：选择各种自然材料和工具，根据订单进行创作。 自然评价：能对自己在活动中的表现进行客观评价。
家居系列	1. 尝试使用卷尺、电钻、螺丝刀等工具制作各种家居物品。 2. 能仔细观察生活中的物品，设计图纸。 3. 能合作完成作品，体验成功。	家居系列——小椅子 家居系列——木质挂帘（圆柱体上钻孔，并用螺丝刀连接） 家具系列——伞（在观察各种伞架结构的基础上，进行伞的制作）	自由探究：对新提供的工具进行探究，了解使用方法。 自主合作：能与同伴分工合作，设计、制作家居物品。 自然展示：能小组商量作品的展示位置。
文具系列	1. 尝试使用活页、滑轮等材料进行文具创作，并能选择合适的材料进行装饰。 2. 能根据自己的需要，自由组队。 3. 尝试自己解决问题，体验成功。	文具系列——笔筒（用各种废旧材料，采用粘贴的方式制作笔筒） 文具系列——屏风小人书（运用活页制作屏风小人书） 文具系列——移动的画架（滑轮的使用）	自由结伴：了解同伴制作意向，大胆邀请有相同意向的同伴一起组队。 自主创作：和同伴合作制作各种文具，自主选择合适的工具、材料。 自然交流：能大胆地交流在制作中遇到的问题及解决的方法。

如木工日记，木工日记是幼儿进行活动后的反馈。木工日记的主人公是幼儿，我们需要从幼儿的视野来认识活动。木工日记的开始以图文结合的形式记录时间和天气，然后主体部分是幼儿的绘画，下面配以老师的文字说明，类似于入园签到的样式。木工日

记需要体现幼儿为班级做了什么,幼儿的心情是怎样的,这也是幼儿体验的一种表现形式。

图2-3-13 我的木工日记　　图2-3-14 撰写木工日记

互动式学习:互动包括幼儿与材料的互动,同伴间的互动,亲子间的互动,师幼间的互动。这四个方面互相作用,互相影响。

如订单活动,"小小订单"是将木工活动与幼儿园各班日常木工需求结合起来,发挥幼儿的主人翁意识。它以征集单的发放拉开序幕,以维修材料和增添新物品为主。收集来的订单很多,大家的需求也五花八门。我们将这些木工订单进行分类,如家具类、军事类、装饰类、体育器械类、动物系列类,然后根据类别进行制作。

图2-3-15 订单墙

表2-3-7 各类型木工所需作品

类型	需要的作品
家具类	桌、椅、花架、书架、各类凳子、沙发、房子等
军事类	航天飞机、军用大炮、军用火车、宝剑、解放军战士、船、军用汽车等
装饰类	相框、笔筒、书签、扇子、钢琴等
体育器械类	梯子、秋千、高跷、跷跷板等
动物系列类	小兔、小马、长颈鹿、猫头鹰、大象等

在进行订单制作的过程中，幼儿相互协商，从材料筛选、工具使用、作品构成等诸多方面出发，逐步发现问题并解决问题，顺利完成订单中的任务。

方式	说明	图片	
送顾客	幼儿拿着自己制作的作品，送给小顾客们。看着这些作品，小顾客们表现出很大的热情，也鼓舞了木工制作者。	图2-3-16 把木工作品送给顾客1	图2-3-17 把木工作品送给顾客2
送区域	读书角的自制书架、自然角的花架都有木工作品的影子，它们让这些区域更富质感。	图2-3-18 自制的书柜	图2-3-19 自制的植物架
送户外	幼儿制作的炮弹、宝剑、枪支增加了弹药库的数量，也激发了创作兴趣。	图2-3-20 自制的弹药库	图2-3-21 自制的小床
送活动	随着活动的推进，一些木工作品变成了活动中的教学具，给幼儿的活动注入了别样的质感。	图2-3-22 自制的笔筒	图2-3-23 自制的小板凳

方式	说明	图片
送环境	幼儿的订单作品充满着童趣和故事。他们把订单作品运用到环境中，装扮教室和幼儿园的各个角落。	 图2-3-24 自制的木制风铃 　　图2-3-25 自制的户外挂件

如混龄活动，混龄活动对于幼儿的亲社会行为和同伴交往能力发展是有很多益处的。中大班的幼儿经过一段时间的木工锻炼，已经对钉、敲、锤、钻有了很多的经验。他们可以给小班的弟弟妹妹传授一下木工的基本技能，从而感受和弟弟妹妹一起做木工的乐趣，体验当老师的辛苦。

如亲子活动，木工活动是男人的优势，所以我们要发挥男家长的作用，吸纳更多的家长参加到我们的活动中，调动家长参与的积极性，事先将活动计划告知参与的家长，然后定期组织家长参与活动，学期结束的时候评选"最美爸爸"。

活动安排建议

第一，关注幼儿的情绪，让幼儿在操作中充满好奇和兴趣。他们可以研究和观察，可以发现和创造，感受自己失败时的沮丧和成功时的喜悦等情绪，在活动中充分感知自信和满足感。

图2-3-26 姐姐告诉你榔头怎么用 　　图2-3-27 哥哥告诉你钉子怎么才能敲直 　　图2-3-28 有了爸爸的帮忙，好像简单了许多 　　图2-3-29 爸爸和我们一起完成的作品

第二，将研究渗透于日常生活，并将木工作品运用于日常生活，支持幼儿后续的探究，从而让幼儿深度学习，感受木工探究活动带来的乐趣。

第三，木工是一项严谨且略带危险的学习内容，在木工工具投放时应选择适合幼儿使用的尺寸，并与幼儿共同确定木工坊安全注意事项。

第四，处理好预设与生成的关系，课程安排应根据幼儿的需求和兴趣、工具使用的难易程度、不同木材的特性等方面来展开。

第五，活动的开展形式需要体现幼儿的自然、自主、自由，能够创设机会和平台让幼儿多元表达，并与同伴分享经验。

第六，重视环境对课程开展的价值，积极做好环境创设，展现幼儿在课程中思考与行动的痕迹。

第七，在木工活动中，幼儿可能会遇到各种问题，教师不要急于介入。幼儿的木工技能是在不断观察、操作、改进中获得的，不应由教师手把手地教。

案例举例　各种各样的汽车

喜欢玩具是孩子们的天性，汽车更是孩子们爱不释手的玩具。我们班好多孩子喜欢玩汽车，家里面有各种各样的汽车。我鼓励孩子们将家里的汽车拿到幼儿园，在自由活动时间与同伴一起玩。慢慢地，孩子们开始注意到汽车的不同。"我的汽车是救护车，上面还有'＋'的符号。""我的是大卡车，有6个大轮子。""我的汽车好长，上面有很多窗户，可以坐很多人。"……原来汽车有这么多种类，而且它们都有自己的名字。你喜欢哪种汽车？你想设计什么汽车？孩子们纷纷设想并制作了自己的计划书。

表2-3-8　幼儿发展价值及教师支持策略

环节	幼儿发展价值	教师支持策略
计划与决策	1. 喜欢提问，乐意和同伴讨论自己对汽车的想法。 2. 专注地倾听他人的谈话，并愿意把自己的想法和大家一起分享。 3. 对汽车感兴趣，喜欢收集各种各样的汽车。 4. 能仔细观察生活中的物品，尝试根据自己的想法制订计划书。	1. 创设宽松的环境，让幼儿大胆表述自己的想法。 2. 整理幼儿收集的资料，鼓励幼儿寻找不同的方法解决问题，并将幼儿的讨论以海报的形式张贴在木工坊。 3. 提供图片、实物帮助幼儿制订计划书。 4. 运用个别和小组相结合的方式，培养幼儿的专注力。

续表

环节	幼儿发展价值	教师支持策略
探索与表征	1. 能熟练、正确地使用木工工具，注意活动安全事项，学会自我保护。 2. 能单独或是结伴根据计划书制作各种各样的汽车。 3. 遇到问题能够积极探索或是寻求同伴积极解决问题。	1. 鼓励幼儿正确使用工具，操作时注意安全。 2. 鼓励幼儿自由结伴，制作自己喜欢的汽车。 3. 支持幼儿在探究过程中积极动手动脑寻找答案或解决问题。 4. 尊重幼儿发展的个体差异，支持和引导他们从原有水平向更高水平发展，允许幼儿自由走动、自由取材、自主实践操作。
分享与反思	1. 用适当的方式表达、交流探索的过程和结果。 2. 能在集体中大胆表达自己的想法。 3. 喜欢将自己的作品布置在教室、木工坊等场地。	1. 帮助幼儿回顾自己的探究过程，讨论自己做了什么、怎么做的、结果与计划是否一致，分析原因及下一步要怎样做等。 2. 通过图片、视频引导幼儿积极大胆在集体中表达自己的探索过程。 3. 创设空间，将幼儿的木工作品巧妙布置于区域、自然角、户外等场地。

活动片段实录一

恩恩和轩轩商量好要做一辆火箭车，恩恩去材料箱找材料，轩轩去拿钉子和榔头。轩轩说："火箭车的车头应该是尖尖的三角形，你再去找一块三角形的木板来。"恩恩又跑去寻找三角形的木板，不一会儿就找来了一块。他们开始商量火箭车的造型，决定在长方形木板的一头拼接一个三角形木块作为车头，在长方形木板的另一头拼接一块小的长方形木块作为车尾。接下来他们分工合作。恩恩负责钉车头，轩轩负责钉车尾。不一会儿的工夫，他们就完成了。接下来要做车轮了，他们选择了四个圆木片。在固定轮子的时候恩恩说："一定要把钉子钉在

图2-3-30　车尾的制作工艺很重要　　　　图2-3-31　作品完成

圆木片的中间。钉子不能钉得太紧，否则车轮就不能动了。"还时不时地检查轩轩，提醒他轮子要对齐。火箭车初步完成，他们开始用彩色笔装饰，还不忘在车子前后贴上车牌。

木工活动时，恩恩和轩轩经常在一起合作，差不多已经成为固定搭档了，彼此之间比较有默契。在制作之初，他们分工明确，并且都能认可对方的想法和行为，非常愉快。从俩人的对话中可以看出，恩恩对怎样让车子滚动起来、怎样安装轮子比较了解，并能时不时地提醒轩轩该怎么做，这说明恩恩的思维比较清晰。整个活动过程中两人合作情况较好，合作能力得到了提高。

活动片段实录二

阳阳找了一块长方形的薄木板和一块正方形的木板，用钉子进行连接。他的合作伙伴泽泽走到了锯子旁，找到了一个长长的圆柱，说："这个圆柱太长了，我要把它锯成两段。"于是弯下腰，双眼紧盯着木板，一手扶木板一手拿锯子，特别用力地锯着。"这个圆柱是用来干什么的呢？"我很好奇地问了下。泽泽告诉我："我们要做洒水车，洒水车上就有像圆柱的滚筒啊，水从里面流出来。""可是，水怎么装进去呢？"我将这个问题抛给了泽泽。这时候，泽泽犯难了。"那就做成假的吧，假装有水。"我说："老师可以给你提供一个矿泉水瓶，你可以试着做成真的洒水车。"这时候，阳阳已经即将围合成一个长方体了，就差车身上方和车位了。他们决定在车尾再连接一块正方形木板。可是竖着放木板太高，矿泉水不能倾斜放了。于是他们把正方形木板横着放。但是泽泽又发现车子后轮没地方钻孔，而且有了车尾的木块钻孔钻不过去。最后阳阳想了个办法："我们把车尾的正方形木板拖出来一点，这样就可以了。"做好车尾后，阳阳先来到胶枪区，用胶枪将瓶子和车头连接起来。他把矿泉水瓶倾斜地粘在车头的木板上。泽泽找来了手摇钻，用车轴测量了轮子的大概位置，并用记号笔进行记

图2-3-32 钻孔　　　　图2-3-33 安装轮子　　　　图2-3-34 洒水车完成了

录，然后用手摇钻在做有记号的地方钻孔。最后泽泽将车轮和车轴穿过刚钻好的孔里。这时阳阳在旁边将矿泉水瓶盖用钉子锤出两个孔，拔出钉子，出水孔就完成了。他们在矿泉水瓶里装了水，围着洒水车，嘴里说着："我们的洒水车成功了。"

在活动中，阳阳和泽泽一个钻孔做车轮，一个做洒水车的盖子。在整个活动中，有分工有合作。在车尾的地方，他们遇到了问题：正方形木板竖着摆还是横着摆？横着摆木板会影响车轴打孔怎么办？他们积极动脑想办法，最后成功解决了这个问题。在活动中主要掌握的木工技能有钉、拔、钻，同时还运用了木工技能、薄厚木板结合的形式，使木工制作更加简单容易些。最后他们通过努力成功地完成了洒水车的制作，并装水玩了起来，体验到了制作木工的乐趣，更加自信和满足。

在孩子们的木工活动中，我能做的是静静观察，静待花开，给予充分的支持和赞赏。活动结束后，可以给孩子们在集体中展示、分享、交流的机会，同时提供停车场。

案例举例 蚂蚁和西瓜

课间我给孩子们讲了绘本《蚂蚁和西瓜》，这个故事讲的是一群蚂蚁用智慧与合作将一个西瓜搬运回家。喜欢吃甜食物的蚂蚁们遇到了一大块西瓜，真是让它们兴奋不已，分割、搬运、带回蚂蚁窝，最后用西瓜皮做了个滑滑梯。一群小蚂蚁和一块大西瓜对比强烈。故事简单且有趣，孩子们沉浸在这种简单的快乐中，同时，也被蚂蚁们的勤劳、乐观、聪明和团结合作的精神感染了。池池说："老师，这次我们木工就做蚂蚁和西瓜吧。"其他孩子都鼓掌表示对这个主意的赞同。

表2-3-9 幼儿发展价值及教师支持策略

环节	幼儿发展价值	教师支持策略
计划与决策	1. 喜欢提问，乐意和同伴讨论自己对蚂蚁和西瓜的制作想法。 2. 专注地倾听他人讲话，并愿意把自己的想法和大家一起分享。 3. 对绘本《蚂蚁和西瓜》感兴趣，喜欢欣赏各种西瓜、蚂蚁的图片。 4. 清楚自己的需要，尝试根据自己的想法制作计划书。	1. 创设宽松的环境，让幼儿大胆表述自己的想法。 2. 整理幼儿收集的资料，鼓励幼儿寻找不同的方法解决问题，并将幼儿的讨论以海报的形式张贴在木工坊。 3. 引导幼儿从观察图片、实物入手，帮助幼儿梳理关于木工制作的直接经验，从而设计计划书。 4. 引导幼儿运用个别和小组相结合的方式，培养幼儿的专注力。

续表

环节	幼儿发展价值	教师支持策略
探索与表征	1. 能正确使用锯子、轮滑、电钻等各种工具，注意安全，学会自我保护。 2. 尝试探索安装滑轮的方法，让物体动起来。 3. 根据绘本或情境，制作相关的物品，并进行组合、美化。 4. 乐意与同伴合作，体验快乐。 5. 遇到问题，能够积极探索或是寻求同伴积极解决问题。	1. 引导幼儿正确使用工具，操作时注意安全。 2. 鼓励幼儿自由结伴，分组合作制作蚂蚁和西瓜。 3. 支持和鼓励幼儿在探究过程中积极动手动脑寻找答案或解决问题。 4. 尊重幼儿发展的个体差异，支持和引导他们从原有水平向更高水平发展，允许幼儿自由走动、自由取材、自主实践操作。
分享与反思	1. 用适当的方式表达、交流探索的过程和结果。 2. 能大胆在集体中表达自己的想法。 3. 喜欢用自己的作品进行绘本《蚂蚁和西瓜》的讲述和表演。 4. 能小组商量作品的展示位置。	1. 帮助幼儿回顾自己探究过程，讨论自己做了什么、怎么做的、结果与计划是否一致，分析原因及下一步要怎样做等。 2. 通过图片、视频，引导幼儿积极大胆在集体中表达自己的探索过程。 3. 根据绘本用作品创设游戏环境，将幼儿的木工作品巧妙布置于图书区、表演区。

活动片段实录

活动前，先计划

今天我们的任务是做蚂蚁和西瓜。故事里有哪些角色呢？大西瓜、装有轮子的板，还有许多蚂蚁。孩子们自由组队，有的做两个大西瓜，有的安装板上的轮子，有的做蚂蚁。他们开始做计划。计划书包括需要的材料，想要和谁一起做，做什么，怎么做，注意事项等。很快孩子们就行动起来了。

图2-3-35 蚂蚁和西瓜计划书

图2-3-36 制作蚂蚁

一群蚂蚁搬粮食

蚂蚁由头、胸、腹组成，需要三块材料。悦悦拿来一个大的圆木块，她想将木块分成一样大的两块半圆形，做蚂蚁的胸和肚子，就用记号笔在木块上画了线，让轩轩帮忙用锯子把木块锯好，然后找来钉子和锤子，把半圆的木块放在大圆的木块边上，用钉子固定蚂蚁的胸部和头部，用锤子敲了好几下，终于成功了。又拿来一个半圆的木块说："蚂蚁还要有肚子，我要再钉一个半圆。"于是，她又熟练地钉钉子，捶锤子。蚂蚁成形了，她跑到桌子边说："我要好好装饰一下了。"她找来了橘色的毛根给蚂蚁安上了腿。这不，一只可爱的蚂蚁做好了。

可以移动的西瓜

池池找来一块方形的木块，把四个轮子放在木块的四个角，但是他发现电钻要碰到轮子，只能倾斜电钻，不太好钻。怎么办呢？池池是个爱动脑筋的孩子。他找来了一支记号笔，用记号笔对准安装轮子的四个洞，先做上钻孔的记号，然后拿掉轮子就可以用电钻看着记号钻洞了。花了一些时间，他将四个角都钻上了洞，并且用螺丝刀和螺丝将轮子固定在木块的四个角。半成品总算是成功了，他欢呼起来："老师，你看，轮子都装上去了。"

曦曦看见池池的轮子安装好了，说："轮到我上场了。"她拿起胶枪，把已经做好的西瓜安在可以移动的木块侧面，很快可以移动的西瓜就成功了。几个孩子开心地扶着西瓜，移动着西瓜。

图2-3-37　在轮子安装处做标记　　图2-3-38　使用电钻很快完工　　图2-3-39　安装轮子

图2-3-40 使有胶枪来帮忙 　　　　　　图2-3-41 一起组装移动的西瓜

蚂蚁和西瓜的故事开演了

蚂蚁一只又一只，可移动的西瓜也完成了。默默、依依、佳佳做了很多蚂蚁。他们把蚂蚁放在西瓜的前面或后面、木板上、西瓜上，开心地跳了起来，编着故事：一个炎热的夏天，四只出来觅食的蚂蚁发现了一块西瓜。西瓜红红的、大大的，有好多好多的汁，看起来真诱人呀！蚂蚁想把这块西瓜搬回家。一只蚂蚁，两只蚂蚁，三只蚂蚁，它们推呀推，却怎么也推不动，都累得趴倒在地上。它们让一只蚂蚁去蚂蚁城堡里搬救兵，这只蚂蚁大呼："喂，我们在草地上发现好东西了……"

图2-3-42 "西瓜"和"蚂蚁"作品展 　　　　　　图2-3-43 被评为"最赞创意"，超开心

附：木工坊其他系列活动掠影

图2-3-44 钉钉子

图2-3-45 合作钻孔

图2-3-46 耳朵夹支笔，是不是更像鲁班

图2-3-47 装饰一下

图2-3-48 和同伴一起完成的作品

图2-3-49 我是专业电锯手

图2-3-50 瞧，我的作品

图2-3-51 大工程制需要大家一起动脑筋

图2-3-52 认真的你特别帅

图2-3-53 活页书作品展

图2-3-54 三军总司令

玩泥巴的小手

暖暖的阳光下
布谷鸟在声声地叫着欢笑
白杨的叶子也在随风摇晃
稚嫩的小手
在泥田里玩耍
欢乐的岁月就这样流淌

取一团泥巴
捏一捏、绕一绕
一件件神奇的作品在我们手中出现
花盆、花瓶、小杯子
小树、小花、幼儿园
小兔、螃蟹、长颈鹿
还有雪人、小猪、多彩的鱼
幼儿园走廊上的花花瓷砖也是我们打造的

魔法小镇之陶泥室

泥是大地的元素，是自然的产物，孕育了人类丰富的文化。玩泥巴是幼儿的天性。还记得小时候，住在农村的我们最喜欢玩的就是泥巴：在泥地里打滚，感受着软软的泥巴；在泥地里踩泥巴，开心地看着泥浆四溅；将泥巴揉成泥丸，和小伙伴玩打泥仗；将泥巴搓成泥碗、泥杯子、泥筷子，一起玩过家家；调皮的男孩子还会做泥炮仗，吓得女孩子哭鼻子……可是现在的孩子们即使长在农村，也已经在成人的"呵护"下，远离了泥巴。其实，玩泥巴的好处很多：可以感受自然，可以提高动手操作能力，可以促进想象力、创造力和思维能力的发展。

幼儿是天生的艺术家。幼儿艺术领域的学习关键在于充分创造条件和机会，在大自然和社会文化中萌发幼儿对美的感受和体验，丰富其想象力和创造力，引导幼儿学会用心灵去感受和发现美，用自己的方式去表现和创造美。《指南》将泥塑放入了发展目标，在小班就有"喜欢观看绘画、泥塑或者其他艺术形式的作品"的发展目标，在中班提出了"喜欢用绘画、捏泥、手工制作等方式表现自己的所见所想"。开展陶泥室活动可以给幼儿带来乐趣，带来挑战，带来想象，带来快乐。

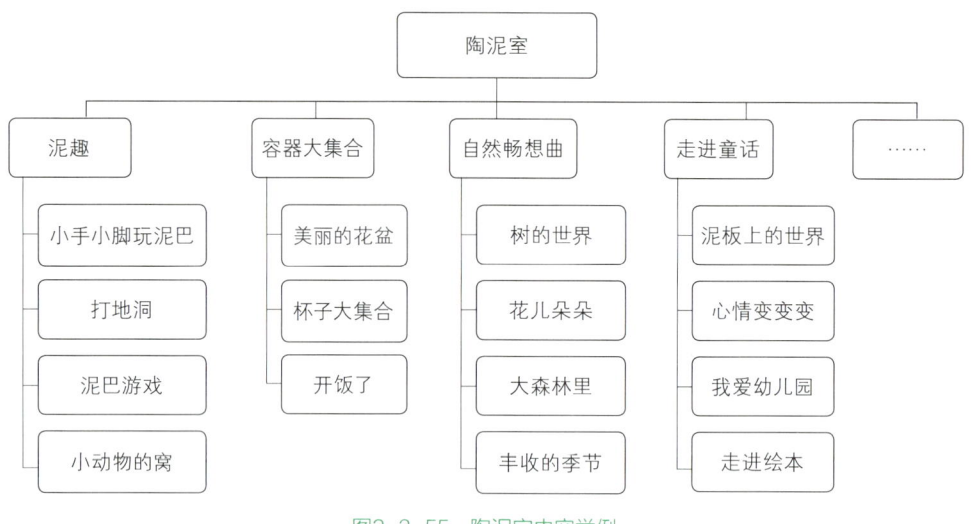

```
                          ┌──────────┐
                          │  陶泥室   │
                          └────┬─────┘
      ┌──────────┬────────────┼────────────┬──────────┐
    泥趣      容器大集合    自然畅想曲     走进童话     ……
    ┌─┴─┐      ┌─┴─┐        ┌─┴─┐         ┌─┴─┐
 小手小脚玩泥巴  美丽的花盆    树的世界      泥板上的世界
   打地洞       杯子大集合    花儿朵朵      心情变变变
   泥巴游戏      开饭了      大森林里       我爱幼儿园
  小动物的窝                 丰收的季节     走进绘本
```

图2-3-55 陶泥室内容举例

活动安排建议

第一，鼓励幼儿和陶泥进行亲密接触，使幼儿在不断接触中逐步感知陶泥的特性。

第二，鼓励幼儿用各种感官来观察、感知和创作，引发个性化的创作。

第三，根据幼儿的生活经验结合主题活动，确定幼儿感兴趣的内容，共同收集多样化的材料、工具等。

第四，尊重幼儿的个体差异，活动的表现形式需要体现幼儿畅想、合作、共享，在天马行空的创作中让幼儿获得成就感。

第五，重视环境对于课程开展的价值，让幼儿的每一次活动都留有痕迹。

案例举例 走进绘本

陶泥活动为孩子们的社会性、创造想象力及表达表现能力的发展提供了一个个性化的空间。孩子们在陶泥活动中可以自由创作，积极解决问题，整合多种经验，个性化地进行表达。在观看完皮影戏后，有孩子说："画出来的画可以变成故事，我们的陶泥能不能也变成故事？"进入大班下学期后，孩子们对文学作品有了浓厚的兴趣，也有了自己独到的见解。在陶泥制作的技能和工具的使用方面，孩子们也运用自如了。在与同伴合作方面，孩子们能有商有量，为共同目标贡献自己的智慧。孩子们开始了陶泥的童话世界创作。

表2-3-10 幼儿发展价值及教师支持策略

环节	幼儿发展价值	教师支持策略
计划与准备	1. 乐意和好朋友讨论自己喜欢的绘本故事，会自信地分享自己的想法，并在讨论中专注倾听同伴的想法。 2. 认真阅读绘本，记录绘本的基本信息。 3. 与同伴合作制作计划书，有商有量。	1. 提供图书室供幼儿自由自主阅读。 2. 引导幼儿整合资料，推选出大家最喜欢的绘本故事。 3. 提供更多的时间和空间，让幼儿进行小组讨论。
畅想与表征	1. 发挥想象，萌发各种奇思妙想。 2. 能自由畅谈自己的想法，自主收集、使用所需的材料。 3. 进一步对陶泥的特性进行感知。 4. 尝试着用自己的方法解决意见分歧。	1. 适时适当帮助解决幼儿制作中所遇到的一些困难。 2. 鼓励幼儿将自己的想法用多种技能与形式表达与表现。 3. 注重个体差异，对于能力弱的幼儿多加鼓励与肯定。
展示与分享	1. 能流利地介绍自己的作品。 2. 愿意将自己制作的礼物赠送给幼儿园。	1. 创设分享作品的机会。 2. 根据幼儿的新经验与新问题，引发后续活动的兴趣。

活动片段实录

活动开展前，晨晨说："老师，我觉得这太棒了，用陶泥表现的故事肯定很精彩。"但瑶瑶却表现出了担忧："老师，我觉得这个可能有点难啊，这么大的故事场景，我估计要做好久好久吧。"在经过了激烈的讨论后，我们打算在制作之前做好充分的准备。

首先，寻找童话，记录故事。我们在区域活动时间来到了幼儿园的图书室，那里的书最多了。我们自由寻找最喜欢的童话故事，并用自己看得懂的方式记录下来：磊磊最喜欢的是龟兔赛跑的故事，他在手工纸上画上了兔子和乌龟赛跑的场景，脸上露出了满意的笑容；轩轩最喜欢的是恐龙故事，他一边照着书本画恐龙，一边不时地抓抓头，似乎有点困难；瑶瑶看着《石头汤》，一边在纸上写下了"石头"……

其次，投票选择，分析故事。这么多故事，到底做哪些好呢？孩子们说："我们来投票吧。"把这些故事的记录纸放好，孩子们站到自己最喜欢的故事后面，第一轮投票结果是每个故事都是一票。怎么办呢？晨晨说："每个人不能只投自己的，要不我们每个人投两次吧。"孩子们都同意了，各自拿了两张小手工纸选择两个喜欢的故事进行投票。最终，孩子们投选出了《小蝌蚪找妈妈》《桃树下的小白兔》《龟兔赛跑》《三只小猪》《三只蝴蝶》这五本绘本。

孩子们根据自己喜欢的绘本故事进行分组。分完组之后孩子们拿着自己组的故事进行欣赏，时而又进行讨论。磊磊选择的是《龟兔赛跑》组，他正和同伴们兴奋地讨论着:"你们说龟兔赛跑只有小兔子和乌龟,那是不是有点太少了,我们这么多人一下子就完成了。"瑾瑾说:"是呀,那我们可以做好几个场景吧,一个是起跑的场景,一个是中途兔子睡觉的场景,最后一个是终点的场景。"乐乐和贝贝都拍手赞同这个想法。乐乐还说:"我们还可以做点其他的小动物呀,他们可以是啦啦队。"另一组《桃树下的小白兔》阵容很强大,有8个成员,他们也在激烈地讨论着。有的在分析故事中的小动物有哪些,桃花瓣儿又被小动物们当成了什么。轩轩说:"我觉得我们除了陶泥之外还需要一些别的材料吧,你们说这么漂亮的桃花用什么材料做好呢?"瑶瑶说:"我觉得要不用粉色的手工纸吧,也可以用彩泥呀!""嗯,用彩泥倒是挺不错的。""我觉得还可以用干花呀,你们看我们教室里的干花多漂亮呀!"一阵阵的讨论声在每一组响起,久久未停下……

接着,收集材料,制作计划书。确定需要哪些辅助材料后,我们进行了班级收集和家园收集。丽丽和爸爸妈妈收集了很多小树枝,轩轩和瑶瑶从家里带来了棒冰棍,晨晨从家里带来了许多漂亮的干花,涵涵与好朋友拿着小箩筐在美工区收集了毛根、纸条、纽扣等。

大家开始制作计划书,将陶泥作品中想要展现的内容一一画在计划书中。悦悦一组画的《三只蝴蝶》非常漂亮。她们用线描画,把蝴蝶装饰得神采奕奕。虽是简单的蝴蝶,却让大家觉得美丽无比。悦悦一边画着,一边还和同组的成员说:"你们看,我画的这个线条陶泥好塑形么?如果你们有什么好的想法我也可以画进去"。制作完计划书后孩子们自己进行了分工,在《三只小猪》中,锦锦专门负责制作房子,佳佳制作大灰狼,其他小朋友制作小猪及环境。

最后,开展活动,展现作品。创作活动的最后,我们先分享计划书内容,《小蝌蚪找妈妈》这一组的孩子们,在分享时讲得特别详细。萱萱在介绍时说道:"我们的青蛙妈妈头上还带着头巾,这个头巾我们在制作时也会做得很漂亮,打算在头巾上粘上小小的花朵。"在每一组介绍完之后分组进行制作,最热火朝天的应该属《桃树下的小白兔》这一组了,因为这一组有8个小组员,桌子已经不能满足他们了。于是大家把材料都搬到了地上,围成一个圈,有商有量地制作着。《三只小猪》这一组还把我叫了过去:"老师,你来猜猜这三只小猪谁是大哥,谁是二哥,谁是最小的那个呀?""我想做草屋子的那个应该是大哥吧。""不对不对,你看哦,大哥穿的是背带裤,呐,这个长的最小的是猪小弟呢!"哈哈哈……大家在一片欢声笑语中创作着,别提有多开心了。在活动中孩子们获得了满满的收获。

动手动脑,学会创作——童话故事是孩子们最喜欢的题材之一。孩子们进行前期的故事收集、材料收集、计划书制作和陶艺创作。教师只是作为一个鼓励者和引导者,让孩子们自由发挥想象,左右脑思维协调发展,创新思维得以萌发。

发展个性，发挥自主——开展陶艺活动时，孩子们随心所欲，无拘无束，自由操作，在创作中体验成功，增强自信，并逐渐形成一定的个人特长。同时在小组讨论和操作中，孩子们也发挥了自主性，不再受老师的约束，可以自由畅谈自己的想法，自主收集所需的材料，在活动中自主取放工具，增强了自信心。

促进合作，体验乐趣——从计划书的制作到最终的呈现，这些都需要孩子们以小组的形式合作来完成。有的小组成员有3个人，有的小组成员有六七个人。在意见不统一的时候他们也会试着用自己的方法来解决，如少数服从多数这样的方法。在共同表现美、创作美的过程中，孩子们体验到了趣味和成功。

案例举例　泥巴躲进秋天里

秋天是万物成熟的季节，到处瓜果飘香。红的石榴、黄的橘子、紫的葡萄、金黄的柿子散落在秋天的山林、果园，吸引着孩子们去品尝。秋天是丰收的季节。沉甸甸的稻穗在农田里压弯了腰，等着农民伯伯去收割；滚圆的番薯在地里等着人们去挖掘。秋天是多彩的季节。树叶们不约而同地换上了彩色的装束，微微泛黄的柳条、红红的枫叶、黄黄的银杏装点着秋天的大地。

泥巴、秋景、水果有着千丝万缕的联系，我们想让泥巴躲进秋天里，看看泥巴能如何绽放秋天的风采。于是一系列的思路油然而止，如花瓶、菊花、水果等，都带着浓浓的秋味。取一团泥巴，经过盘筑、拉坯等方法，转换成一个个花瓶，那是多么美的一件事情。孩子们的小手就像一个魔法师一样。一堆脏脏的泥巴经过他们的小手改造后，成了一朵朵菊花。喷釉后的菊花美丽极了，黄色的、金色的、红色的竞相开放，像在媲美似的。秋天怎么能没有水果呢！瞧，一个个水果早已跳到了盆子里，有弯弯的香蕉、大大的红苹果……害得我们垂涎欲滴。

秋天躲进了泥巴里，原来不起眼的泥巴瞬间也绽放了光芒。我们又一次奔向了秋姑娘的怀抱，认识了秋天，认识了泥巴。泥巴的世界里有秋天的色彩，秋天的色彩中有泥巴的气息。

表2-3-11　主题活动框架及核心经验

内容	核心经验
花瓶	在掌握花瓶的做法后，自由讨论花瓶的其他制作方法，并选用自己最喜欢的方法进行花瓶的制作。
水果	先自由讨论秋天的水果有哪些，再与同伴讨论该水果的基本造型，感受陶艺捏制带来的乐趣。
小花篮	在搓长条的基础上，采取泥条盘筑的方式制作花篮，并自由讨论花盘都有哪些造型，可根据讨论的结果制作独一无二的花篮。

续表

内容	核心经验
盆花	欣赏大自然中的各种花朵，并用陶泥把花朵制作出来，感受陶泥带给我们的乐趣。
萝卜	仔细观察萝卜的基本造型，并能用泥巴进行捏制，在制作的过程中创造出各种造型的萝卜。
菊花	仔细观察菊花的各种造型，尝试用泥条弯卷的办法来进行创作，在尝试的过程中感受陶艺创作的乐趣，并创作出形状不一的菊花。

活动一：花瓶

亲爱的孩子们，我们以前是怎么做容器的呢？我们可以用泥条盘筑，也可以用小圆球累积叠高。其实只要想办法，制作出来的容器就可以变成美丽的花瓶。

我们可以看看各种各样的花瓶造型。瓶身大小有变化，看上去会很美观；泥圈的排列组合会很特别；收瓶口的时候，稍微改变一下泥条盘住的叠放位置，渐渐地往外扩散或者往里收紧，就会有不一样的效果；当然也可以在花瓶上做点装饰，那就更奇妙了。你想试试吗？悄悄告诉你：泥片的厚薄一定要均匀哦！

活动二：水果

秋天是一个丰收的季节，酸酸甜甜的水果都成熟了，有橘子、柿子、香蕉……我们玩个猜水果的游戏，看看你能不能猜对。

你能试试用手捏成型的方式来制作一大盆的水果吗？当然，你也可以试试用其他的方法。每一组还需要制作一个大大的盘子来放水果，请小组代表给我们介绍你们组水果盘的名字。

图2-3-56 泥条花瓶　　　图2-3-57 泥片花瓶　　　图2-3-58 认真制作花瓶

图2-3-59 水果盘装满了　　　图2-3-60 丰盛的水果盘　　　图2-3-61 幼儿制作掠影

活动三：小花篮

亲爱的孩子们，你看到过花篮吗？它和花盆最大的区别就在于篮柄，可以方便我们提着。

为了让花篮更漂亮一些，我们可以尝试用盘条、手指压印、装饰波浪线等方法，让花篮拥有特别的花纹和肌理。这里特别介绍一下肌理的制作方法：在泥条盘筑完成后，用小拍板轻轻地拍打最上面的一根泥条，然后再用大拇指轻轻地按压。给大家一个小小的建议：篮柄要做得粗一些，如果篮柄容易塌下来，可以在中间团一个纸球作为支撑。当然，大家也可以用以前掌握的多种方式进行装饰，让你的花篮与众不同。

图2-3-62 泥条交在一起的小花篮　　　图2-3-63 迷你花篮　　　图2-3-64 制作小花篮现场

活动四：盆花

孩子们，老师这里有几幅关于花朵的图片，你们发现了什么小秘密了吗？这些花朵都插在一个花盆里，我们就叫它盆花。

图2-3-65 太阳花　　　　图2-3-66 插着菊花的盆　　　　图2-3-67 各种各样的花

我们可以用我们以前学过的方法，将不同大小、不同造型的花摆放在不同的位置，形成疏密有间的盆花。能干的孩子们还可以尝试制作立体的盆花。

活动五：萝卜

孩子们，仔细观察萝卜，它们是不一样的。有些萝卜是细细长长的，有些萝卜是水滴形状的。

萝卜这么可爱，我们该怎么用陶泥来表现呢？可以试试用掌心搓泥的方法，这是我们以前学过的。但是萝卜粗细不一，我们用的力气也会不一样，怎样才能搓出水滴状呢？怎样才能搓得细细长长呢？大家可以试试。做完了萝卜的形状，别忘了还有叶子，或者也可以有其他创意。

图2-3-68 陶泥萝卜作品

活动六：菊花

秋天菊花盛开了。孩子们，你们见到过的菊花都是什么样子的呢？千姿百态的菊花

图2-3-69 叶子和菊花　　　　图2-3-70 菊花好朋友　　　　图2-3-71 看大师来了

确实美极了。

菊花细细长长的花瓣,需要我们很小心地搓泥。对于有些花瓣末梢稍微卷起来的造型要更小心了。我们将菊花做在泥板上,可以根据我们的需要,做不同形状的泥板。别忘了,菊花整体造型是球形的。

附:陶泥室其他作品照片

图2-3-72 一起来帮忙

图2-3-73 看我擀的泥块

图2-3-74 花瓶快完工了

图2-3-75 取泥的时候要仔细

图2-3-76 一起合作真开心

图2-3-77 细心刻画

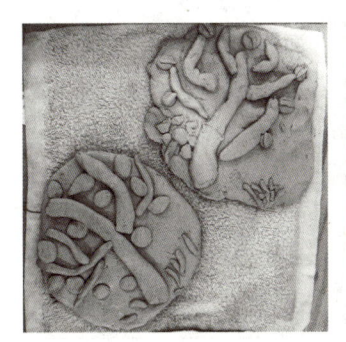

图2-3-78 板上的树

图2-3-79 作品正在制作中

图2-3-80 好朋友一起玩

> ### 食物中的艺术
>
> 空气中飘来甜甜的、香香的味道，原来是小厨房飘出来的味道
> 真香啊，我们一起去看看吧
> 小厨师们正在做美味的饼干呢
> 快看，揉一揉、搓一搓、捏一捏，饼干就出现了，好神奇
> 再把饼干放在烤盘里排排队，放进烤箱烤一烤，香喷喷的饼干完成了
> 接下来就是动心的分享美食时刻，啊呜一口，好香好甜好好吃
>
> 在这里，我们是美食的小主人
> 在这里，我们可以尽情异想天开
> 做饼干、包粽子、下水饺、捏青团、炒各色菜肴
> 美食之旅正在开启，你也来加入吧

魔法小镇之生活馆

生活即教育，我们结合幼儿园阳光教育课程的精神和宗旨，根据幼儿的学习兴趣和发展需求，以开放的区域活动生活馆为载体，以幼儿为本，尊重幼儿的学习方式，鼓励幼儿在轻松和谐的环境中自由选择、自主学习，让幼儿在生活中提高动手操作能力、自我服务能力、合作交往能力、自主创造能力、科学探究能力等。

良好的生活习惯和基本生活能力是幼儿身心健康的重要标志，也是其他领域学习与发展的基础。良好的生活习惯和基本生活能力需要渗透贯穿在一日生活中。生活馆以生活为切入点和载体，给幼儿搭建一个学习和游戏的平台。幼儿通过动手操作、亲身体验、直接感知等多种形式体验活动的快乐。

勤劳是我们中华民族的传统美德，养成良好的劳动习惯也要从娃娃抓起。生活馆的创建为幼儿提供了学习和体验的机会。幼儿学习运用多种感官探究食物的来源，追本溯源；在观察比较中发现食物的不同，尝试自己动手收拾整理；了解工具的使用方法及使

图2-3-81 生活馆内容举例

用技能，尝试自己动手做一些简单的劳动，体验劳动带来的成就感和喜悦感。

活动安排建议

第一，在活动中引导幼儿运用感官直接体验，自主表现，与材料互动，用自己的方式进行表达表现。

第二，在观察操作中引导幼儿体验活动带来的愉悦感和成就感。

第三，本着自主、自由、开放包容的核心教育理念，围绕幼儿的学习兴趣和需求开展生活馆活动。

第四，关注幼儿的情感体验，支持幼儿与同伴合作，鼓励幼儿用多种形式与同伴进行交流表达。

第五，根据幼儿的活动兴趣，拓展时间、空间，进行持续性的体验游戏。

第六，保证课程安排的灵活多样性，可以结合传统美食、传统节日、季节时令、艺术创造、科学探究等开展。

第七，明白活动的开展是有一个逐步推进的过程，有些活动的开展是为整个活动的进行做铺垫的，有些活动可以是结束后的延伸。

案例举例 有趣的米

米是孩子们在生活中常见的一种食物，孩子们每天与米接触。你见过的大米是什么颜色的呢？白色的。除了白色的大米，你还认识什么颜色的米呢？红米、黑米、小米。当问及大米是怎么来的时候，很多孩子都说是大人买来的。那到底大米是怎么来的呢？我们一起和孩子们走近稻子的种植与生长过程。在视频观赏中孩子们惊叹："哇，大米是这样来的啊！"孩子们睁大了好奇的眼睛。原来大米是农民伯伯辛辛苦苦种出来的。

米可以做成好多好吃的，说一说自己日常中吃过的米制品吧。孩子们的回答都是从自己的生活经验出发，如粥、蛋炒饭等。周三中午午餐时，孩子们看着米饭上五颜六色的食物点缀都发出了惊叹声："哇，真好看，原来白米饭上点缀了这么多好吃的食物。"我们一起来看看米饭上面放着哪些好吃的食物吧。蛋、青瓜、火腿肠，孩子们一一道来。你们知道米饭是怎么做出来的吗？煮出来的。回家观察一下爸爸妈妈是怎么做饭的。这么好看的米饭一定很好吃，你能给它取个好听的名字吗？有的孩子说："叫彩色米饭吧，和上次吃的一样好看。"有的孩子说："五颜六色的像彩虹，叫它彩虹饭。"我们也可以一起来做一份漂亮的米饭，变成各种各样的形状，点缀上自己喜欢的食物，像彩虹米饭一样漂亮。

表2-3-12　幼儿发展价值与教师支持策略

幼儿发展价值	教师支持策略
1. 在观察比较中，发现米是多种多样的。 2. 了解各种各样的米与我们生活的关系。 3. 在自由创作中发现食物的艺术美。 4. 感受食物的多样性，尝试用不同的形式和方法进行制作。	1. 了解幼儿的经验，以幼儿的兴趣和问题为突破口，预设主题内容。 2. 事先收集有关米的知识，以及稻谷生长过程的视频。 3. 与幼儿共同准备好活动材料，如海报展示。 4. 关注幼儿活动中的学习情况，观察并了解幼儿的活动质量，当幼儿因本身经验与能力不足而不能继续活动时，应予以适当指导，帮助幼儿在活动中获得积极体验。

活动片段实录一

悦悦用小碗完成了一个创意后，又去桌子上拿了一块方形的海苔放在盘子里，然后看着我说："老师，用这个做什么？"我指了指碗里的作品说："你刚才做了什么啊？""圆脸的娃娃。""你觉得方方的可以做吗？""哦，圆脸和方脸的故事。"悦悦顿时有了妙计，从桌子上拿来了西兰花、黄瓜片。用黄瓜片摆成了小姑娘的头发，然后拿来两朵西兰花说："这是它的发夹。"拿来番茄酱在上面挤了一些说："这是它的蝴蝶结发夹。"悦悦用两颗蚕豆做了娃娃的眼睛，还拿来两粒玉米粒做眼睛里的眼珠。用什么做嘴巴呢？悦悦看见盘子里还有萝卜条，拿来后先在海苔上比画了一下，上下稍微分开变成了嘴唇。悦悦看着自己完成的娃娃开心地笑了，然后拿番茄酱给娃娃抹了点口红。完成后，悦悦端着盘子给旁边的小朋友看，小朋友都说："哇，好漂亮啊。"悦悦听了可开心了。活动结束后，悦悦还和小朋友交流了制作的方法。

悦悦是一个非常有主见和创造思维的孩子，每次艺术创作活动中，总是能够大胆、自信地表达自己的想法，并能根据自己的经验进行创造想象。在本次米饭

图2-3-82　紫菜包饭　　　　　　　图2-3-83　大厨正在工作中

创作中，悦悦从随意摆放到使用方形的海苔进行小姑娘的制作，一步一步地在对自己的作品进行修改和创造，直到满意为止。在生活中，悦悦也是一个爱美的小姑娘，在创作中把经验进行了迁移，如选用红色的番茄酱当作口红来打扮小姑娘，发挥了创造力和想象力。在作品中大家能够看到悦悦的专注和用心，也看到了悦悦对美的追求和欣赏。

活动片段实录二

孩子们自由组合选择了好朋友，然后再选择游戏需要用到的面粉（玉米面、糯米面、小麦面）。一盆面粉，一碗水，孩子们根据需要，自己向盆中加水，水用完了，如果还需要可以自己去接水。宇宇和依依两个人一组开始和面，每人都抓捏着自己面前一小撮面团。依依加了点水，宇宇也随后加了点水，不一会儿面粉和水粘粘在一起了。手心手背全部都是，爱干净的依依还要停下来，剥去手上沾满的面粉糊。

宝宝和瀚瀚两人一起合作，两个男孩子力往一处使。瀚瀚向面粉中间倒水，两个人开始搅和着，瀚瀚叫道："老师快看！有个漩涡！"两个人一会儿向左搅动，一会儿向右搅动，团结的力量就是一会儿工夫一个大面团就快成形了。瀚瀚最后又加了一次水，结果水加得太多，面团软趴趴的。宝宝举着沾满面粉的手叫道："刘老师，完了完了！"我走过去见了哈哈一笑，原来变成浆糊了。我问瀚瀚："和面团需要哪两种材料？"瀚瀚说："面粉还有水啊。""太干了，我们加水，那么太湿了怎么办呢？"这个问题着实难倒了他们两。于是，我抓了一把面粉撒下去，他们搅一搅。"咦？有点干了，刘老师。"宝宝说。接着两个孩子小心地抓着面粉往盆子里放，一点一点，不一会儿一个坑坑洼洼的大面团呈现了。

我看见孩子们在和面时，有自己干自己的，有团结使劲的。不论哪一种，都

图2-3-84　认真搓团　　　　　　　　　　图2-3-85　和同伴一起和面

需要掌握水和面粉的比例。这个比例没有标准,只要孩子自己把握好就行。面粉太多了,六六自己加水,水不够了自己主动接水,供大家使用。宝宝和瀚瀚细心又团结,虽然水加得过多了,但是他们积极主动地面对困难并解决困难,他们都是了不起的。孩子们玩弄着沾满面粉的手,脸上满是笑容。宝宝和瀚瀚讲解了和面的有效方法,以及水和面粉的比例怎样调节,让没有成功的孩子们进行学习,再次尝试和面,体验玩面的乐趣。

案例举例 情系端午

端午节临近,乐乐胸前挂了一个红红的布袋,孩子们都围在旁边拿着看了又看。贝贝说:"这袋子真好看。"她边说边拿到鼻子边闻了闻:"老师,好香啊!""乐乐,为什么要挂香袋啊?""我妈妈说挂了香袋虫子就不会来咬我了。"真是一个神奇的香袋,一上午孩子们都围着乐乐和他的香袋。晨间谈话时,我们一起开展了一个谈话活动:香袋里有什么?什么时候挂香袋?这些问题逐渐引出了端午节习俗的话题。孩子们觉得很好玩,都想有一个自己的香袋,也愿意尝试自己做粽子,还陆陆续续和爸爸妈妈一起收集包粽子的材料。端午节活动逐渐在孩子们的体验中不断延伸开来。

端午节是我国的传统节日,是中华民族悠久历史文化的一个组成部分。端午节中蕴含着很多的民俗文化,如吃粽子、赛龙舟、挂艾草、戴五彩绳、挂香囊等。原来过端午节可以做很多有趣的事情,孩子们对活动充满了好奇。为了萌发孩子们对传统文化的兴趣,我们通过各种体验操作活动,让孩子们感受传统文化,喜欢中国的传统节日,在内心播下一颗了解传统文化的小种子。

在活动中我们还继续和孩子们一起通过动手操作、分享时光等多种形式,关注孩子们的学习过程,指导孩子们的学习,帮助孩子们积累经验。

表2-3-13 幼儿发展价值与教师支持策略

幼儿发展价值	教师支持策略
1. 能主动关注自己感兴趣的事物,喜欢对自己感兴趣的问题发问,并有浓厚的探索兴趣,专注地投入活动中。 2. 乐意把自己的想法与同伴交流,并体验共同游戏的乐趣。 3. 在不断尝试、体验中,感知生活活动中蕴含着很多有趣的事,萌发对操作活动深入探究的兴趣,感受学习带来的愉悦感。	1. 及时捕捉幼儿的兴趣点和关注点,通过集体谈话、小组讨论等方式,生成有教育价值的游戏活动。 2. 了解幼儿的水平和经验,提供图片、视频等形式帮助幼儿梳理经验,为活动的继续开展做好铺垫。 3. 材料的投放要有真实性、针对性,满足不同幼儿的操作需求,同时也要关注工具使用的安全性。 4. 关注在活动中尝试很多次未能成功的幼儿,给予他们一定的鼓励和支持。 5. 和幼儿共同讨论生活馆内物品的摆放位置,帮助他们养成好习惯。

活动片段实录

我们邀请了奶奶和外婆来小厨房做老师,教孩子们包粽子,孩子们兴致勃勃地看着奶奶和外婆示范包粽子的方法,忍不住为她们鼓掌。在讲解完要求和注意事项后,孩子们迫不及待地选择自己喜欢的材料进行操作。有的孩子选择了制作香袋。他们闻了闻香粉的味道,问:"老师,这是什么粉?""这是用各种中药磨成的粉,可以帮我们赶走一些小虫子。"接下来他们从箩筐里拿出一个小袋子,用小勺子舀一点药粉,然后小心翼翼地放进袋子里,一边装一边看,并试着用橡

图2-3-86 自制的香袋

皮筋把口扎起来,最后在旁边的桌子上选择一个自己喜欢的香包装进去。一个漂亮的香囊做好了。他们迫不及待地挂在脖子上说:"你们看,我的香包好看吗?"

第一次包粽子,孩子们不知道该怎么办才好。有的选了自己喜欢的口味,红枣味的。奶奶说:"先要把竹叶变成像冰激淋筒一样的形状,然后把糯米饭放进去,手要握牢了,不然糯米漏出来就包不住了。"我们看到了奶奶用嘴巴咬着绳子,把粽子包紧。我也来学学,感觉很有趣呢。

今天过了一个特别有趣的端午节,自己做粽子对小班的孩子还是有一定难度的。特别是用绳子包紧这个环节,孩子们的手部力量还不够,但是他们还是会不断地寻求老师的帮助,并努力去模仿成人。有些孩子会尝试用自己的方法来包粽子。虽然包出来的粽子外观不是很好看,但是在整个制作过程中,孩子们非常专注和投入。

图2-3-87 看我专业吗　　图2-3-88 香袋制作现场　　图2-3-89 像模像样包粽子

附：生活馆其他活动掠影

图2-3-90　洗菜也是一种本领

图2-3-91　剥豆

图2-3-92　一起和面

图2-3-93　学习使用刨刀

图2-3-94　水果羹可以吃了

图2-3-95　洗菜，不仅仅是洗菜哦

图2-3-96　将干果压得粉碎，也是很难的

图2-3-97　切切切

图2-3-98　好奇怪的面团

图2-3-99　这是什么馅

图2-3-100　看我擀的皮

项目二　精灵秀场

"每一个孩子都是有能力、有自信的学习者和沟通者"这一儿童观，秉承着课程是为支持幼儿学习和发展而创设的活动的宗旨。我们将幼儿的学习契机蕴含在每一次活动中，以促进幼儿的学习和课程的发展。

精灵秀场结合各种节日活动，采用项目活动的形式，进行全园静态或动态的展示，旨在展现幼儿的学习结果，让幼儿体验成功的喜悦，并获得最好的发展。

一、项目目标

能根据不同的节日内容，设计并组织各种展示活动；能恰当地调控自己的行为，做自己想做和该做的事；大胆尝试解决问题，用不同形式展示自己的能力，并体验到成功。

二、项目体系

精灵秀场主题源于幼儿感兴趣的法定节日和幼儿自发生成的个性化节日，以缤纷嘉年华和七彩展览会进行展示，两者以项目活动的形式融合在一起。

缤纷嘉年华以现场的动态活动为主，旨在发展幼儿主动学习的能力，使幼儿在不断解决问题中建构独立学习的能力，并获得自信，逐步形成积极主动、敢于探究和尝试、乐于想象和创造的良好品质，增强对自然和社会生活的关注意识和热情。

七彩展览会以静态展示作品为主，通过展览作品、活动宣传等形式，将主动探究与艺术表征合二为一，让幼儿在合作中发展建构能力，学会主动合作和探究分享，体验满足感和成就感。

三、项目实施要点

第一，创设自主、自由的环境，提供丰富、充满探究性的材料，支持幼儿用多种方法展示自己的才能，发掘自己的潜力，体验成功的快乐。

第二，敏锐地发现幼儿的需求，专业地判断介入的时机，关注幼儿的兴趣，不断调整材料，以满足不同幼儿的不同发展需求。

第三，理解幼儿展示的是自己对世界独特的理解，尊重每一个幼儿的不同表征方式。

舞动的小精灵

孩子天生就是表演家
你可记得有过这样的表演
穿上妈妈的高跟鞋，披上红红的纱巾，戴上美美的项链
和小伙伴一起学着妈妈的样子一扭一扭走起来
走着走着，小伙伴哈哈哈笑成一团
表演带给孩子们的快乐无以言表

哇！幼儿园里有更大的表演舞台
有趣的手偶表演、神奇的皮影戏、农场狂欢、节日庆典……
我们都能尽情地施展表演的天分
我们拥有好多好多小观众大观众
响亮的掌声、由衷的赞美声、美丽的鲜花……
表演，我可以；表演，我能行；表演，我喜欢

案例举例　我们毕业啦

经过三年幼儿园的学习和生活，大班的孩子们即将告别老师和同伴。在毕业之际，针对孩子们对告别的留恋，对友谊的感受，对成长的理解……我们进行了一场美好的毕业季活动。

孩子们一起讨论了很多活动。有的说："我想去小学看看。"有的说："我们给幼儿园种一棵树吧。"有的说："我想和好朋友一起在幼儿园拍照。"……我们把孩子们的想法进行了罗列归类后，形成了一个思维导图。

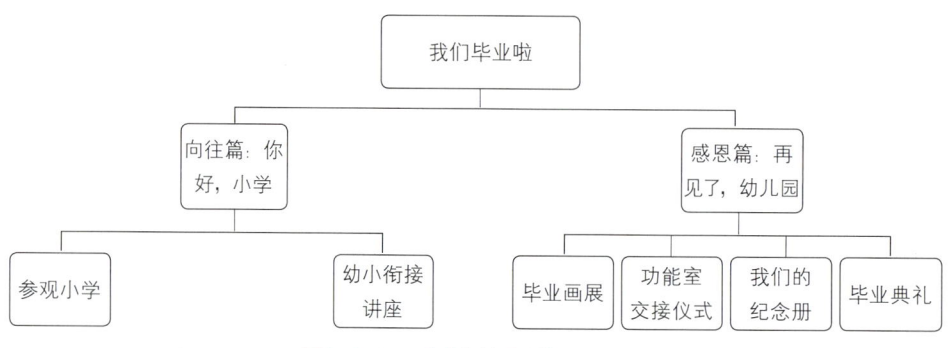

图2-3-101 "我们毕业啦"思维导图

向往篇：你好，小学

孩子们说："老师，小学是什么样的？那里的老师凶吗？小学里的菜好吃吗？小学里有没有好玩的玩具？"随着毕业的脚步越来越近，孩子们对小学生活充满了期待，同时也有些许惶恐。

我们觉得小学应该是这样的。

图2-3-102　对小学的猜想

图2-3-103　忙碌的大场面　　图2-3-104　心中的小学一隅

小学真的是这样的吗？我们一起走进了一墙之隔的蔚斗小学。

图2-3-105　小学生上课好精神　　图2-3-106　姐姐带我们参观小学　　图2-3-107　小学校园是这样的啊

感恩篇：再见了，幼儿园

幼儿园是孩子们人生中第一个接受教育的地方。三年来，孩子们一起生活，一起学习，有着很多美好的回忆。孩子们在这里学习本领，留下了成长的脚步。

一场我们自己策划的演出。演出需要有美美的舞台，化上美美的妆，穿上美美的衣服，邀请爸爸妈妈、老师阿姨一起见证我们的成长。

图2-3-108　我的演出计划书1　　　　图2-3-109　我的演出计划书2

图2-3-110　精神抖擞走红毯　　图2-3-111　主持人　　图2-3-112　舞蹈《上小学》

图2-3-113　大合唱"毕业歌"　　　　图2-3-114　民族舞展现

一次我们班级特色的画展。无论是陶泥作品还是建构作品,无论是自然作品还是写生作品,我们都用班级特色的元素制作了我们心中最美的作品——我的幼儿园。

图2-3-115　我的幼儿园

图2-3-116　我为幼儿园设计的小景观

图2-3-117　陶泥作品展

图2-3-118　幼儿园是我的童话世界

图2-3-119　幼儿园学生

图2-3-120　幼儿园一隅

图2-3-121　幼儿作品展

图2-3-122　再见了幼儿园

一本我们写满回忆的纪念册。幼儿园的小花小草，你们可记得我们为你作诗作画？幼儿园的泥土，你们可要呵护我们种下的树苗。幼儿园的角角落落，你们可记得我们的欢声笑语？

图2-3-123　幼儿园是我们的乐园

图2-3-124　我给幼儿园写诗作画

图2-3-125　一起来设计　图2-3-126　幼儿园的花朵

图2-3-127　幼儿园回忆录

图2-3-128　为幼儿园的花画画

图2-3-129　你说，这些花会记得我们吗

图2-3-130　埋下我们爱的种子

图2-3-131　一起精心培育种子

图2-3-132　来一场最后的打水仗

图2-3-133　忘不了的篝火晚会

一场郑重的交接仪式。我们是幼儿园的小主人，我们班管理着科探室的研究，你们班管理着陶泥室的创作，他们班管理着木工房的制作……临别之际，大家将这些重任委托给我们的弟弟妹妹，希望他们也能够玩得开心。

图2-3-134　功能室交接仪式

图2-3-135　姐姐讲话

图2-3-136　接过来的不仅仅是牌子

图2-3-137　哥哥先带我们玩一玩

大家好，我是大五班的涛涛，我特别喜欢玩陶泥。记得中班第一次接触陶泥，我觉得泥巴很脏，甚至不敢用手去拿这些泥巴，把手指翘得高高的，头上、脸上、衣服上到处都沾满了泥巴。老师还一个劲儿地让我们摔泥巴，我很不解。后来老师告诉我，只有充分掌握了泥巴的收缩性和伸张性，才能制作出漂亮的作品。

渐渐地，我发现陶泥也没那么讨厌了。一只只小动物在我们的手中诞生，尤其第一次在阴干的作品上上釉料，又送去烧制。烧出来的小动物增光增亮，漂亮极了。我们的信心越来越强。茶杯、容器、水壶、房子、泥板……越来越多的作品在我们的手中产生。手工捏制、泥条盘筑、泥片成型……这些技巧在我们的制作过程中运用娴熟。我们还尝试着使用拉坯机。眼看着一个个杯子在机器上成型，我们非常激动。

快乐的时光总是如此短暂，我们即将毕业，陶泥室的主人也将不再属于我们。弟弟妹妹们，希望你们也像我们一样热爱陶艺，在制作陶艺的道路上越走越远，制作出精美的作品。

弟弟妹妹们，你们好，我是大六班的姐姐，我叫佳佳。今天让我来介绍一下我们神奇的科探室。

瞧，你可以在皮影戏中了解光的秘密；在水的世界里发现水油的特别之处，了解水的沉浮；利用海藻酸和乳酸钙制作可爱的水晶宝宝；用五彩的颜料染画布；观察各种叶子，画画它们的叶脉，捣出它们的绿汁液研究；还有各种人体解剖的秘密及音乐盒和光影盒都等你去操作、发现。

在科探室里，你们可以自己主动观察、操作、探索。水、光、空气、生物、磁、火、电等，这么多领域的操作材料都可以去探索，每一次探索都有新的体验和收获哦！

我们马上就要上小学了，将要踏上更神奇的旅程。现在，这神奇的科探室就等着你去发现它的奥妙喽！希望你们可以亲近科学，喜爱科学，亲身感受科学现象，发现科学探索的乐趣。

亲爱的老师们、小朋友们，大家好，我们是大一班的小朋友。你们知道我们幼儿园最美的功能室是哪里吗？让我们告诉你吧，那就是幼儿园的美工室哦，它就在我们大一班教室的旁边。还记得第一次去美工室，我们被里面漂亮的作品和环境吸引了。那里有树，有水，桌子椅子都很特别哦！教室分成了上下两层，这是我们幼儿园的空中花园。小伙伴们都说这里好漂亮，都喜欢上了这里。里面展示着幼儿园所有小朋友的美工作品。每次有客人来幼儿园，园长妈妈都会带客人去那里参观、欣赏。每次轮到区域活动时间，老师都会带我们去那里画画、折纸、玩橡皮泥、做手工，还会用我们完成的作品用来装扮美工室。

我们在那里快乐地游戏和学习。那里留下了我们的创意，留下了我们成长的足迹，留下了我们的欢声笑语。

我们就要毕业了，希望以后的日子里的弟弟妹妹能够和我们一样喜欢美工室，爱护美工室的物品，和小伙伴们一起学到更多的本领，把我们的美工室打扮得更加漂亮。谢谢大家！

案例举例　童玩同乐过"六一"

"六一"儿童节是一个专属于孩子们的节日。从五月份开始，孩子们就心心念念这个节日了。孩子们，你们想怎样度过自己的节日？

为了让自己的愿望得到实现，孩子们忙乎起来了：排练节目，寻找场地，制作邀请函，制作道具……

我们热情，我们友爱，我们积极帮助弟弟妹妹，热情邀请老师阿姨参观，和同伴一起分享自己的玩具。

图2-3-138　姐姐帮我一起搭　　　　图2-3-139　姐姐告诉我怎么放才能稳稳的

图2-3-140 我告诉你怎么玩 　　　　　　图2-3-141 好玩的机器人

我们自信，看，我们台上的那抹微笑！

图2-3-142 有模有样的主持人 　　　　　图2-3-143 活灵活现的舞蹈队

图2-3-144 自信的演员

我们体健，看，我们闯过关卡的胜利！

图2-3-145　闯关，没什么大不了 　　　图2-3-146　障碍拦不住我 　　　图2-3-147　好玩的户外野战游戏

我们聪慧，看，我们工作的那份专注！

图2-3-148　我知道玻璃杯的秘密 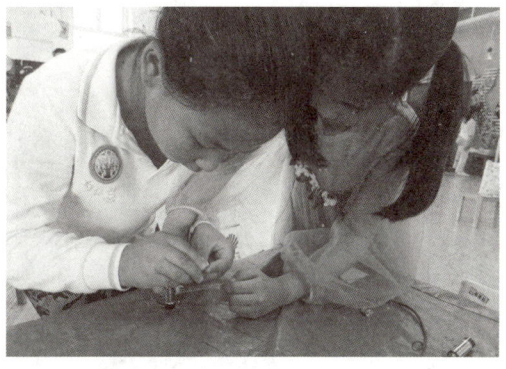　　　图2-3-149　我能自己组装电池

图2-3-150　底下有什么在控制 　　　图2-3-151　怎么回事

我们好奇，看，我们探究的那份执着！

图2-3-152　月亮船怎么不会掉下来 　　　图2-3-153　看看谁最动脑筋

我们乐创，看，我们的作品充满创意！

图2-3-154　彩虹的约定 　　　图2-3-155　欢庆我们的节日

图2-3-156　我的幼儿园 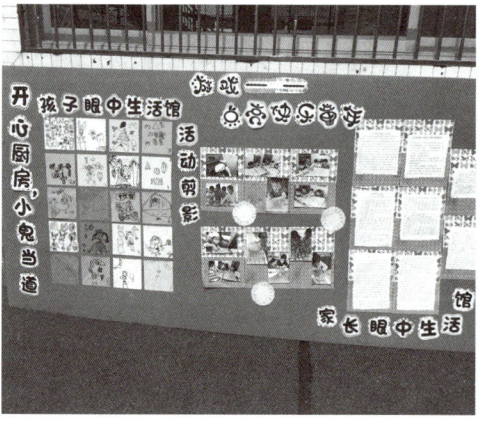　　　图2-3-157　我的小厨房活动

图2-3-158　小木匠形成记

图2-3-159　我爱我的城堡乐园

图2-3-160　童话世界

第三篇　阳光课程的评价体系

　　课程评价对课程本身的价值及课程的实施起着重要的导向和质量监控的作用。评价目的、评价体系及评价方法等方面都直接影响着课程培养目标的实现，影响着课程功能的发挥。

　　我园研究与制定幼儿身心健康评价体系，期望能够完善目前教育评价体系不全面的状况，解决实际工作中存在的问题，提高教师的测评能力，促进幼儿健康成长。阳光课程的评价体系包含幼儿身心健康评价体系、幼儿身心健康评价工具和幼儿身心健康评价实践。

第四章 幼儿身心健康评价体系

身心健康是指人在身体、心理与社会适应方面的良好状态。促进幼儿身心健康和谐发展是幼儿园教育的根本目的。良好的身体、强健的体质、愉快的情绪、良好的社会适应能力是幼儿身心健康的重要标志，能促进其他领域的学习与发展，实现幼儿的全面协调成长，同时也能为其一生的健康发展打下基础。

制定幼儿园身心健康评价体系是幼儿园开展健康教育的目标导向和行动依据，是对健康教育实施情况的有效检验，也是幼儿身心健康发展的重要一环。我园制定幼儿身心健康评价标准，以各年龄段幼儿的身心健康特点和原有的健康水平为依据，着眼于幼儿的长远发展，设定适宜的发展目标，唤醒幼儿的自主意识，从而促进幼儿健康成长。我们秉承《纲要》精神，以《指南》为依据，结合《浙江省3-69周岁公民体质评价等级标准》和《宁波市幼儿全面发展水平评价标准》等对幼儿身心健康的评价体系进行了补充。

幼儿身心健康评价体系涉及的身体健康、心理（情绪）健康、社会适应良好，与阳光课程的幼儿培养目标身心健康吻合，健体、润心、怡情，能够促进幼儿身心健康、全面、和谐地发展。

一、幼儿身心健康发展的总目标

第一，身体正常发育，机能协调发展，有良好的身体素质和生活习惯。

第二，有积极的情绪，并能适当表达和调节自己的情绪。

第三，有良好的社会适应能力，形成积极的自我意识，能与同伴友好相处，并能融入群体生活。

二、幼儿身心健康状态观测指标体系

（一）身体健康状态观测指标

一级指标	二级指标	三级指标（及标准）	观测点	水　　平
体能	平衡性：人体处在一种姿势或者稳定状态下及运动或受到外力作用时，能自动调整并维持原有姿势的能力。	静态平衡：在静止状态下维持身体姿势的能力，特别在较小支撑面上控制身体重心的能力。	单脚站立	0级：单脚无法站立。 1级：能单脚站立，但是时间很短。 2级：单脚站立10秒。 3级：单脚站立20秒。 4级：单脚站立30秒。 5级：能较长时间单脚站立，持续40秒以上。
		动态平衡：在运动状态下能够控制重心、不摔倒的能力。	走平衡木、田埂、花坛侧石的平衡能力	0级：走平衡木会掉下来（宽30厘米，高15厘米）。 1级：在平衡木上横步走（宽30厘米，高15厘米）。 2级：会走平衡木（宽30厘米，高15厘米）。 3级：会走平衡木（宽20厘米，高20厘米）。 4级：会走平衡木（宽10厘米，高25厘米）。 5级：会走平衡木（宽10厘米，高30厘米，长3米）。
	协调性：肌体配合协调，动作、方向、速度恰当，有一定的控制能力，平衡稳定，有韵律性。	控制能力：能控制自己的身体自如地做各种动作。	连续跳	0级：双脚不能起跳。 1级：双脚能连续跳。 2级：双脚连续向前跳，落地轻。 3级：双脚能连续跳，起跳时能屈膝准备，上下肢协调用力，落地轻稳。 4级：双脚能连续跳4.5米以上，起跳时身体各部位能协调用力，落地轻稳。 5级：双脚能连续跳4.5米以上，并跳过间距50厘米的10个障碍包。
		动作配合：各种动作能够相互配合，完成活动任务或掌握某种技能。	拍球（皮球）	0级：不会拍球或者抛接球。 1级：会拍2~3个，能自己抛接球。 2级：会滚球，单手连续拍8~15个。 3级：会左右手连续拍球。 4级：会运球（8~12米）。 5级：在行进中能听口令自如地进行运球、停球、拍球等动作的转换。

续表

一级指标	二级指标	三级指标（及标准）	观测点	水　　平
体能	协调性： 肌体配合协调，动作、方向、速度恰当，有一定的控制能力，平衡稳定，有韵律性。	动作配合： 各种动作能够相互配合，完成活动任务或掌握某种技能。	跳绳	0级：不能跳绳。 1级：能手脚分开，做甩绳和跳绳动作。 2级：能手脚配合，边甩绳边跳过绳1～2下。 3级：能跳绳3～5下。 4级：能连续跳绳。 5级：能变换花样跳绳。
	灵敏性： 迅速改变体位、转换动作和随机应变的能力。	固定转换体位能力： 身体能够根据要求迅速改变位置、方向的能力。	折返跑 （跑道10米长）	0级：不能折返跑。 1级：能够折返跑，但是不能做到有起点和终点。 2级：能够折返跑，但是动作不够流畅。 3级：能够折返跑，动作基本流畅。 4级：能够折返跑，回转时折返较快，会避让。 5级：能够以一定速度做10米×2折返跑。
		动作转换能力： 能够灵活、迅速地变换动作的能力。	听信号变化动作跑	0级：身体不能随口令做变化。 1级：能随口令做变化，但是有延后现象。 2级：能听口令做变速跑。 3级：能玩躲闪跑，相互之间不碰撞。 4级：按各种信号做各种变向的追逐游戏。 5级：在跑、跳过程中快速、协调、准确地完成各种动作，如变向、变速、急停、急起、转体等。
	力量： 身体某些肌肉收缩时产生的力量。	下肢力量： 下肢肌肉在收缩和舒张时所表现出来的能力。	跳	0级：单脚无法起跳。 1级：单脚能起跳，但是距离不够。 2级：能单脚连续向前跳2米左右。 3级：能单脚连续向前跳5米左右。 4级：能单脚连续向前跳8米左右。 5级：能单脚连续向前跳10米左右。
		上肢力量： 上肢肌肉在收缩和舒张时所表现出来的能力。	投掷 （沙包）	0级：不能单手投掷沙包，方向偏离。 1级：单手投掷沙包，距离小于1米。 2级：能单手将沙包向前投掷2米左右。 3级：能单手将沙包向前投掷4米左右。 4级：能单手将沙包向前投掷5米左右。 5级：能单手将沙包向前投掷6米左右。

续表

一级指标	二级指标	三级指标（及标准）	观测点	水　平
体能	耐力：人体长时间进行肌肉活动和抵抗疲劳的能力。	肌肉耐力：人体长时间进行肌肉活动的能力。	快跑	0级：不能快跑，没有速度。 1级：能快跑10米左右。 2级：能快跑15米左右。 3级：能快跑20米左右。 4级：能快跑25米左右。 5级：能快跑30米左右。
		全身耐力：全身各部位肌肉长时间的活动能力。	徒步走	0级：不能长时间行走。 1级：能行走0.5千米左右。 2级：能行走1千米左右（途中可适当停歇）。 3级：能连续行走1.5千米左右（途中可适当停歇）。 4级：能连续行走1.5千米以上（途中可适当停歇）。 5级：能持续行走2千米以上（途中可适当歇息）。

（二）心理健康状态（情绪）观测指标

一级指标	二级指标	三级指标	观测点	水　平
情绪健康	情绪识别：通过对自己的体会及对别人表情、语言、身体姿势等的观察了解情绪反应，理解自己和他人的情绪、情感状态，为自己在社会情境中的反应和行为选择提供一定的线索。	认识自己的情绪：从自己的生理状态、情感体验和思想中辨认情绪。	是否察觉自己有情绪的变化	0级：没有察觉自己有开心或者不开心的情绪反应。 1级：知道自己有不同的情绪，但察觉不明显。 2级：能意识到自己有开心、不开心及愤怒的情绪。 3级：能辨别喜乐、兴奋、愤怒、恐惧、悲伤等情绪，并且把自己的情绪区分开来。 4级：能在成人的引导下，了解自己在不同情况中会产生不同的情绪。 5级：清楚了解自己的不同情绪，会分析自己的情绪现状。
		认识别人的情绪：从他人的表情、语言、身体姿势等方面观察中辨认他人的情绪。	与同伴相处时对别人的情绪反应	0级：不能察觉他人的情绪反应。 1级：能察觉别人有情绪反应。 2级：能察觉别人开心、不开心及愤怒的情绪。 3级：能分辨别人喜乐、兴奋、愤怒、恐惧、悲伤等情绪。 4级：能辨识别人喜乐、兴奋、愤怒、恐惧、悲伤等情绪，能关心别人的感受和需要。 5级：能辨别别人的各种情绪，能说出情绪的不同感受。

续表

一级指标	二级指标	三级指标	观测点	水　　平
情绪健康	情绪表达	初步理解情绪产生的情境。	日常观察	0级：无法把情绪与具体情境联系起来。 1级：在成人的引导下，能把自己（他人）的情绪与具体情境联系起来。 2级：能把自己（他人）的情绪与具体情境联系起来。 3级：能在成人引导下，简单说明情绪产生的原因。 4级：能简单说明情绪产生的原因。 5级：知道不同情境中会出现不同的情绪，并能简单说明原因。
		愿意并会表达情绪： 用来表现情绪的各种方式。	有情绪反应时	0级：对自己的情绪无法觉察。 1级：有情绪，但是表达不恰当。 2级：能直接表现出不同的情绪，如开心、生气及愤怒。 3级：会用表情、语言表达自己的情绪。 4级：清楚表达自己的情绪和需要。 5级：会把自己的情绪准确地表达出来，并关注别人的反应。
		负面情绪的表达： 心理学上把焦虑、紧张、愤怒、沮丧、悲伤、痛苦等情绪统称为负面情绪，因为此类情绪体验是不积极的，身体也会有不适感，有可能对身心造成伤害。负面情绪的释放或转化称为负面情绪的表达。	遇到伤心、愤怒、不愉快时的语言和表情表达情况	0级：无法察觉自己的负面情绪。 1级：有负面情绪但是闷在心里，闷闷不乐。 2级：会发脾气或者用伤害他人、自己的方式表达。 3级：用哭泣、告诉别人等方式表达。 4级：用语言或行为，主动寻求朋友或老师的协助和安慰。 5级：有负面情绪时，能进行自我安慰，用平和的方式表达。

续表

一级指标	二级指标	三级指标	观测点	水平
情绪健康	情绪调节：每个人管理和改变自己或他人情绪的过程。情绪调节既包括抑制、削弱和掩盖等过程，也包括维持和增强的过程。	情绪平复：一个人调节、控制自己的情绪，在一定时间内将情绪恢复到平静的状态。	遇到强烈的外部刺激后的情绪反应	0级：出现强烈的情绪反应，哭闹不止。 1级：出现强烈的情绪反应，需要较长时间才能恢复。 2级：出现强烈的情绪反应，在成人的安抚下能逐渐平静下来。 3级：出现较强烈的情绪反应，在成人提醒下能平静下来。 4级：有较明显的情绪反应，能随着活动的转换平复情绪。 5级：保持稳定的情绪，遇到强烈刺激后，能很快转入轻松的状态。
		情绪转换：一个人通过调节、控制自己的情绪，将消极的情绪转换成积极的情绪的过程。	有强烈的情绪反应时	0级：有强烈的情绪反应时，不知道控制情绪。 1级：有强烈的情绪反应时，需要别人帮助才可以转换成另一种情绪。 2级：有强烈的情绪反应时，在成人的提醒下能够转换成另一种情绪。 3级：有情绪反应时，能用活动转换情绪。 4级：有情绪反应时，能通过主动转换活动方式、场地等来转换情绪。 5级：能控制自己的情绪，经常转换思维方式，保持轻松的状态。
	共情：也称同理心、同感，指体验别人内心世界的能力。	能倾听、体会和理解他人的感受。 倾听：细心地听取，属于有效沟通的必要部分，以求思想达成一致，感情通畅。 体会：体验领会，一般用于人对某种境界或事物的感受。 理解：看懂和了解别人的情绪，解读别人的内在情感。	听故事时的反应	0级：无法说出故事人物的情绪反应。 1级：知道故事人物有各种情绪，但是无法匹配。 2级：在成人的引导下，能说出故事人物开心、不开心及愤怒的心情和感受。 3级：能说出故事人物喜乐、兴奋、愤怒、恐惧、悲伤等情绪，并在成人引导下知道他们产生情绪的原因。 4级：能说出故事人物各种情绪，知道他们在不同情况中会产生不同的情绪。 5级：能说出故事人物各种情绪，知道他们产生情绪的原因。

续表

一级指标	二级指标	三级指标	观测点	水　平
情绪健康	共情：也称同理心、同感，指体验别人内心世界的能力。	能安慰和谅解他人。安慰：安顿抚慰，用欢娱、希望、保证及同情心减轻、安抚或鼓励。谅解：了解实情后原谅或消除意见。	听故事时候的反应	0级：对他人的情绪无反应。 1级：能被别人的情绪感染，别人笑他也笑。 2级：能在成人的引导下，用简单的办法安慰别人。 3级：能用简单的办法安慰别人。 4级：在成人的帮助下，懂得用语言和非语言的方式安慰、同情、鼓励、谅解他人。 5级：懂得用语言和非语言的方式安慰、同情、鼓励、谅解他人。

（三）社会适应状态观测指标

一级指标	二级指标	三级指标	观测点	水　平
社会适应	自我意识：个体对自己身心情况的觉察。	自我认识：个体对自己存在的觉察，包括对自己的行为和心理状态的认知。	通过谈话了解对自己的认识	0级：不能说出自己的姓名，以"宝宝""囡囡"自称。 1级：能说出自己的姓名、年龄、性别、家庭。 2级：能说出自己的姓名、年龄、性别、幼儿园、家庭成员。 3级：能说出自己的性别、年龄、国籍、社会角色。 4级：能说出自己的性别、年龄、国籍、社会角色，认识正确、全面。 5级：能说出自己的性别、年龄、国籍、社会角色，认识正确、全面、清晰和稳定。
		自我管理：对自己本身，对自己的目标、思想、心理和行为等表现进行管理，自己把自己组织起来，约束自己，最终实现自我奋斗目标的一个过程。	过渡环节的自主活动	0级：不知道自己可以做些什么。 1级：会在老师的提醒下进行各项自主活动。 2级：能自觉地进行自主活动，但活动内容易受其他同伴影响，并随意调整。 3级：能自觉地进行自主活动，知道需要做些什么。 4级：能合理地分配时间，自主活动内容丰富。 5级：能自主活动，内容丰富，且能带领同伴一起活动。

续表

一级指标	二级指标	三级指标	观测点	水　　平
社会适应	自我意识：个体对自己身心情况的觉察。	自我评价：主体对自己思想、愿望、行为和个性特点的判断和评价。	面对别人的批评时的反映	0级：不理解别人的评价。 1级：喜欢听别人表扬的话。 2级：介意别人对自己的合理批评和意见。 3级：有时会接受别人对自己的合理批评和意见。 4级：乐意接受别人对自己的合理批评和意见。 5级：愿意听取别人的意见和建议，并积极改进。
		具有自尊、自信、自主的表现。 自尊：自我尊重，是个人基于自我评价产生和形成的一种自重、自爱、自我尊重，并要求受到他人、集体和社会尊重的情感体验。 自信：相信自己行的一种信念，是一种积极的自我肯定。 自主：自己做主，不受别人支配，遇事有主见，能对自己的行为负责。	做小小值日生	0级：不喜欢做值日生，不愿意为班级服务。 1级：愿意做值日生，但不知道自己可以做些什么。 2级：能够在老师和同伴的提示下完成值日生工作。 3级：自主地选择自己想要完成的值日生任务。 4级：能自觉完成值日生工作，对参加值日生工作感到非常开心。 5级：能有条理地完成值日生的所有工作，并能评判完成的质量。
	我与他人：在认识自己的同时了解他人，正确处理与朋友之间的矛盾，理解他人的需求和意图，能与他人正常交往。	与人交往：人与人之间相互往来，进行物质、精神交流的社会活动。	一起游戏	0级：只管自己玩。 1级：能和小朋友玩游戏。 2级：愿意和小朋友一起游戏。 3级：喜欢和小朋友一起游戏，有经常一起玩的小伙伴。 4级：有自己的好朋友，也喜欢结交新朋友。 5级：能自主选择、自由结伴开展活动。

续表

一级指标	二级指标	三级指标	观测点	水　平
社会适应	我与他人：在认识自己的同时了解他人，正确处理与朋友之间的矛盾，理解他人的需求和意图，能与他人正常交往。	与同伴友好相处：朋友之间和平、友善相处。	解决与同伴的矛盾	0级：视而不见。 1级：不知道该怎么办。 2级：采用争抢、打闹的方法进行解决。 3级：接受同伴的处理意见。 4级：能主动地解决问题，处理意见双方满意。 5级：能以裁判者的身份主动解决问题，并有一定的主见令同伴信服。
		关心他人：留意到别人的情绪和需要，能给予帮助。	日常观察	0级：没有注意身边的人有情绪反应。 1级：看到身边的人有生病，会问"你怎么了"。 2级：身边的人生病或不开心时表示同情。 3级：能注意到别人的需要，能关心和体贴。 4级：能关注别人的需要，并能给予力所能及的帮助。 5级：能关心别人的需要，积极主动给予帮助。
	群体融入：个体与某个社会关系内的成员发生作用，遵守一定的规范，保持持续互动的关系。	适应群体生活：有群体生活的概念，在集体中能跟别人一起友好地玩。	一起游戏	0级：没有群体生活概念，只自己玩。 1级：有群体生活概念，偶尔能与小朋友一起玩。 2级：与其他小朋友一起玩耍，但很少交谈或交换玩具，偶尔会观察和模仿对方的行为。 3级：通过成人引导，能和其他幼儿一起玩耍，彼此交谈、分享及交换玩具。 4级：在没有成人督导的情况下，与其他幼儿一起进行合作性游戏，甚至会自行制定简单游戏规则。 5级：在群体中与其他幼儿一起积极主动地进行合作性游戏，会商量着制定较复杂的游戏规则。
		遵守基本的行为规范：在集体生活中，了解并遵守行为规则、游戏规则和公共场所规则。	区域活动	0级：没有遵守规则的意识。 1级：在提醒下，初步理解要遵守规则。 2级：在提醒下，能遵守游戏和公共场合的规则。 3级：感受规则的意义，并能基本遵守规则。 4级：理解规则的意义，能与同伴协商制定游戏和活动规则。 5级：理解规则的意义，能对同伴遵守规则的情况进行评价。

续表

一级指标	二级指标	三级指标	观测点	水　　平
社会适应	群体融入：个体与某个社会关系内的成员发生作用，遵守一定的规范，保持持续互动的关系。	具有初步的归属感：个人自己感觉被别人或被团体认可与接纳时的一种感受。	谈话了解	0级：知道家里的成员。 1级：知道家里的成员，能说出一件以上爸爸妈妈关心自己的事情。 2级：知道家里的成员，能说出家庭地址（街道、小区）。 3级：知道家里的成员及家庭地址，了解国籍，会唱国歌。 4级：知道家里的成员、家庭地址、国籍，知道要热爱祖国，能说出保护环境的方法。 5级：知道家里的成员、家庭地址、国籍，知道要爱护环境、爱护地球的意义。

第五章 幼儿心理健康评价工具

教育评价具有鉴定作用，能够判断评价对象的现状水平。教育评价还具有导向功能，能够引导教师朝着评价的内容、要求进行教育。幼儿园评价体系的建立能够帮助教师根据项目的指标分类、评价标准等进行判断，具体的评价操作工具能够帮助教师更好地运用评价方式对幼儿进行评价。

了解幼儿是教师工作的基础，观察是较直接的了解幼儿的方法。教师通过观察可以发现幼儿的身心发展特点，可以对自己的教学进行调整，做到因势利导、因材施教。正确的评价不仅能满足幼儿的成就感，还能巩固幼儿的正确行为，帮助幼儿建立良好的反应机制。受年龄特点的限制，幼儿的语言还不能完善地表达自己，需要教师从实际出发，给予幼儿合理、正面的评价，引导幼儿主动、自信地成长。

根据不同的评价内容和要求，教师可以运用日常观察（自然观察法、情境观察法）、游戏测评、访谈、家长问卷、作品分析、幼儿自评等方式，获得全面且准确的信息。"幼儿情绪发展测试操作说明"和"幼儿社会适应能力发展测试操作说明"是我园研究的测评工具中的两项。测试方法有与幼儿面对面的访谈，有图片测试，有情境设计的游戏观测等，可以与幼儿身心健康的其他方面的日常观察、测试及幼儿、教师、家长评价结合起来，相互印证，互相补充。

这里列举的测评工具具体指向如下。

第一，通过访谈测查幼儿认识自己，了解自己的家庭、国籍、爱好、特点；认识他人，了解他人的喜好；有归属感等方面的发展水平。

第二，通过访谈测查幼儿对合作的认知，如完成共同目标，分工与合作，有一定的交往策略等。

第三，通过情境测试了解幼儿在完成任务的过程中与同伴的合作能力，包括合作认知和情感、合作技能与行为，同时观察幼儿的游戏水平。

第四，通过图片测验和访谈了解幼儿在情绪识别、情绪表达、情绪调节及共情方面的能力。

一、幼儿情绪发展测试操作说明

（一）测试的准备和要求

1. 施测环境

本测查应适合幼儿的生活经验，在幼儿熟悉的公用活动室或班级进行，除必要的材料之外，没有其他的干扰，如图书、玩具及鲜艳的墙面布置等，以免分散幼儿的注意力。

2. 施测对象

本测查的对象为3岁6个月±1个月、4岁6个月±1个月、5岁6个月±1个月的幼儿各60名，分别为幼儿园小班、中班、大班的幼儿（各年龄段2个班级）。

3. 施测目的

本测查的主要目的是了解幼儿情绪发展的状况。

4. 施测材料

第一，本测查所需要的材料主要是文本材料——5幅连环画，描绘的是幼儿情绪产生的背景、原因，情绪的表现等。

第二，幼儿情绪发展测查表，为每个样本幼儿配备一份测查记录表。

第三，适合幼儿使用的两张桌子、两把椅子，其中一张桌子用来放置施测材料。

5. 注意事项

第一，本测查的施测者必须是有经验的、受过专业培训的人员，能熟练掌握测查的内容和操作技术。

第二，每次测查前，数据收集员要检查测查材料是否完整，并将文本材料按照施测的顺序摆放好；同时，要认真温习测查手册，尤其是指导语和施测顺序等。

第三，在正式施测前，数据收集员要按施测顺序将材料摆放在易取位置，并将幼儿情绪发展测查表中的基本信息先填写完整。每次测试后要及时收集材料，并按原顺序存放，以方便下次使用。

第四，正式施测时，数据收集员要态度亲切，以便消除幼儿的紧张与不安；同时又要保持一定的严肃性，避免过分亲热，以确保测查的正常实施。

第五，测查过程中，数据收集员在说指导语时应该保持语速适中，只可在着重点的关键处发重音。当幼儿已对问题做出反应或者回答后，施测人员不得再重复指导语，或者说"对吗""你再看看"等。在进行图片测试时，数据收集员应避免手指无意识地停顿在某张图上或指点某一张图，以免让幼儿误解，影响其表现。

第六，保护测试材料的完整性，测查结束后，所有的资料全部交回课题组。

（二）测查的具体内容

测查目的：了解幼儿情绪发展的基本情况。

主要指标：情绪识别，情绪表达，情绪调节，共情。

测查材料：五幅一套的图片。

方法：数据收集员将幼儿带入测查室，适当进行互动，缓解幼儿紧张情绪。

把五幅图画摊开放在幼儿面前，对幼儿说：这里有五幅图画，等下老师给你讲一个故事，你仔细看看图画，想想在这个故事里，菲菲是怎样想的？

一天，菲菲在玩大猩猩玩具。姐姐过来了，一把抓住了大猩猩说："我要玩。"姐姐边说边来抢玩具。"不行！"菲菲说。姐姐用力夺走了玩具，菲菲跌倒在地上。

数据收集员语气平静地讲述完故事，让幼儿观察图片后提问。

每道题都对被试进行测试。如果幼儿不回答，数据收集员重述一遍指导语；如果幼儿仍不回答，数据收集员等待30秒后即进入下一题。

记录：详细记录幼儿所讲述的故事情节内容，关注幼儿在故事发展中对人物情绪及其变化的理解。

评分标准

辨别别人的情绪，知道情绪产生的原因。

指导语：

①菲菲在玩大猩猩玩具。

A. 她心情怎样？　B. 你是怎么知道的？　（菲菲为什么会有这样的心情？）

②姐姐来抢大猩猩。

A. 菲菲心情怎样？　B. 你是怎么知道的？　（菲菲为什么会有这样的心情？）

③姐姐用力抢玩具，两个人夺来夺去。

A. 菲菲心情怎样？　B. 你是怎么知道的？　（菲菲为什么会有这样的心情？）

④菲菲抢不过姐姐，摔倒在地上。

A. 菲菲心情怎样？　B. 你是怎么知道的？　（菲菲为什么会有这样的心情？）

⑤菲菲从地上起来，大猩猩已经不在了。

A. 菲菲心情怎样？　B. 你是怎么知道的？　（菲菲为什么会有这样的心情？）

参考答案:

0	1	2	3	4	5
无反应	玩玩具: 开心 高兴 心情很好	姐姐来抢: 害怕 紧张 慌里慌张	夺来夺去 生气 愤怒	摔倒了: 委屈 伤心 哭了	玩具没了: 愤怒 生气 难过
无反应	从表情看 从图片看 有玩具玩	从表情看 从图片看 怕姐姐抢 担心玩具被抢走	从表情看 从图片看 菲菲抢不过姐姐 姐姐抢玩具	从表情看 从图片看 摔疼了 玩具抢走了	从表情看 从图片看 玩具抢走了 玩具不见了 没人帮忙

注：A主要让幼儿通过看图片识别别人的情绪，共有5个问题，每个问题都包含着情绪，每种情绪都有几个备选答案，幼儿每题只要说对1种，就得1分。（可以是看脸部表情或者图片信息，不一定描述情节发展）

B主要让幼儿讲述情绪产生的原因，能根据故事的情节、图片的信息获得菲菲产生各种情绪的原因。也是5个问题，只要说对1种情绪产生的原因，就得1分。无反应得0分。

情绪调节

指导语：菲菲怎么做才能让自己心情好些呢？

参考答案:

0	1	2	3	4	5
无反应	宣泄: 哭出来	倾诉: 告诉小朋友	寻求帮助: 找老师， 告诉父母	转移: 玩其他玩具 跟小朋友玩	反抗、说理: 跟姐姐理论"你不可以欺负我！"

注：这里的几种行为都是情绪调节的方式，每种方式代表1分，幼儿说对几种就得几分。如幼儿有备选以外的答案，视是否合理来确定分值。无反应得0分。

能安慰他人（共情）

指导语：如果你是菲菲的好朋友，你会怎么安慰她？（你有什么办法，让她心情好些呢？）

参考答案：

0	1	2	3	4	5
无反应	语言安慰： 菲菲，我跟你玩。	行动安慰： 拥抱 给她唱歌 陪着她	转移： 菲菲，我们去玩别的吧	情感支持： 菲菲别生气了，我跟你玩	找情绪原因： 让姐姐把玩具还给菲菲

注：这里的几种行为都是安慰别人的方式，每种方式代表1分，幼儿说对几种就得几分。如幼儿有备选以外的答案，视是否合理来确定分值。无反应得0分。

情绪表达

指导语：（在前面看了故事书以后提问）当你很生气的时候，你有什么感受？（心里是怎么想的？）

参考答案：

0	1	2	3	4	5
无反应	不说话： 用皱眉等生气表情表达	动作或者语言： 摔玩具 把东西扔掉	宣泄： 哭 发火	语言描述： 不舒服 不开心	自我调节： 过一会儿就好了 玩别的玩具

注：这里的几种行为都是情绪表达的方式，每种方式代表1分，幼儿说对几种就得几分。如幼儿有备选以外的答案，视是否合理来确定分值。无反应得0分。

附图

工具一：幼儿情绪发展测试记录表

_____省　　_____市　　_____区　　_____幼儿园

幼儿姓名_____　性别_____　出生_____年___月___日　班级_____

观察日期_____年___月___日　数据收集员姓名_____

主要照料人_____　学历_____　职业_____（如退休填最长时间工种）

户　　籍：本地□　　流动□　　留守□　　城□乡□

收入水平：较高□　　一般□　　较低□（根据教师观察，与当地收入水平比较）

题号	情绪发展情况记录得分					
	0	1	2	3	4	5
辨别别人的情绪	无反应	玩玩具： 开心 高兴 心情很好	姐姐来抢： 害怕 紧张 慌里慌张	夺来夺去 生气 愤怒	摔倒了： 委屈 伤心 哭了	玩具没了： 愤怒 生气 难过
知道情绪产生的原因	无反应	从表情看 从图片看 有玩具玩	从表情看 从图片看 怕姐姐抢 担心玩具被抢走	从表情看 从图片看 菲菲抢不过姐姐 姐姐抢玩具	从表情看 从图片看 摔疼了 玩具抢走了	从表情看 从图片看 玩具抢走了 玩具不见了 没人帮忙
情绪调节	无反应	宣泄： 哭出来	倾诉： 告诉小朋友	寻求帮助： 找老师 告诉父母	转移： 玩其他玩具 跟小朋友玩	反抗、说理： 跟姐姐理论 "你不可以欺负我！"

续表

题号	情绪发展情况记录得分					
	0	1	2	3	4	5
能安慰别人	无反应	语言安慰： 菲菲，我跟你玩	行动安慰： 拥抱 给她唱歌 陪着她	转移： 菲菲，我们去玩别的吧	情感支持： 菲菲别生气了，我跟你玩	找情绪原因： 让姐姐把玩具还给菲菲
情绪表达	无反应	不说话： 用皱眉等生气表情表达	动作或者语言： 摔玩具 把东西扔掉	宣泄： 哭 发火	语言描述： 不舒服 不开心	自我调节： 过一会儿就好了 玩别的玩具吧

注：1. 根据幼儿的回答，分析并归入相应栏目内，打钩。

2. 如有另外答案，看是否可以归入其中。如不能，则分析该答案的相似性，得相应的分数。

二、幼儿社会适应能力发展测试操作说明

（一）测试的准备和要求

1. 施测环境

本测查应适合幼儿的生活经验，在幼儿熟悉的公用活动室或班级进行，只提供必要的积木，没有其他的干扰，如图书、玩具及鲜艳的墙面布置等，以免分散幼儿的注意力。

2. 施测对象

本测查的对象为3岁6个月±1个月、4岁6个月±1个月、5岁6个月±1个月的幼儿各10名，分别为幼儿园小班、中班、大班的幼儿。

3. 施测目的

本测查的主要目的是了解幼儿社会适应能力的发展状况。

4. 施测材料

幼儿社会适应能力发展测查表，为每个样本幼儿配备一份测查记录表。

5. 注意事项

第一，本测查的施测者必须是有经验的、受过专业培训的人员，能熟练掌握测查的内容和操作技术。

第二，每次测查前，数据收集员要检查测查材料是否完整，并将文本材料按照施测的顺序摆放好；同时，要认真温习测查手册，尤其是指导语和施测顺序等。

第三，在正式施测前，数据收集员要按施测顺序将材料摆放在易取位置，并将幼儿社会适应能力发展表中的基本信息先填写完整。每次测试后要及时收集材料，并按原顺序存放，以方便下次使用。

第四，正式施测时，数据收集员要态度亲切，以便消除幼儿的紧张与不安；同时又要保持一定的严肃性，避免过分亲热，以确保测查的正常实施。

第五，测查过程中，数据收集员在说指导语时应该保持语速适中，只可在着重点的关键处发重音。当幼儿已对问题做出反应或者回答后，施测人员不得再重复指导语，或者说"对吗""你再看看"等。

第六，保护测试材料的完整性，测查结束后，所有的资料全部交回课题组。

（二）测查的具体内容

主要指标：自我意识，人际交往，群体融入。

1. 访谈

访谈一：自我意识、有归属感

目的：认识自己，了解自己的家庭、国籍、爱好、特点；认识他人，了解他人的喜好。

方法：每道题都对被试进行测试。如果幼儿不回答，数据收集员重述一遍指导语；如幼儿仍不回答，数据收集员等待30秒后即进入下一题。

测查指导语：

①你叫什么名字？

②你今年几岁？

③你是男孩子还是女孩子？

④你家里有谁？

⑤你在哪个幼儿园读书？（相似问题：你的幼儿园叫什么？）

⑥你的祖国叫什么？（相似问题：你是哪个国家的小朋友？或者你是哪国人？）

⑦你最喜欢什么呢？

⑧你最不喜欢什么呢？

⑨A. 你的爸爸是做什么工作的？　　B. 你的妈妈是做什么工作的？

⑩你最棒的是什么？

⑪你觉得自己哪里还做得不够好？

⑫A. 你的爸爸最喜欢什么？　　　　B. 你的妈妈最喜欢什么？

记录：详细记录幼儿的回答。

题目说明及评分标准：

①②③④主要考查幼儿是否认识自我，能否说出家庭成员（以爸爸妈妈为主）。每题答对得1分，无回应或者回答不符题意的得0分。

⑤⑥⑦⑧主要考查幼儿是否知道自己的国籍、了解自己的喜好。每题说清楚的、围绕题意回答的得1分，无回应或者回答不符题意的得0分。

⑨⑩⑪⑫主要考查幼儿认识身边的人、评价自己、了解他人的喜好。每题说清楚的、围绕题意回答的得1分；⑨A、⑨B、⑫A、⑫B每题得0.5分，无回应或者回答不符题意的得0分。

以上12题考查所有年龄段的幼儿，数据收集员记录在表格上。

访谈二：合作认知

目的：测查幼儿对合作的认识，如完成共同目标，分工与配合，有一定的交往策略等。

测试方法：每道题都对被试进行测试。如果幼儿不回答，数据收集员重述一遍指导语；如幼儿仍不回答，数据收集员等待30秒后即进入下一题。

测查指导语：

共同目标：好朋友

小熊和小猴是好朋友，它们总在一起玩。有一天它们一起来到了公园。公园里面有很好玩的玩具，有滑梯、有秋千、有小飞机等。小熊说："我要玩滑梯。"小猴说："我要玩秋千。"可是它们很想在一起玩。问题：小朋友，如果你是小熊，你会玩什么呢？

本题主要测试幼儿是否能够共同进行商量，是否能够达成一致的目标。

分工合作：抬积木筐

老师让两个小朋友去搬两筐积木，可是筐很重，如果一人搬一筐，谁也搬不动，你觉得这时候他们俩可以怎么办？为什么？

本题主要观察幼儿是否能够围绕任务想办法进行分工合作，分析幼儿想出的解决办法中是否有合作的倾向。

交往策略：搭积木

两个小朋友在搭积木，一个小朋友想搭一个商店，一个小朋友想搭一个动物园。如果一个人搭一样东西，谁的积木都不够，他们可以怎么办呢？为什么？

本题主要观察幼儿在活动中是否具备进行有效交往的策略，如沟通、商量、选择、邀请、决策、退让、妥协等。

评分标准：

分值内容	1	2	3	4	5
共同目标	不在公园玩了，去别的地方玩。（放弃）	都玩自己喜欢的好了。（独自）	先自己玩，等一下再一起。（先分再合）	换成其他可以一起玩的玩具。（替代）	跟小猴商量，我们先玩滑梯，等一下玩秋千。（轮流）
分工合作	跟老师说搬不动，没有办法。（放弃）	分开来一次一次搬，但是一个人独立完成。（任务分解、独自）	让老师（小朋友）来帮忙搬。（老师或同伴一个人搬）（任务转移）	请小朋友帮忙，每个人都拿一点，分开拿，把它搬完。（分工）	跟小朋友一起搬，两个人搬。（合作）
交往策略	那就搭不了了，不能搭了。（放弃）	我把我的积木给他，我不搭了。（谦让）	向别人借，再去找更多。（求助）	那就不要搭动物园（商店）了，搭别的。（协商）	跟小朋友一起搭，要不搭公园，要不搭商店。（达成一致）

幼儿社会适应能力发展测查表（一）

_____省　　_____市　　_____区　　_____幼儿园

幼儿姓名_____　性别_____　出生_____年___月___日　班级_____

观察日期_____年___月___日　数据收集员姓名_____

主要照料人_____　学历_____　职业_____（如退休填最长时间工种）

户　　籍：本地□　　流动□　　留守□　　城□乡□

收入水平：较高□　　一般□　　较低□（根据教师观察，与当地收入水平比较）

工具二：自我认知发展测量表

题号	自我意识、归属感	
	幼儿的回答	得分
1		
2		
3		
4		
5		
6		
7		
8		
9		A　　　　B
10		
11		
12		A　　　　B

工具三：合作认知发展测量表

项目	1	2	3	4	5
共同目标	放弃	独自	先分再合	替代	轮流
分工合作	放弃	独自	转移	分工	合作
交往策略	放弃	谦让	求助	协商	达成一致

2. 情境测试：任务驱动下的合作游戏

（1）目的

测查幼儿在完成任务过程中与同伴之间的合作能力，包括合作认知与情感、合作技能与行为，同时观察判断幼儿的游戏水平。

（2）测查方法

情境设置——搭公园。

本测查所需要的材料主要是幼儿建构材料——大型木质积木（总数180块，里面包含长方形、立方形、半圆环、三角形、梯形、圆柱形、桥形等形状），能够搭建出大型的建筑物，如高楼、公园、幼儿园等。

（3）对象与时间

每个年龄段各6名幼儿同时进入情境场地，3位数据收集员分别按顺序依次观测其中2名幼儿。

每位数据收集员在观察前将样本幼儿按照顺序排为1号和2号。

数据收集员：第一轮第一次按1、2的顺序观察，观察1分钟，记录，待10分钟观察结束后，休息5分钟；第二轮的观察按照2、1的顺序进行。

（4）观察记录的内容与方法

①观察记录的内容

本观察采用30秒间隔观察法，即每隔30秒观察并记录一次以下三项内容：

观察的时间（记录时、分、秒——可以在测试之前写上：00秒、30秒）

该时间点被观察幼儿的合作认知与情感：关心同伴、帮助同伴、愿意轮流、乐于分享、群体意识。（在相应栏目中画"√"）

该时间点被观察幼儿的合作技能与行为：命令与指挥、分工合作、解释说明、协商、邀请。（在相应栏目中画"√"）

该时间点被观察幼儿的游戏水平：旁观、独自游戏、平行游戏、协同游戏、合作游戏。（在相应栏目中画"√"）

②观察记录的方法

观察开始之后，以整分与半分为观察点，观察0秒至30秒之间幼儿的合作情况，然后在记录表中进行上述三方面的记录。例如，9：15：00时，观察9：15：00-9：15：30之间幼儿的行为，然后记录；9：15：30时观察9：15：30-9：16：00幼儿的行为，然后记录。（注意：每10分钟的第一个观察点必须从整分开始）记录后至下一个观察点之间，数据收集员应注意观察幼儿的活动，以便了解下一个观察点上幼儿行为发生的背景。

如果在一个观察点上，样本幼儿刚完成某一活动而停顿，如说完一段话停顿一下，只要停顿不超过5秒钟，就应记录停顿前一秒的活动。

③数据收集员的位置

数据收集员应该处于能够清楚地看到听到样本幼儿的言行但不能干扰他的活动的位置，尽量不使他感到自己被观察。如果出于观察的需要从一个地方移至另一个地方时，数据收集员要尽量保持安静，并且相互之间不交谈、不讨论。

（5）测查指导语

"今天我们六个小朋友一起玩积木，要搭一个公园，需要六个人一起努力，搭成一个大公园。"

（6）记录表与操作说明

观察时间：从_____点_____分到_____点_____分

时间（六位）			合作认知与情感					合作技能与行为					幼儿游戏水平					
时	分	秒	关心同伴 Q1	帮助同伴 Q2	愿意轮流 Q3	乐于分享 Q4	群体意识 Q5	命令与指挥 K1	分工合作 K2	解释说明 K3	协商 K4	邀请 K5	0 无关行为 M1	1 旁观 M2	2 独自游戏 M3	3 平行游戏 M4	4 协同游戏 M5	5 合作游戏 M6

幼儿合作认知与情感

关心同伴：在共同游戏中能够理解同伴，关注到他们的需要。

帮助同伴：在共同游戏中愿意给予同伴适当的协助，使之能够顺利开展游戏。

愿意轮流：理解轮流的意义，愿意在活动中等待和轮流。

乐于分享：乐意在游戏中和同伴一起分配使用积木，共享活动成果，共同解决活动的困难等。

群体意识：有小群体的意识，能够和谐地在一个小团队内共同活动，愿意为了完成团队的任务而共同努力。

幼儿合作技能与行为

命令与指挥：在游戏中能够按照任务的要求进行合作，有一定的命令和指挥的能力，能够发出命令，指挥同伴一起完成任务。

分工合作：在游戏中能够跟同伴分别承担不同的任务，能够合理安排和完成各自的任务；在活动中也能做好别人的协助工作，为了完成任务能够做出让步。

解释说明：根据任务的要求能够做好自己该承担的事，能把自己的想法、做法跟同伴进行解释和说明。

协商：在游戏过程中，能够跟同伴进行商量，能够和同伴取得意见和行动上的统一，使得活动能够顺利开展下去。

邀请：能够向同伴发出邀请，把自己的想法与同伴进行交流，期待获得同伴的支持，得到同伴的帮助，为共同完成任务做出努力。

幼儿游戏水平评分标准：

计分标准	核心词	表现说明
0分	无关行为	注意力分散，做与本活动无关的事情。
1分	旁观	看同伴活动，没有积极参与，没有明显的表情。
2分	独自游戏	各自搭各自的公园，相互之间没有关联，专注于自己的活动。
3分	平行游戏	各自搭各自的公园，相互之间没有关联，注意到别人的举动，但没有一起玩的倾向，与同伴的联系简单、偶然。
4分	协同游戏	没有事先商定设计方案，没有明确的分工合作，常常出现给同伴帮助、建议等行为，或接受同伴的建议、帮助。
5分	合作游戏	先共同商定搭什么样的公园，包括哪几部分，再分工合作，共同完成搭建任务。

幼儿社会适应能力发展测查表（二）

_____省　_____市　_____区　_____幼儿园

幼儿姓名_____　性别_____　出生_____年____月____日　班级_____

观察日期_____年____月____日　数据收集员姓名_____

主要照料人_____　学历_____　职业_____（如退休填最长时间工种）

户　　籍：本地□　　流动□　　留守□　　城□乡□

收入水平：较高□　　一般□　　较低□（根据教师观察，与当地收入水平比较）

观察时间：从_____点_____分到_____点_____分

工具四：任务驱动下的合作游戏

时间（六位）		合作认知与情感					合作技能与行为					幼儿游戏水平					
时 分	秒	关心同伴 Q1	帮助同伴 Q2	愿意轮流 Q3	乐于分享 Q4	群体意识 Q5	命令与指挥 K1	分工合作 K2	解释说明 K3	协商 K4	邀请 K5	0 无关行为 M1	1 旁观 M2	2 独自游戏 M3	3 平行游戏 M4	4 协同游戏 M5	5 合作游戏 M6

第六章 幼儿身心健康评价实践

教育评价是幼儿园教育工作的重要组成部分；是了解教育的适宜性、有效性，调整和改进工作，促进每一个幼儿发展，提高教育质量的必要手段。我园采用科学、适宜的评价工具和评价方式，对幼儿的整体发展水平和个体发展情况进行评价，既可以提高课程的有效性，又可以促进每个幼儿成为最好的自己。

一、幼儿整体发展评价及示例

我们利用研制的工具，在我园进行了测试，力求使被试具有代表性，以了解幼儿整体发展水平；对施测教师进行培训，要求施测教师能熟练掌握测查内容和操作技术；在获得评价数据并录入数据库后，采用SPSS软件进行数据统计和分析，考查幼儿的心理发展状况，形成评价结果，并用于指导促进幼儿身心健康发展的教育实践活动。

以下是一个在全国开展的幼儿情绪与社会性发展现状评价的案例。

举例 幼儿情绪与社会性发展现状评价

我们利用测评工具在我园进行测试。研究以随机方式抽取小、中、大各两个年龄班，共计156名幼儿，其中小班46人、中班56人、大班54人。另外在情境测试中每个年龄段幼儿12名，男女各半，实际可用数据33份，分别为小班11份、中班12份、大班10份，男孩16人、女孩17人。结果如下。

1. 幼儿情绪健康发展状况分析

幼儿情绪健康发展测试包括情绪识别、情绪表达、情绪调节、共情，通过检测，分析如下。

（1）幼儿情绪识别能力随着年龄的增长呈递增趋势

表3-1　情绪识别和知道情绪原因统计分析：N=156（单位：分）

	情绪识别						情绪原因					
	小班M	中班M	大班M	平均	F	Sig	小班M	中班M	大班M	平均	F	Sig
总体	1.89	2.84	3.64	2.85	66.28	0.01	3.74	4.75	4.39	4.33	27.87	0.01
分项												
1玩玩具	0.65	0.96	0.98	0.88	19.15	0.00	0.70	0.98	0.93	0.88	11.99	0.00
2姐姐来抢	0.02	0.11	0.30	0.15	8.76	0.00	0.78	0.95	0.81	0.85	3.23	0.04
3夺来夺去	0.11	0.20	0.57	0.30	18.30	0.00	0.78	0.93	0.87	0.87	2.34	0.09
4摔倒了	0.37	0.68	0.85	0.65	15.08	0.00	0.76	0.96	0.91	0.88	5.61	0.00
5玩具没了	0.74	0.89	0.94	0.87	4.99	0.01	0.72	0.93	0.87	0.85	4.70	0.01

从测试数据看，小、中、大班幼儿的情绪识别能力呈递增趋势，Sig的显著性检验说明幼儿的年龄差异对情绪辨别的影响显著。在最后的一个项目"玩具没了"菲菲的情绪是怎样的，小、中、大班幼儿的差别不明显。说明对于菲菲被姐姐抢走玩具后很生气、发火了的情绪体验幼儿都能理解，都能够说出菲菲当时的情绪感受。

对于情绪产生的原因，小、中、大班的幼儿在理解上有年龄的差异，中、大班明显好于小班。在各个项目中，菲菲拿到玩具的时候很开心，摔倒了很伤心，怕姐姐抢玩具，玩具抢走了没人帮忙很生气，这几个原因中，幼儿的认识有显著性差异。

（2）幼儿情绪表达、情绪调节、共情的水平也随着年龄的增长有所提高

表3-2　情绪表达、情绪调节、共情统计分析：N=156（单位：分）

	情绪表达	情绪调节	共情
总体	1.24	1.14	0.41
小班	1.07	0.82	0.95
中班	1.30	1.26	1.33
大班	1.32	1.30	1.90
Sig	0.04	0.00	0.00

从情绪表达上看，小、中、大班幼儿的情绪表达有差异。小班幼儿比较多地选择了"不说话""摔东西或玩具""会哭""会发火""用语言描述"等方式表达

自己心中的不愉快，特别是在用动作表达（摔玩具）和用语言表达（不舒服）上；中班幼儿比较多地用"宣泄""会哭""会发火""语言描述"等方式来表达；大班幼儿除了以上的方法以外，还有自我安慰"过会儿就好了""玩别的玩具吧"。从情绪的处理来看，中、大班的幼儿能用比较成熟的方式进行表达，显示出他们心理上的相对成熟。总体来看，幼儿表达情绪的能力不高，这跟我们平时未多注重幼儿的情绪有关。在日常生活中，我们会对幼儿的哭泣、情绪不高的状态进行安慰，但是也仅限于让他变得高兴，比较少地关注幼儿的自我表达，一般也很少有专门的学习内容帮助幼儿疏导情绪，让幼儿直面情绪状态，辨认情绪，接纳情绪。所以教师进行关注需要情绪的表达、调节这些内容，设计相应的教学内容，提高幼儿处理情绪的能力。

"如果你是菲菲，当你很生气的时候，你会怎么办"考查幼儿的情绪调节能力。从统计表看平均数是1.14，普遍较低，表明幼儿在情绪出现波动的时候能够自我调节的能力比较低，普遍采用了"玩其他玩具、跟小朋友玩"的策略，相比而言运用"哭出来""告诉小朋友""找老师、告诉父母""跟姐姐理论'你不可以欺负我！'"的策略的相对较少，这说明一般情况下，幼儿处理情绪的一般方法是转移自己的注意力，通过玩其他的玩具、跟其他小朋友一起玩，可以让自己的情绪转好。宣泄、倾诉、寻求帮助等方面的情绪调节方法选择较少，这说明幼儿还是比较愿意独自缓解和处理情绪的。

当幼儿遇到情绪变化的时候，同伴是否能够及时给予安慰，是否有共情能力。在安慰别人的方法使用上，幼儿普遍选择较少，即不能用多种方法安慰别人，使用方法比较单一。这也让我们看到幼儿在这个方面的发散性思维不够。我们建议创设情境进行模拟，帮助幼儿学习情绪处理的方式，学会给予同伴行动、语言、情感上的支持；也要注意当幼儿在实际生活中遇到各类情绪变化的时候，给幼儿树立榜样，也给幼儿实践练习的机会。

2. 幼儿社会适应发展状况分析

幼儿社会适应发展测试包括幼儿自我认知的发展、合作认知的发展、任务驱动下的合作游戏能力分析。分析结果如下。

（1）幼儿达到了基本的自我认知，但是复杂深刻的自我认知水平和对父母的认识水平较低

幼儿自我认知的发展主要分认识自我和认识父母两块，包含能否说出自己的姓名、性别、年龄、家庭成员，合理地评价自己，了解自己的喜好，知道自己的国籍，了解爸爸妈妈的工作、喜好等。通过访谈了解幼儿对自己的认识、对身边人的认识的情况。

表3-3 自我认知发展的统计分析：N=156（单位：%）

	认识自己						认识父母			
	幼儿园名称	国家名称	自己喜欢什么	不喜欢什么	自己最棒的	自己不足的	爸爸工作	妈妈工作	爸爸喜欢的	妈妈喜欢的
小班	89.1	45.7	97.8	95.7	58.7	52.2	23.9	43.5	93.5	93.5
中班	75.0	66.1	94.6	96.4	87.5	82.1	55.4	65.5	83.9	85.4
大班	85.5	92.7	98.2	94.6	87.3	80.0	63.6	60.0	87.3	85.5
总体	82.8	69.4	98.6	95.5	79.0	72.6	49.0	57.1	87.9	87.9

从统计分析看出，幼儿在认识自己上基本呈现小、中、大班逐年递增的趋势。对于自我的认识，幼儿一般呈上升趋势，随着年龄的增长更加清晰。

你最棒的是什么？你觉得自己还有哪里做得不够好？相对而言中班幼儿优于大班幼儿。在大班幼儿回答此类问题的时候，有些幼儿没有回应，因为大班幼儿在自我评价时，会受一些外在评价的影响，如教师、家长的评价，而中班幼儿可能更多地用直观的方式评价自己，所以大班幼儿在自我评价过程就有点迟疑，不怎么确定自己的状态是怎样的。这也给我们一些启示：要多给幼儿自我评价的机会和平台，鼓励幼儿积极评价自己，给自己比较客观的、切合实际的评价，了解自己的优点和不足。

在对爸爸妈妈的认识中，幼儿分别要回答爸爸妈妈的工作和喜好，爸爸妈妈是做什么工作的，爸爸妈妈最喜欢什么。从幼儿的回答来看，有些表述为"在厂里上班""单位""数钱的"等，没有从具体的工作名称或者内容进行描述；爸爸妈妈最喜欢的有"看电视""玩电脑""化妆""抽烟""睡懒觉"等，幼儿从比较直观的状态来进行描述，不太会从父母的兴趣爱好来进行描述。在社会适应过程中，幼儿经历由己及人的演变过程，先认识自己，再认识他人。

从上述分析看，幼儿对复杂深刻的自我认识呈现的水平较低，对父母的认识水平也较低，这也给我们的教育教学实际提供了一个思考：我们可以从哪些方面入手对幼儿进行社会性发展的引导。

（2）在合作认知发展上，小中大班呈明显的上升趋势

对合作认知考查主要从幼儿身边经常会发生的三个故事入手，通过故事的讲述了解幼儿对合作的认识。例如，在游戏中是否能进行商量，是否有共同目标，是否有替代或者轮流现象，是否能够围绕任务想办法分工合作，是否能转移任务，是否具备有效交往的策略（如沟通、商量、选择、邀请、决策、退让、妥协等）。

表3-4 合作认知发展的统计分析：N=156（单位：分）

	好朋友 （共同目标）	抬积木筐 （分工合作）	搭积木 （交往策略）
小班	2.98	3.61	2.85
中班	3.23	3.89	3.50
大班	3.75	4.62	3.78
Sig	0.03	0.00	0.00

从测查结果看，幼儿对合作的认知较好，能够理解在共同游戏中需要与同伴相互协商，有时候需要沟通和交流，有些事情需要取得一致的目标，有时候需要用选择、邀请、决策、退让、妥协等交往方式使游戏顺利开展下去。幼儿在共同游戏中已经积累了一定的经验，有了一些合作交往的基本认知能力。

从对合作认知的测评来看，大班幼儿优于中班幼儿和小班幼儿，随着年龄的增长，呈明显的上升趋势。其中对共同目标的认知，小、中、大班幼儿无显著差异；在分工合作和交往策略上，小、中、大班幼儿具有显著差异，大班幼儿优于中班幼儿和小班幼儿，随着年龄的增长，呈明显的上升趋势。这说明随着年龄的增长，幼儿的游戏能力越来越强，对于游戏中相互合作、共同协商、为了共同目标而妥协的经验越来越丰富；也说明幼儿对于合作认知的发展需要随着年龄的增长和游戏经验的丰富而增长。幼儿是通过游戏积累合作经验的，所以教师需要为幼儿提供多种方式的游戏机会，允许幼儿进行不同种类的游戏，促进他们对合作的认识，积累合作经验。

（3）任务型合作游戏中各年龄幼儿表现出不同的典型行为

合作认知与情感主要观察幼儿在跟同伴一起完成搭建任务的过程中，是否能够关心同伴，给予帮助，愿意轮流，乐于分享，有一定的群体意识，即跟同伴一起玩时，是否能够有比较好的合作认知，是否愿意为同伴提供帮助和关心，是否能够共同协商着完成任务等。

幼儿在游戏过程中的合作技能与行为是幼儿对合作的理解和实际行为表现。观察幼儿在与同伴共同游戏的过程中是否有语言的交流与行为的互动，是否有命令与指挥、分工合作、解释说明、协商、邀请等，这些都是幼儿合作能力的实际体现。

幼儿游戏水平分无关行为、旁观、独自游戏、平行游戏、协同游戏、合作游戏。幼儿游戏水平的区分能够帮助教师了解幼儿的游戏水平现状，分析幼儿现有水平的形成原因和存在问题，思考怎样进行更好的引导，促进幼儿游戏水平的提高。

表3-5　合作游戏的统计分析: N=33（单位：次）

	合作认知与情感					合作技能与行为					幼儿游戏水平					
	关心同伴	帮助同伴	愿意轮流	乐于分享	群体意识	命令与指挥	分工合作	解释说明	协商	邀请	无关行为	旁观	独自游戏	平行游戏	协同游戏	合作游戏
小班	17	14	3	6	11	3	12	8	7	15	33	21	107	35	24	0
中班	26	16	12	5	22	26	14	5	15	5	30	25	57	47	38	1
大班	38	24	10	16	25	17	19	16	14	7	32	11	53	37	64	5

观察每个时间段中幼儿的合作认知与情感：关心同伴、帮助同伴、愿意轮流、乐于分享、群体意识；合作技能与行为：命令与指挥、分工合作、解释说明、协商、邀请；游戏水平：无关行为、旁观、独自游戏、平行游戏、协同游戏、合作游戏。记录幼儿行为出现的频率来进行统计。

在合作认知与情感、合作技能与行为方面，幼儿普遍呈现小、中、大班频率增高的趋势，大班幼儿普遍比中、小班幼儿要高。小班幼儿出现较多的行为是关心同伴、帮助同伴，中班幼儿出现较多的是群体意识、命令与指挥的交往行为，大班幼儿出现较多的是群体意识明显增强，分工合作有所增加。

愿意轮流，理解轮流的意义，愿意在活动中等待和轮流，以及乐于分享等频率较低，这说明幼儿在实际的游戏中出现轮流、分享的行为较少，情境设计的搭积木游戏也一般不会让幼儿用轮流、分享的形式进行，更多的是运用其他的方式进行。

在合作技能与行为上，幼儿在游戏过程中使用命令指挥、分工合作、解释说明、协商、邀请等的频率不高。从日常情境中观察，幼儿虽然比较喜欢跟同伴一起玩，但是搭积木时一般都以直接行动为主，语言交流会比较少，所以命令指挥、解释说明、协商、邀请等需要用语言表示的技能运用会比较少，相对来说幼儿是在行动中直接进行合作的。

幼儿在不同的年龄阶段都有一些交流合作的特点。例如，小班幼儿的解释说明、邀请比较明显，中班幼儿的命令指挥、分工合作、协商策略运用得比较多，大班幼儿的邀请运用较少。一般情况下，小班幼儿比较想跟别人一起玩，看别人在玩什么自己也想玩什么，语言属于自言自语阶段，会向同伴发出邀请，会与同伴说说自己在做什么。中班幼儿有了一定的同伴合作意识，比较多地喜欢用团队合作的方式开展游戏。大班幼儿的游戏到了一个新的水平，在活动中各项技能运用更加成熟，同伴之间的关系更加默契。在日常的活动中，教师需要多提给供幼儿体现合作技能与行为的机会，让幼儿在共同的活动中增加合作体验，提高合作技能。

在游戏水平上，小班幼儿以独自游戏为主，中班幼儿平行游戏增加，大班幼儿协同游戏增加，但是从中、大班特别是大班的合作游戏看，总体状况不是很好。小班幼儿出现无关行为、旁观、独自游戏的频率很高；中、大班幼儿出现独自游戏、平行游戏、协同游戏的频率逐渐提高，有时出现合作游戏。总体来看，在幼儿游戏中出现频率较高的是独自游戏和平行游戏，合作游戏较少。这说明幼儿整体的游戏水平还不是很高，合作能力和习惯都有待进一步加强。

在平常的游戏中，教师一般比较关注幼儿的活动成果，会在意幼儿今天搭出了什么样的建筑物，有哪些好的方法，会对活动的结果进行评价；对于活动过程中幼儿的合作行为，观察和了解比较少，支持和促进更少。教师需转变理念，关注幼儿的合作情况，对幼儿的过程性表现进行评价，能够看到和支持幼儿的合作行为，帮助幼儿提高协商、交流、邀请、解释等合作能力，提高游戏水平，从而提高幼儿的社会适应能力。

二、幼儿个体发展评价及示例

我们重视对幼儿个体发展情况的评价，成长档案记录、幼儿学习故事、作品取样法等都是我们进行个体发展评价的方式。照片、文字、视频、图谱、图表、记录单、美术作品等都是教师收集和分析的材料，为幼儿各方面的发展评价提供资源。

下面收录的是教师对幼儿进行的作品取样分析案例。

举例 对幼儿涂涂的观察记录

作品取样：观察

观察者：王芳芳

领域：个人和社会文化　　　内容：观察

观察形式：随堂观察记录　　观察幼儿：涂涂　　观察时间：2018-6-5

观察的定义：观察是指专心或有意图地观看或注意幼儿，通过仔细地观看、倾听、研究作品来了解幼儿。

从观察中能学到什么？幼儿用他们的行动及语言来告诉我们很多有关他们是谁、他们知道什么、他们如何想的信息。因此长时间仔细地观察能帮助我们发现幼儿个人的强项和弱项，发现幼儿知道什么、如何知道的，即他们思考及学习的历程。

观察所见	解释
6月5日上午10点钟，区域游戏进行时 　　涂涂来到了娃娃家，和小伙伴们一起玩起了过家家的游戏。她一进去就和小朋友们说她先做"妈妈"。她穿上了妈妈的衣服，在家里走来走去，一会儿照顾小宝贝，一会儿又跑去做饭了。	为什么对娃娃家那么钟爱，而且一进去就想做妈妈呢？ 原来涂涂一直对角色扮演游戏很感兴趣，尤其对妈妈这个角色爱到心底了。因此一到娃娃家就想做妈妈。同时她也是一名，比较有主见的女生，一进去就表明了自己的立场，即想做妈妈。
每天早晨入园时，涂涂总会热情地和老师阿姨打招呼问好。碰到其他班级的老师，也会主动打招呼"老师，早上好"。	有礼貌，愿意与他人互动。 涂涂本身就是一个有礼貌的孩子，在家庭教育中她的父母总是告诉她对人要有礼貌，因此她也养成了这个习惯，同时也非常愿意与他人互动。
夏季主题课程"秀一夏"。每个孩子都在设计属于自己的T恤。涂涂选择了最喜欢的粉色，用自己的手掌在T上印了一个手印，又在掌印下画了一根花茎。"瞧，这是我画的小花，很漂亮吧。"	在活动中表现得非常自信。涂涂是一个能干外向的小姑娘，愿意在同伴面前展现自我，因此在活动中更大胆，愿意主动尝试新的画法。
开始做冰激淋了，我给孩子们提供了很多的材料，涂涂选择了一些超轻泥，用彩纸做了个冰激淋的外圈，紧接着往里面塞了些报纸球，冰激淋就鼓了起来，又在冰激淋里面装上了毛根等材料，俨然一个真正的冰激淋。	在活动中表现如何？ 非常自信，能够主动选择自己喜欢且有意义的材料进行冰激淋制作，表明涂涂的自信心非常强，愿意独立从事活动。
在课程活动"找影子"中，我们尝试用小石头拼摆出人的影子，要求两两一组，但是有个孩子一直想加入涂涂组。涂涂耐心地说道："我们这里已经人满了，下次再来吧，下次我们一起玩。"	孩子之间不能很好地安排合作事项，属于一件常事，但是在这里涂涂很好地解决了一些基本的人际问题。

举例　对幼儿勋勋的观察记录

观察记录单（1）

姓名：勋勋　　年龄：4岁　　日期：2018-5-25　　教师：张玲

观察焦点：	功能分项：	表现指标：
1. 语言与文学 2. 个人与社会发展 3. 体能发展与健康	1. 说 2. 自我概念 3. 粗动作发展	1. 说话清楚，可被大部分人了解 2. 展现自信，独立从事活动 3. 能协调动作以执行简单的活动

- 观察记录（轶事记录、快速笔记……）

在户外活动中，勋勋站在了玩单杠的台子上，踮起双脚，伸出双手抓住第一格杠子，停了几秒后，伸出左手抓第二格杠子，身体也随着向前摆动，右手也马上抓住第二格杠子，停了大概两秒，又伸出右手抓住第三格杠子，然后伸出左手抓第四格杠子，同样的方法连续向前移了几格，直到手臂力量不够，抓不住，迅速跳下来，然后对老师说："老师，宝宝能抓住这个，宝宝很厉害的。"旁边的小朋友也跟着欢呼："勋勋你太厉害了。"勋勋笑眯眯地又走上台阶，准备再来尝试一次。

功能分项	表现目标	检核表初步评等
说	说话清楚，可被大部分的人了解	熟练□ 尚未发展□ 发展中■
自我概念	展现自信	熟练■ 尚未发展□ 发展中□
	独立从事活动	熟练■ 尚未发展□ 发展中□
粗动作发展	能协调动作以执行简单的活动	熟练■ 尚未发展□ 发展中□

观察记录单（2）

姓名：勋勋　　年龄：4岁　　日期：2018-5-29　　教师：张玲

观察焦点：	功能分项：	表现指标：
1. 语言与文学	1. 说	1. 说话清楚，可被大部分人了解
2. 个人与社会发展	2. 解决人际问题	2. 需要解决冲突时，会寻求大人协助
3. 体能发展与健康	3. 粗动作发展	3. 能平衡及控制大肌肉

观察记录（轶事记录、快速笔记……）

户外活动，孩子们自主选择器械。勋勋来到平衡木前（宽10厘米），小心地踩在平衡木的一端，然后张开双臂，快速地在上面走着，一气呵成，走完后猛地一下跳下来，然后又走回另一端，重新走一遍。

可是这时候正好另一个孩子也走上了平衡木，而且是走在勋勋的前面。勋勋立刻对老师说："老师，他插队，他不排队。""你要在我的后面，不能插队。"

功能分项	表现目标	检核表初步评等
说	说话清楚，可被大部分人了解	熟练■　尚未发展□　发展中□
解决人际问题	需要解决冲突时，会寻求大人协助	熟练■　尚未发展□　发展中□
粗动作发展	能平衡及控制大肌肉	熟练■　尚未发展□　发展中□

观察记录单（3）

姓名：勋勋　　年龄：4岁　　日期：2018-5-30　　教师：张玲

观察焦点：	功能分项：	表现指标：
1. 体能发展与健康 2. 艺术 3. 语言与文学	1. 精细动作发展 2. 表达与表征 3. 说 4. 写	1. 探索不同画画及艺术工具的使用 2. 运用不同的艺术材料来探索材质 3. 说话清楚，可被大部分人了解 4. 以涂鸦或非传统方式写字

观察记录（轶事记录、快速笔记……）

在画泡泡活动中，勋勋用左手拿着一支红色的蜡笔在纸上涂鸦。他将整张纸画满后，拿给老师看："老师，我画了一个葫芦，上面还有藤蔓。"然后又坐下换一支绿色的蜡笔继续涂画。

功能分项	表现目标	检核表初步评等
精细动作发展	探索不同画画及艺术工具的使用	熟练□　尚未发展□　发展中■
表达与表征	运用不同的艺术材料来探索材质	熟练□　尚未发展□　发展中■
说	说话清楚，可被大部分人了解	熟练■　尚未发展□　发展中□
写	以涂鸦或非传统的方式写字	熟练□　尚未发展□　发展中■

观察记录单（4）

姓名：勋勋　　年龄：4岁　　日期：2018-5-30　　教师：张玲

观察焦点：	功能分项：	表现指标：
1. 语言与文学 2. 个人与社会发展 3. 体能发展与健康	1. 说 2. 学习方式 3. 个人的健康与安全	1. 说话清楚，可被大部分人了解 2. 短暂地专注做一件事，遇到问题时会寻求协助 3. 能独立完成一些事情

观察记录（轶事记录、快速笔记……）

午睡起床时，孩子们自己穿衣服，叠被子。勋勋拿出自己的裤子站在床上甩了几下，将藏在里面的裤腿甩出来，再坐下来穿上了，最后将鞋子穿好（可是他的裤子和鞋子都是反穿的）。他准备叠被子，两手抓着被子的一个角落使劲甩，被子还是没有铺平。他继续甩着，但是被子还是没有铺开。看着其他孩子都走出了睡眠室，他着急了，哭着说："老师，我不会，你帮帮我。"我走到旁边指导他把被子叠好。"勋勋，你的裤子和鞋子穿反了，要换过来。""我的没有穿反。"他执着地回应道。"你看看裤子的口袋都露在外面了，像两只大耳朵。"他还是不肯换回来。直到他走到教室里，孩子们看到了说了："勋勋的裤子穿反了。"勋勋慢慢地走进睡眠室，坐在小床上将裤子和鞋子脱下来，重新穿。第二次穿的时候，他还是没有分清楚正反，裤子前后穿反了，最后在我的帮助下才完成。

功能分项	表现目标	检核表初步评等
说	说话清楚，可被大部分人了解	熟练■ 尚未发展☐ 发展中☐
学习方式	短暂地专注做一件事，遇到问题是会寻求协助	熟练☐ 尚未发展☐ 发展中■
个人的健康与安全	能独立完成一些事情	熟练☐ 尚未发展☐ 发展中■

观察记录单（5）

姓名：勋勋　　年龄：4岁　　日期：2018-6-4　　教师：张玲

观察焦点：	功能分项：	表现指标：
1. 语言与文学 2. 数学思考 3. 个人与社会发展 4. 体能发展与健康	1. 说 2. 几何与空间关系 3. 自我概念 4. 精细动作发展	1. 说话清楚，可被大部分人了解，能根据不同的目的创新既有词汇或语言 2. 能辨认几种不同形状 3. 能独立从事活动 4. 能协调手眼以完成简单的工作

观察记录（轶事记录、快速笔记……）

在桌面游戏拼搭积木活动中，勋勋从积木桶里拿出了好几块正方体的积木，然后一块一块地放上去，叠起来，一共叠了六块，笑着说："快看，这是我搭的房子，高不高？"又从积木桶拿出了三角形的积木说："这是三角形的积木。"他把这块三角形的积木放在最顶上说："快看，我给房子盖了一个屋顶。"

功能分项	表现指标	检核表初步评等
说	说话清楚，可被大部分人了解	熟练■　尚未发展□　发展中□
	能根据不同的目的创新既有词汇或语言	熟练□　尚未发展□　发展中■
几何与空间关系	能辨认几种不同形状	熟练□　尚未发展□　发展中■
自我概念	能独立从事活动	熟练■　尚未发展□　发展中□
精细动作发展	能协调手眼以完成简单的工作	熟练□　尚未发展□　发展中■

叙述版综合报告

幼儿姓名：勋勋　　年龄：4岁　　教师：张玲　　日期：2018-6

领域及功能分项	幼儿的发展（幼儿的成长、优点或才华、有困难之处）
Ⅰ．个人及社会发展 自我概念 自我控制 学习方式 与他人的互动 解决人际问题	勋勋在展现自信和独立从事活动这方面表现突出，会选择个人的活动进行单独游戏，并且会大胆地表现自己。例如，在搭建积木时，会展示自己的作品。只是在自我控制和与他人互动方面还需要老师和家长给予指导和提醒。例如，懂得与同伴友好相处，能够遵从简单的常规，例行活动规则。
Ⅱ．语言与读写 听 说 读 写	勋勋的倾听习惯很好，能够专心聆听老师讲故事，聆听熟悉的儿歌，并且以肢体语言表达，能够重复唱熟悉的儿歌或押韵的诗歌。他的记忆力和模仿能力较强，能够很快地熟记学过的儿歌，并且能够准确地表达出来。 勋勋现在在慢慢学着自己阅读故事书。有一次在图书角时，自己翻着图画书边看边讲。他能够通过涂鸦的形式表达内心的想法，如画了两个圆，上面小下面大。他说画的是葫芦，还有一根藤蔓。
Ⅲ．数学思考 运用数学的历程 数与运算 规律、关系与功能 几何与空间关系 测量	勋勋能够认识几种不同形状，并且会用不同形状的积木进行搭建，有一定的空间感知。但是对于数与运算，用具体材料来复制规律，他还有困难。他在数学方面有困难，进步很小。
Ⅳ．科学思考 探究	勋勋对新鲜事物很感兴趣，每次经过自然角的时候都会问："老师，这是什么呀？"然后会记住这些植物的名称。"这是水稻，可以长出大米。"他愿意观察小动物，并且会给它们喂食。

续表

领域及功能分项	幼儿的发展（幼儿的成长、优点或才华、有困难之处）
Ⅴ．社会文化 人类过去与现在 人类的相互依存性 人与居住的地方	勋勋慢慢地有了初步的角色意识，能够与其他孩子在角色游戏时扮演不同的家庭成员，也能够描述一些人的工作，但是在知觉团体规则和自我认识方面还需要老师和家长多多指导。
Ⅵ．艺术 表达与表征 理解与欣赏	勋勋很喜欢唱歌，会记得一些常唱的歌曲，能够在集体活动时大胆演唱。但是在一些创意和创造性活动中，他还有一定的困难。
Ⅶ．体能发展与健康 粗动作发展 精细动作发展 个人的健康与安全	勋勋的大动作发展与同年龄幼儿相比发展要好一些，身体很灵活。在悬空抓杠游戏中，他习得了双手交替抓握的方法，手臂力量表现突出，并且懂得身体向前摆动，从而协助手臂力量向同一方向使劲。在精细动作发展这方面，他还要继续练习和指导，如使用剪刀、握笔方法、撕贴动作等。在个人的安全方面他还需要多多提醒和关注。